이용악 詩의 시어 통계와 분석

이용악 詩의 시어 통계와 분석

이용악 詩의 시어 통계와 분석

김철준 · 임형재

도서출판 역락

머리말

　이 책이 만들어지기까지 거의 10년이란 시간이 흘렀다. 일찍 준비는 하였지만 여러 가지 여건으로 하여 손을 대지 못하고 있다가 올해는 큰 결심을 하고 출판에 임하기로 하였다.

　1998년 석사연구생 공부를 하던 시절 학과 교연실 염광호 주임의 소개로 연변대학에서 박사학위 공부를 하게 될, 지금 한국외국어대학에서 교수를 맡고 있는 임형재 교수를 만나게 되었다. 그렇게 맺어진 인연이 아직도 끈끈히 맥을 이어오고 있다.

　그때 연변대학에는 각자가 자기 나름대로의 공부를 하던 시기라 이렇다 할 만한 학술동아리가 없었다. 이에 임형재 교수는 언어, 문학석사생과 박사생을 중심으로 <동북지역학회>라는 학술동아리를 만들고 한국의 선진적인 동아리 문화와 학술분위기를 그대로 전해주었을 뿐 아니라 봄학기와 가을학기 두 번에 나누어 논문발표회를 조직하고 교수들의 논평도 들을 수 있는 장을 만들어 주었다. 교수들은 이런 발표모임을 통하여 학생들의 학술동태를 점검해볼 수가 있었고 학생들은 이를 통하여 학술적으로 교수들과 더 가까워질 수 있었다.

　<동북지역학회> 제1차 논문발표를 위하여 나와 임형재 교수가 준비하게 된 것이 바로 <이용악 시어 통계분석>이었다. 즉 어학적 각도로부터 문학작품을 분석하였는데 그때 교수들로부터 비교적 좋은 평판을 받았었다.

　지금 말뭉치 구축 작업이 많이 진행되고 있다. 연변대학 조선―한국학학원에서도 말뭉치 구축작업을 한창 진행하고 있다. 이로 볼 때 임형재 교수와 내가 했던 작업도 이에 속한다고 할 수 있을 것 같다. 지금 <깜짝새> 프로그램을 이용하면 말 그대로 입력한 자료를 눈 깜짝할 사이에 어절 만들기를

진행할 수 있지만 10년 전 훈글 프로그람에 있는 매크로를 이용하여 반수동으로 어절 만들기를 하였기에 상당히 많은 시간을 소모하지 않으면 안 되었다.

그러고 보면 이 책은 출판되기까지 286, 386, 486, 586 컴퓨터시대를 다 거쳤다고 할 수 있다. 10여 년 동안 컴퓨터의 발전은 이렇게 빨리 진행되었지만 10년 전 우리가 준비하기 시작했던 작업에 아직도 미흡한 부분이 많다. 하지만 우리가 전에 했던 자료를 다시 정리하여 책으로 묶는다면 말뭉치 구축작업에 다소나마 도움이 되지 않을까 하는 생각에 자료를 여러 모로 정리·보충하여 출판에 교부하기로 하였다.

끝으로『화어류초의 어휘 연구』의 출판에 이어 어려운 여건에도 부족한 글을 책으로 만들어주신 한국 도서출판 역락 이대현 사장님과 편집부 여러분께 감사의 말씀을 드린다.

북경대학 원명원캠퍼스에서
2009년 9월 12일
김철준

차 례

▌이용악 시 단어 인덱스   145

조사대상으로 삼은 시는 『이용악 전집』(2판, 윤영천, 창작과 비평사, 1995), 『리용악 시선집』(리용악, 조선작가동맹출판사, 1957) 두 권의 시집에서 발췌한 것으로 산문은 제외하고 중복되지 않은 시 132수를 분석대상으로 했다. 시기별로는 해방 전의 시가 95수 해방 후 37수가 있으며 해방 후의 시는 다시 해방시기 서울에 머물 때와 전쟁 중, 전쟁 후 월북시기의 시가 포함되어 있다.

모든 시는 전산화 한 다음 어휘별로 나누었다. 형태소 분석단계까지는 미치지 못했지만 시어를 손상하지 않은 범위에서 단어별로 나누어 배열했으며, 각기 단어의 배열에 있어서도 시에서 한 개 단어의 위치를 파악할 수 있도록 연과 단어배열 순서를 기록했다.

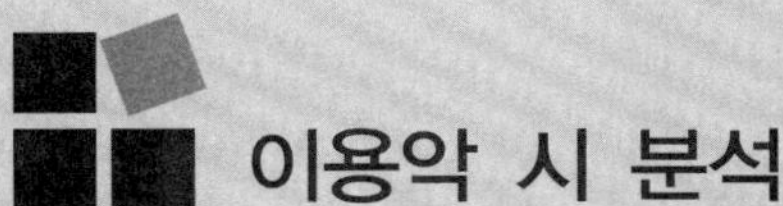 이용악 시 분석

1. 들어가는 글

시인 이용악에 대한 작업을 시작할 때 필자는 '이용악'이라는 석자의 이름도 생소할 정도로 이 방면에 문외한이었다. 어학을 공부한다는 그늘에 숨어 항상 멀리서만 건너다보는 수동적인 자세로 인한 것을 부정할 수 없다. 그러나 작업이 계속되면서 우리 근대문학의 한 봉우리로 서있는 시인 이용악을 조금이나마 알게 된 것을 기쁨으로 생각하며 좀 더 다양한 방법으로 문학에 접근하고, 문학과 어학이 만나는 그런 시도라는 점을 이번 작업의 의의로 삼고자 한다.

1.1. 작업의 의의

1940년 8월 5일 조선일보에 최재서의 글이 실렸다. 이 글에서 최재서는 1940년대 전후까지의 시인들을 3대로 나누어 설명했는데, 제1세대로 주요한, 김억을 꼽았고 2세대 시인으로 김기림, 정지용, 이상을 꼽았으며 시인부락의 동인과 이용악을 3세대로 지목했다. 이러한 그의 평가는 현재까지 이어져 많은 작품이 소개되었고 연구도 계속되고 있다.

이용악은 1914년 11월 24일 함경북도 경성읍에서 태어났다. 이용악의 작품 활동은 1935년 신인문학의 『敗北者의 所願』에서부터 시작된 것이다. 이후 일본 유학을 거치고 해방과 6·25를 거치는 동안 일본과 서울에서 시 창작활동을 했는데 이것이 『분수령』, 『낡은 집』, 『오랑캐꽃』 등 세권의 시집으로 나왔다. 또 1957년 조선에서 간행된 이용악 전집을 통해서 해방과 월북 이후의 작품을 접할 수 있다. 이외에도 다수의 작품이 있으나 이 글에서는 남북 대표적인 이용악 시집 두 권에 발표된 시 132수를 분석하였다.[1]

---

1) 윤영천(1995), 『이용악 전집』 2판, 창작과 비평사.
   리용악(1957), 『리용악 시선집』, 조선작가동맹출판사.

지금까지 시에 대한 연구는 문학 비평과 평론이라는 도구로 제한된 것이 사실이다. 일반적으로 분석에 있어 시인의 생애와 시에 나타나는 작가의 사상과 생각을 기술하는 것에 급하다 보니 좀 더 세밀하고 정확한 자료와 근거를 제시함에 한계가 있었다. 본 연구의 목적은 무엇보다도 여러 방면의 연구와 분석에 도움이 될 수 있는 기초 자료를 구성하는 것에 의의를 두고자 한다. 그리고 본 연구를 아직 완전히 마치지 못했을 뿐 아니라 이러한 방법론이 많이 제시되지 못한 가운데 시도되었고 문학에 문외한인 관계로 만족할 수는 없으나 계속될 작업의 한 단면을 싣고자 한다.

1.2. 연구 대상과 방법

조사대상으로 삼은 시는 앞서 언급한 두 권의 시집에서 발췌한 것으로 산문은 제외하고 중복되지 않은 시 132수를 분석대상으로 했다.[2] 시기별로는 해방 전의 시가 95수 해방 후 37수가 있으며 해방 후의 시는 다시 해방시기 서울에 머물 때와 전쟁 중, 전쟁 후 월북시기의 시가 포함되어 있다.

모든 시는 전산화 한 다음 어휘별로 나누었다. 형태소 분석단계까지는 미치지 못했지만 시어를 손상하지 않은 범위에서 단어별로 나누어 배열했으며, 각기 단어의 배열에 있어서도 시에서 한 개 단어의 위치를 파악할 수 있도록 연과 단어배열 순서를 기록했다.

1) 5년이	D#098/03*001	—	아니
2) 가갸거겨	B#010/03*017	거북이는	배운다더니
3) 가거라	A#110/05*038	돌아	—
4) 가고	A#028/04*024	들어	소주에
5) 가고	C#057/09*031	비껴	멧새도

---

2) 전체 133수였으나 1940년에 발표한 「욕된 나날」과 이후에 발표된 「해가 솟으면」은 같은 시가 개작된 것으로 「해가 솟으면」을 삭제하고 132수로 했다.

앞의 예에서 알파벳은 시기정보로 A는 해방 전, B는 해방 후, C는 전쟁시기, D는 전쟁 후를 나타내는 것이다. 다음의 #???는 각기 시의 고유번호이며 /??는 시에서 연의 번호, *???는 연에서 단어의 배열 순서를 표기한 것으로, 이렇게 정리함으로써 표제어의 위치를 정확히 밝힐 수 있다. 위치정보 뒤의 어휘는 표제어의 앞에 놓인 단어이고 그 다음은 표제어 뒤에 놓인 단어가 된다. 이렇게 보면 2)는 '거북이는 가갸거겨 배운다더니'라는 시구가 되는 것이며 1)의 '5년이'는 098시의 3연 첫 번째 시어가 된다.

배열을 이렇게 함은 시의 특성상 시구 안에서의 간단한 수식관계를 파악할 수 있을 뿐만 아니라 동음이의어의 의미구분에도 도움을 받을 수 있다. 또 이렇게 자료 구조를 만든 다음 필요에 따라 각기 정보별로 배열을 바꿀 수 있는데, 예를 들어 해방 전의 시만을 뽑을 수 있고, 매시의 1연 첫 시어만을 찾을 수도 있는 것이며, 특정 단어를 수식하고 있는 어휘만을 알 수도 있다. 이러한 것이 규칙적인 자료구조와 전산화의 장점이다.

이후 본론에서는 전체 어휘의 통계3) 외에도 어휘의 기본형을 정리한 어휘의 반복 출현 빈도를 중심으로 이용악의 시 세계를 살피고자 하나 이 글에서 지면관계상 많은 내용은 싣지 못하고 간단히 소개한다.

2. 가운데 글

2.1. 기본 DATA분석

132수의 시는 표제어로 잡은 어휘 수만 11,988개, 음절수(제목을 포함)는

---

3) 통계적 방법에 의한 언어수단의 분석은 오랜 역사를 갖고 있다.
고대인도의 문법가들은 이미 기원전 1500년경에 베다경전의 행, 단어, 음절수를 계산하였으며 애굽의 학자들은 기원전 3~4세기경에 호메로스의 시에서 한번만 나오는 어휘수를 계산하였다.

44,066개 음절이다. 이를 시기별로 나누어 보면 해방 전 발표작품 95수에 해당하는 어휘수가 6,974개로 편당 평균 어휘 수는 73.41개다. 또 해방 후 발표작품 37수에 실린 어휘는 5,014개로 편당 135.51개의 어휘를 갖은 것으로 분석되는데 간단한 비교지만 해방 전후의 작품의 차이를 분명하게 보여주는 것이라 하겠다.

해방 후 시의 길이가 길어진 것에 대해 감태준(1989)은 아래와 같이 분석하고 있다.

> 해방 공간에서 확인되는 이용악 시의 산문화의 경향은 이념이 앞섬으로써 결국 추상적인 관념으로 흐르게 되는 결과이다. 이 점은 이용악의 해방 후 시가 표현성보다는 산문적인 기술에 머물고 만 한계를 노출시킨 것이다. …… 시들이 산문시의 형태를 띠고 있는데 언어의 절제가 부족하며 그 때문에 빚어진 감정의 과잉을 드러내고 있다.4)

단순히 해방 전후의 시의 길이를 비교해 본다면 거의 2배의 정도의 차이가 난다. 이 결과는 위에서 지적한 시의 산문화 경향을 뒷받침할 수 있는 중요한 근거로 제시된다. 1944년에 영국의 통계학자 유르는 『문학적 어휘의 통계적 분석』에서 "문장의 길이가 작가의 문체의 하나의 특징을 표시할 수 있다."는 결론을 내렸다. 우리도 이용악의 해방 후 시의 길이의 변화를 통하여 그의 문학작품의 문체변화의 특징을 알아볼 수 있다.

시문학에서 시어의 중요성은 언어에서 단어가 차지하는 위치와도 관련된다. 단어는 언어의 기본단위이다.

언어는 단어의 언어이며 어음, 토, 문장도 단어를 떠나서는 존재할 수 없다.

시인들은 시어 하나하나를 금전군이 사금 찾듯 고르고 또 고르며 금강석마냥 다듬고 또 다듬는다.

본서에서의 시어 중 기본형분류는 반복된 어휘의 기본형을 찾아 정리한

---

4) 감태준, 『이용악시 연구』 한양대학교, 1989년.

것으로 일부 제외된 것도 있으나 전체 시어의 96.33%의 11,548개 어휘를 분석한 결과 기본어휘5) 3,761개를 찾을 수 있었다. 이들 기본형 어휘들이 전체 시에서 평균 3.07번씩 반복되어 나타난 것이다. 이 분석에서 시인 이용악의 개인적인 어휘량의 기준을 3,761개로 볼 수 있다. 시가 기본적으로 언어의 함축성을 중요시한다는 점에서 한 작가의 어휘량을 발표된 작품내로 한정하는 것은 무리가 있으나 작가의 공증된 어휘량을 측정하는 기준으로는 충분한 의의를 갖는다.

2.2. 주요 어휘 분석

주요 어휘란? 기본 어휘 중에 이용악의 시에 자주 나타나는 어휘를 모은 것으로 전체 어휘에서 10회 이상 반복되는 어휘를 모아 주요 어휘로 삼았다. 주요 어휘로 정리된 어휘 수는 207개로 이들 어휘가 이용악의 시에서 4,687회 반복되는데 전체 어휘수의 40.59%를 차지한다. 이렇게 보면 203개의 어휘는 개당 평균 22.64회씩 반복되어 있는 것이다.

주요 어휘의 설정은 시인의 색채감과 선호하는 어휘, 시적대상 등을 분석하는데 도움을 주며, 방대한 양의 어휘 분석에 앞서 표본분석의 의미를 갖는다. 먼저 이를 품사별6)로 나누어 보면 아래와 같다.

- 명 사　　82개　　1,752번(37.38%) 어휘당 21.37회
- 동 사　　67개　　1,497번(31.94%) 어휘당 22.68회
- 형용사　　25개　　500번(10.67%) 어휘당 20회
- 부 사　　14개　　226번(4.83%) 어휘당 16.14회
- 대명사　　11개　　571번(12.18%) 어휘당 51.91회

---

5) 시인의 어휘 소유량을 확정하기 위해서는 먼저 작품의 전체 어휘수를 계산한다. 다음은 실지 선택된 어휘 수(기본어휘)가 얼마인가를 결정한다.

6) 어휘 소유량을 품사별로 분석하는 목적은 어휘선택에서 시인의 경험을 보다 구체적으로, 깊이 있게 일반화하자는 데 있으며 어떤 품사부류의 단어가 시어로 얼마만큼 선택되었으며 그것이 주는 표현적 효과는 어떤 것인가를 밝히는 데 있다.

- 관형사　　　5개　　101번(2.15%) 어휘당 20.2회
- 수　사　　　2개　　33번(0.7%) 어휘당 16.5회
- 접속사　　　1개　　17번(0.36%) 어휘당 17회

　품사별 빈도 순위는 명사>동사>형용사>부사>대명사>관형사>수사>접속사로 명사의 량이 가장 많고 그 다음으로 동사, 형용사 순이다. 이는 앞으로 전체 어휘가 분석되어야 좀 더 정확한 결과를 추출할 수 있을 것으로 기대된다.

2.2.1. 명사

　명사는 주요 어휘 반복량에서 가장 많은 부분인 37.38%를 차지하고 있다. 뿐만 아니라 주요 어휘의 반복 빈도도 82개 어휘가 1,752번으로 어휘당 21.37회로 가장 높은 빈도를 보이고 있다.

> 것66>밤62>속57>하늘56>때(시간)49>사람48>가슴44>마음42>소리39>눈(目)32>손32>피32>바다29>땅29>산29>길(路)47>나라26>집26>바람26>말(言)25>구름24>고향24>수23>노래23>곳22>아들22>거리21>동무21>채20>아이20>물20>어둠20>어깨19>날(日)18>이야기18>별18>앞18>뒤(后)17>머리16>꿈16>웃음16>마을16>우(上)16>눈보라16>강15>세월15>귀15>놈15>전(前)15>아버지15>번14>눈(雪)14>어디서14>서울14>강물14>오늘14>원쑤13>빛13>슬픔13>이마13>인민13>조선13>어머니12>흙12>얼굴12>벌판12>밑12>봄12>여기12>항구12>걸음11>사이11>흐름11>그늘10>승리10>불10>북(北)10>북쪽10>새벽10

　위에서 보면 '하늘'이라는 명사는 56회 반복되는데 많이는 '푸르다'와 결합되어 쓰이면서 생명, 건강, 행복, 화해, 이상의 삶을 상징하는 이미지로 나타난다. 또 '북쪽' 또는 '북' 등의 시어가 북향시인으로 보는 주요한 어휘인데 이미지는 나타내는 '북'과 '북쪽'은 각기 10회 반복되어 나타나고 '고향'과 '땅', '조국'이라는 단어와 함께 어울려 하나의 이미지, 즉 '궁핍하고 서글

픈 조국'의 이미지를 만든다. 방랑과 유이민의 탈 조국의 이미지는 '구름', '바람', '길' 등에 의하여 표현되고 있는데 이들 어휘 빈도 역시 적지 않음을 볼 수 있다.

아래에서는 이용악의 시어 중 '밤'에 대한 대표적인 사용을 모아 놓았다. 특히 해방 후보다는 해방 전의 시에서 52회 사용되었는데 암울한 시대상과 일제의 착취, 유이민들의 현실상을 보이는 대표적인 어휘다.

A#028/04*018	보냈다는	그날	밤
A#032/01*005	오히려	빛나는	밤을
A#028/05*018	오지	않는	밤
A#067/01*005	나라까지도	내다보이는	밤이면
A#123/05*006	언어는	오늘	밤
A#018/03*014	등잔불은	밤마다	밤새도록
A#105/03*008	캐고	싶던	밤이면
A#126/05*008	울어도	그지없던	밤
A#110/04*023	낮	두	밤을
A#064/04*010	평화로운	듯	밤마다
A#052/02*016	못한	여러	밤이
A#028/05*027	못한	그런	밤이면
A#123/05*001	–	조롱조롱	밤을
A#023/04*017	백성이	아니리	밤마다
A#001/05*002	너는	차라리	밤을
A#063/03*006	이	밤이면	밤마다
A#105/01*008	섣달	그믐	밤은
A#019/04*004	날러드는	밤에사	
A#034/01*002	바람이	거센	밤이면
A#045/03*023	밤	우에	밤을
A#037/01*015	어머닌	우시여	밤내
A#104/03*005	튀여나는	깊은	밤이면
A#038/04*002	얼마나	많은	밤이
A#034/01*018	별	많은	밤이

A#045/03*021	욕된	운명은	밤
A#018/03*013	방	등잔불은	밤마다
A#112/06*003	가는	대륙의	밤
A#112/01*035	가는	대륙의	밤
A#061/06*002	그곳	뽀구라니츠나야의	밤이
A#058/02*010	몸	회의	밤은
A#126/05*014	최후	최후의	밤은
A#126/01*015	최후	최후의	밤은
A#061/03*012	슬프디	슬픈	밤을
A#023/04*006	있어	찬란한	밤이면
A#129/05*007	싹트는	그러한	밤이면
A#092/03*010	싶은	이러한	밤엔
A#015/02*013	어미	도망한	밤
A#018/02*022	은혜롭지	못한	밤을
A#012/05*026	와야	할	밤을

2.2.2. 동사

주요동사는 67개 주요 어휘 반복량의 31.94%, 어휘당 22.68회 반복되어 쓰이고 있다.

가다128>오다108>하다75>있다72>않다61>보다(看)47>서다43>흐르다39>돌다37>울다36>내리다33>못하다33>주다33>말다23>지나다22>넘다20>부르다20>앉다20>되다20>안다(보듬다)19>헤치다18>피다18>따르다18>살다18>달리다17>떠나다17>바라보다17>향하다17>받다16>오르다16>치다16>버리다16>나가다15>잊다15>만나다15>숨다15>건너다15>들다15>밀다14>웃다14>밟다14>타다14>타다(燒)14>쏟아지다13>돌아가다13>놓이다13>일다13>불타다12>기다리다12>흩어지다12>모르다12>보다11>일으키다11>어찌하다11>다니다11>사라지다11>묻다(埋)11>쳐다보다11>들다(손－)10>잠들다10>생각하다10>지키다10>나서다10>자라다10>끝나다10>스치다10

 이용악의 시에서 가장 많이 쓰인 동사는 '가다'인데 전체 시에서 128회 반복되어 나타나고 있다. 이에 대해 감태준(1989)은 '가다'라는 시적 진술은 당시 현실에서 속출했던 유이민의 흘러감을 연상케 한다고 기술하고 있다. 이에 전체 자료에서 방향성을 가진, 조사 '－로'로 끝나는 것을 모아보면 아래와 같다(해방 전의 시어 中).

A#104/03*020	거리로	가리
A#104/01*010	거리로	가리
A#018/04*018	곳으로	갔더니라
A#050/04*019	뒷길로	가자
A#045/02*021	바다로	가야
A#093/03*003	벌판에로	가리
A#064/02*011	북간도로	가는
A#045/05*014	북간도로	간다는
A#024/01*024	북으로	갔다
A#028/07*007	아라사로	갔으리라고
A#059/03*014	어디로	가나
A#059/02*010	어디로	가나
A#081/04*011	어디루	가는
A#061/02*005	어디루	가면
A#085/01*013	위로	가자
A#028/07*004	쪽으로	갔으리라고
A#013/01*006	청진으로	가리란다
A#029/05*002	포플라숲으로	가자
A#028/02*007	항구로	가는
A#015/03*027	흙으로	갔다

 '가다'라는 동사 앞에 쓰인 명사를 살펴보면 첫째로 북쪽방향을 가리키는 단어가 많다. '북간도, 벌판, 북, 아라사, 위' 등, 둘째로는 '어디'라는 위치 또는 방향의 시어가 쓰이고 있다. 이는 위에서 말한 유이민의 이동, 조국상실

의 개념과 일치할 것이다.

2.2.3. 형용사

형용사는 10회 이상 반복된 어휘수가 25개로 주요 어휘 반복수 중 10.67%를 차지하고 전체 어휘에서 500회 사용되었다. 이는 주요 형용사 한 개당 20회씩 반복된 것이다.

> 1) 없다89>푸르다33>아니다32>같다30>멀다27>싫다24>많다23>검다21>좋다20>무겁다17>그립다17

우의 례에서는 부정과 바램, 요구, 욕구 등을 표현하는 것이 상위를 차지하고 있는 것으로 보인다. 특히 '없다, 아니다, 멀다, 검다, 무겁다, 그립다, 싫다'는 일반적인 시어에서 어두운 이미지와 희망이 없는 암울함, 요구와 욕구를 표현하는 것으로 이용악의 현실상을 가미한 시어들로 풀이된다.

> 2) 곱다15>붉다15>아름답다15>어리다13>높다13>크다12>희다12>젊다11>슬프다11>바쁘다10>오래다10>즐겁다10>어질다10>깊다10

두 번째 례들 역시 주요 형용사에 드는 것이나 1)보다는 빈도가 적은 것이다. 빈도가 수가 낮은 형용사에는 '곱다, 아름답다, 젊다, 기쁘다, 즐겁다, 어질다' 등의 밝고 맑고 희망적인 이미지를 가지고 있는 시어가 많다.

> 3) 푸르다>검다>붉다>희다

이 중에 색채감을 가진 단어만을 모으면 3)과 같고 가장 많은 빈도수를 보이는 '푸르다'가 가장 많이 쓰였고 '희다'가 가장 적게 쓰였는데, 이용악의 시에서 죽음, 질병, 고통, 광기의 삶을 상징하는 이미지는 흰색으로 나타나고 이런 삶과 대비되는 생명, 건강, 행복, 화해 이상의 삶을 상징하는 이미지는

푸른색으로 나타난다. '푸른색'의 이미지는 보다 구체적인 '푸른 하늘'로 제
시된다.

  '푸르다'의 쓰임과 수식 관계만을 살펴보면 아래와 같다. '푸르다'는 많이
는 자연물과 결합되어 있으며 소수가 추상적인 단어들과 결합되어 쓰인다.

1)

D#094/08*007	더	푸르네
A#065/03*007	하도	푸르러
A#005/01*004	꿈처럼	푸르러
A#110/01*006	바다처럼	푸를
A#020/01*008	향수처럼	푸르다
A#035/04*016	너무	푸르러
D#021/01*003	비취색	푸르름이랴
A#029/01*003	숲이	푸르고

2)

A#031/03*002	푸른	등을
A#023/03*018	푸른	란초랑
C#122/06*007	푸른	물줄기를
A#128/03*033	푸르른	바다와
D#098/07*020	푸른	벼포기로
A#002/02*008	푸른	비늘과
A#050/03*001	푸르른	새벽인들
D#119/03*002	푸른	소나무가
A#022/01*012	푸른	소원은
A#085/03*009	푸른	언덕을
A#112/04*009	푸른	잔에
A#082/02*009	푸르른	진리를
A#030/06*007	푸른	하늘
A#095/03*004	푸른	하늘
D#113/08*016	푸른	하늘

B#009/03*005	푸른	하늘은
C#054/06*006	푸른	하늘을
A#006/03*010	푸른	하늘을
A#104/02*005	푸른	하늘을
A#063/05*006	푸르른	하늘이
A#133/03*010	푸른	하늘이
B#008/03*010	푸른	하늘이며
A#125/03*004	푸른	한나절
D#016/01*008	푸른	호수와

2.2.4. 부사

부사는 주요 어휘 안에서 14개를 찾을 수 있는데 주요 어휘의 반복량의 4.83%인 226회 반복되어 나타난다. 이는 어휘당 16.14회 반복되는 것으로 명사나 형용사 동사에 비해서 반복 빈도는 떨어진다. 이들 부사의 빈도 순위는 다음과 같다.

다시28>또22>듯21>함께21>이제21>못(부)18>모두16>서로14>어서12>
더(更)12>자꾸11>얼마나10>더욱10>다(모두)10

1) 해방 전

A#065/01*009	밑	다시	나의
A#041/02*021	돌아	다시	너의
A#018/08*007	내게	다시	너의
A#085/07*005	아이야	다시	돌다리를
A#079/01*001	—	다시	만나면
A#059/01*015	다음날	다시	만나야
A#061/08*015	울면서	다시	만나지
A#012/02*007	번이고	다시	뭉쳐선
A#051/02*008	돌아봐도	다시	산
A#097/01*061	옛으로	다시	새
A#125/01*008	기선은	다시	실어

A#030/03*029	틈은	다시	없었다
A#006/04*007	흩어졌다도	다시	작대기처럼
A#107/03*001	–	다시는	쥐어
A#071/01*015	때	다시	풀릴
A#015/03*006	지고	다시	필
A#014/02*013	발꿈치로	다시	한번
A#105/04*015	은줄에	다시	한번
A#109/03*020	속내복을	다시	한번
A#012/04*003	또	다시	화약이
A#012/04*011	또	다시	흩어지고

2) 해방 후

C#054/03*006	소리	다시	귓전을
B#084/03*004	번	다시	뒤적였재
C#003/03*020	번이고	다시	믿는
C#122/36*026	한끝으로부터	다시	오리니
D#083/03*008	총검도	다시는	우리에게
D#069/12*016	까치고개를	다시	한 번
B#116/04*011	모두어	다시	한 번

2.2.5. 대명사

대명사는 11개로서 주요 어휘 반복량의 12.18%, 어휘당 51.91회 반복되어 쓰이고 있다.

나(我)149>우리103>너(你)91>이(代)59>당신42>그42>내(我)35>네(你)27>누구23>무엇12>저(代)11

위에서 보면 대명사 '나', '우리', '너'가 가장 높은 빈도를 보인다. 이용악의 시가 일인칭 화자 중심임을 생각하면 '내', '네', '당신' 등의 빈도가 높은 이유를 알 수 있다.

2.2.5. 기타

주요 어휘에서는 비록 적지만 10 이상 반복되어 나타나는 관형사, 수사, 접속사가 있다. 이들은 각기 주요 어휘 반복량의 2.15%, 0.7%, 0.36%를 차지한다.

관형사 : 한41>어느23>몇16>모든11>여러10
수　사 : 두20>열두13
접속사 : 그러나17

시에서 접속사의 사용빈도가 높은 것은 의외의 결과이다. 일반적으로 시의 특성상 접속사가 많이 쓰이지 않는 것으로 '그래도'가 9회, '그리고'가 6회, '그러면'이 가 1회의 반복 빈도에 비해서 많이 나타난다. 또 한 가지 주목할 것은 95 : 37의 해방 전후 시의 량에 비해 빈도가 9 : 8로 해방 후의 시에서 자주 나타난다. 이 역시 해방 후 시의 서사화 경향에 그 원인이 있다.

1) 해방 전

그러나	A#012/04*001	—	또
그러나	A#063/05*001	—	어서
그러나	A#129/04*001	—	항구의
그러나	A#018/04*019	갔더니라	너는
그러나	A#102/02*009	마음	자라는
그러나	A#082/04*005	모험한다	자기의
그러나	A#015/03*033	슬프고나	숙아
그러나	A#045/02*010	얼었으리라	나는
그러나	A#014/02*019	차자	서울이여

2) 해방 후

그러나	D#069/09*001	—	누가
그러나	D#119/05*001	—	보라
그러나	C#122/08*001	—	하늘이
그러나	B#073/01*006	끝났다	흩어지는

그러나	D#043/03*004	동안	처녀가
그러나	D#040/05*016	무렵	수로에
그러나	D#094/04*008	트인다	애타게
그러나	C#057/12*010	합니다	세계

1)과 2)에서 '그러나'의 쓰임이 연의 시작, 즉 연의 첫 단어로 많이 쓰임을 볼 수 있는데 이는 시의 구조상 앞의 연의 내용에 대한 반전을 이끌어 오는 효과를 갖기 때문이다.

3. 나오는 글

본 연구는 지금까지의 작업을 정리해보는 정도에 지나지 않다. 이와 같은 대량 자료(data base)를 다루는 작업은 많은 시간을 필요로 할 뿐만 아니라 전산의 도움이 없이는 불가능한 작업이 많다. 그러나 이러한 연구는 앞서 보았듯이 연구 분야에 대한 기초 자료를 구축하는 것으로 지식자료구축(Knowledge base)이라 불리는 중요한 것이다. 이는 좀 더 정확하고 과학적인 연구를 위해 반드시 필요한 과정이며 문학과 어학을 떠나 모든 학문분야의 선행 과제인 것이다.

이번 작업의 완전히 마무리 됐다면 더 많은 결과물을 토론할 수 있겠으나 몇 가지 정리해 보면 다음과 같다.

첫째, 시인 이용악 작품의 어휘 량은 3,700여 개며 이는 이용악 시인의 측정 가능한 어휘 량을 대표한다.

둘째, 해방 전 작품보다 해방 후의 작품이 편당 평균 어휘 수가 60개 이상 증가하는 것은 해방 후 그의 시의 서사적 경향을 뒷받침 하는 것이다.

셋째, 상위 207개의 어휘 분석을 통해서 간단하나마 사용 어휘의 빈도 순위를 알아볼 수 있었다.

넷째, 한 시인의 작품에 대한 색인을 만들어 낸다는 것은 쉽지 않은 작업이다. 본 자료는 바로 이용악이라는 시인의 작품 내 어휘색인(Index)을 구축했다는 점에서 또 하나의 조그마한 성과라 할 수 있다.

또 본론에서는 다루지 않고 있지만 이러한 자료구조의 배열 변화를 이용해서 시인의 의식적인 시어 선정 외에 무의식적인 언어사용 또는 조사 어미 사용 빈도에 이르기까지 많은 정보를 정리할 수 있는 장점이 있다. 예를 들어 각 시의 1연 첫 단어 중 같은 단어가 쓰인 것이 있는가? 라는 질문에 다음과 같이 답할 수 있다.

1바다	A#117/01*001
1바다	D#089/01*001
1요전	A#109/01*001
1요전	B#084/01*001
1우리	A#126/01*001
1우리	D#016/01*001

이번 작업이 앞으로의 연구를 위한 기초 작업이 되길 바라고 지속적으로 많은 시인과 문학인들의 자료를 구축해 작가 비교, 시어의 이미지 형상화 등 여러 연구에 사용되었으면 한다.

■ 참고문헌

감태준, 이용악시연구, 한양대학교, 1989.

김용직, 한국현대시사, 한국문연, 1996.

문영호, 조선어빈도수사전, 백과사전출판사, 평양, 1993.

윤영천, 리용학 전집 제2판, 창작과비평사, 1995.

윤영천, 한국의 유민시, 실천문학사, 1987.

■ 부록__ 색을 사용한 표현

부록 1 노랑

1노란	A#087/02*004	1사랑하는	1주둥이
1노랑	A#028/05*020	1밤	1고양이
1노랑꽃	A#080/03*008	1사이	1노랑꽃
1노랑꽃	A#080/03*009	1노랑꽃	1배추밭
1노랑잔디	A#086/05*026	1때	1밑에
1노오란	A#025/01*003	1이랑을	1배추꽃
1노오란	A#056/01*001	―	1은행잎

부록 2 검정

1검누른	A#006/01*013	1항구의	1하늘을
1검붉다	A#133/01*022	1듯	―
1검붉은	A#035/04*036	1어찌하여	1흙이
1검붉은	A#133/03*018	1흙이다	1흙이다
1검푸른	A#012/01*008	1강물이	1강물이
1검푸른	D#091/08*011	1밀려오는	1파도
1검은	A#015/01*017	1마음에	1구름이
1검은	A#015/04*020	1마음에	1구름이
1검은	A#064/02*006	1버드낡엔	1구멍이
1검은	A#081/03*008	1복스럽던	1기미도
1검은	A#129/01*016	1떠나가는	1기선과
1검은	A#125/01*006	1길	1기선은
1검은	A#006/02*008	1사수하려는	1기선이
1검은	D#088/02*003	1바다를	1날개
1검은	A#045/05*006	1줄	1날개는
1검은	A#093/03*006	1모습마다	1머리

1검은	A#093/03*009	1향그러히	1머리
1검은	A#033/03*013	1흘러내리는	1머리카락이
1검은	B#009/02*026	1버린	1모자와
1검은	A#128/01*004	1화물열차의	1문들은
1검은	A#051/01*037	1봉오리	1봉오리
1검은	A#051/01*035	1비취는	1봉오리
1검은	B#007/02*016	1화물차의	1지붕에
1검은	A#063/03*002	1메레토스여	1피를
1검은	A#050/04*002	1이제	1하늘과
1검은	A#050/01*006	1하늘	1하늘이

부록 3 파랑 / 푸른*

1파란	A#121/04*001	—	1별들의
1파릇파릇한	D#069/07*004	1듣는다	1새
1파리한	A#050/03*013	1얼굴은	1이마는
1파리한	A#086/04*003	1하소하는	1락엽
1파아란	A#042/04*008	1종다리	1항공을

부록 4 흰 / 하얀

1하아얀	A#032/04*007	1쌓이는	1눈을
1하아얀	A#037/01*018	1우시여	1박꽃
1하아얀	A#068/01*009	1벽과	1하얀
1하아얗게	A#064/04*002	1사시사철	1바라뵈는
1하얀	A#018/01*001	—	1박꽃이
1하얀	A#018/09*001	—	1것도
1하얀	A#068/01*010	1하아얀	1벽
1하얗게	A#022/02*001	—	1미치고야
1하얗게	B#009/01*003	1자국	1흠간
1희나	C#134/01*004	1백설로	1평화를

---

* 2.2.3. 형용사 참조.

1희나	C#134/08*004	1백설로	1평화를
1희머얼건	A#006/02*030	1얼골	1얼골
1희면	A#085/05*002	1구름이	1흰
1희슥희슥	D#040/06*001	—	1동트는
1흰	A#023/01*010	1덮은	1보자기
1흰	A#035/04*019	1죽지에	1목을
1흰	A#052/02*001	—	1그림자
1흰	A#052/02*007	1사라지는	1그림자
1흰	A#068/01*007	1주받는	1벽과
1흰	A#085/05*003	1희면	1구름
1흰	C#036/04*011	1군데군데	1구름
1흰	C#122/14*001	—	1종이
1히부옇게	A#047/03*005	1그늘도	1엷어지는데

부록 5 빨강

1분홍	A#110/05*030	1수집은	1댕기
1빨간	A#086/05*011	1백양나무	1불에
1빨간	A#121/01*013	1진	1심장조차
1붉은	A#006/02*023	1방울	1피도
1붉은	A#018/09*003	1것도	1것도
1붉은	A#033/04*011	1우에	1장미가
1붉은	A#063/02*009	1같습니다	1보재기로
1붉은	A#067/04*007	1밤마다	1얼굴엔
1붉은	C#122/25*004	1아래	1벽돌담을
1붉은	D#039/07*015	1붙인	1글자들에
1붉은데	C#003/03*011	1윈통	1피의
1붉히고	A#097/01*069	1양볼	1올라와
1붉히며	D#043/03*007	1볼을	1한
1붉히며	D#069/08*008	1볼을	1정례는

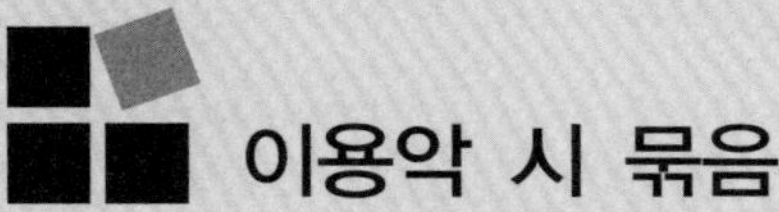

이용악 시 묶음

 그래도 남으로만 달린다

한결 해맑숙한 네 이마에
촌스런 시름이 피어오르고
그래도
우리를 실은
차는 남으로 남으로만 달린다

촌과 나루와 거리를
벌판을 숲을 몇이나 지나왔음이야
눈에 묻힌 이 고개엔
가마귀도 없나보다

보리밭 없고
흐르는 뗏노래라곤
더욱 못 들을 곳을 향해
암팡스럽게 길 떠난
너도 물새 나도 물새
나의 사람아 너는 울고 싶고나

말없이 쳐다보는 눈이
흐린 수정알처럼 외롭고
때로 입을 열어 시름에 젖는
너의 목소리 어선 없는 듯 가늘다

너는 차라리 밤을 부름이 좋다
창을 열고
거센 비람을 받아들임이 좋다
머리속에서 참새 재잘거리는 듯
나는 고달프다 고달프다

너를 키운 두메산골에선
가라지의 소문이 뒤를 엮을 텐데
그래도

우리를 실은
차는 남으로 남으로만 달린다

002 불

모두가 잠잠히 끝난 다음에도
불이여 그대만은
우리의 벗이래야 할 것이

치솟는 빛과 함께 몸부림치면
한결같이 일어 설 푸른 비늘과 같은
아름다움
가슴마다 피여

싸움이요
싸움이요
우리 모두 불ㅅ길 되어
미움을 물리치는 것이요

003 불타는 마을(싸우는 농촌에서)

량볼에 옴쑥옴쑥 보조개 패이는
소녀는 애기를 업고 서성거리며
대추나무 사이사이 쌓아 올린 낟가리 사이로
이따금씩 고갯길을 바라보며 하는 이야기

엄마는 현물세 달구지를 몰고
고개 넘에로 첫새벽에 떠났단다
아버지는 없단다
지난해 섣달에
미국 놈들이……

집도 연자간도 죄다 불탄 작은 마을
앞뒤산이 단풍 들어 왼통 붉은데
피의 원쑤는 피로써 반듯이 갚아질 것을
몇번이고 다시 믿는 귀여운 소녀는
어서 나이 차서 인민 군대 되는 것이
그것이 제일 큰 소원이란다

004 우리의 거리 1945

아버지도 어머니도
젊어서 한창땐
우라지오로 다니는 밀수꾼

눈보라에 숨어 국경을 넘나들 때
어머니의 등곬에 파묻힌 나는
모든 가난한 사람들의 젖먹이와 다름없이
얼마나 성가스런 짐짝이었을까

오늘도 행길을 동무들의 행렬이 지나는데
뒤이어 뒤를 이어 물결치는
어깨와 어깨에 빛 빛 찬란한데

여러 해 만에 서울로 떠나가는 이 아들이
길에서 요기할 호박떡을 빚으며
어머니는 얼어붙은 우라지오의 바다를
채쭉쳐 달리는 이즈보즈의 미차며 트로이카며
좋은 하늘 못 보고
탸향서 돌아가신 아버지의 이야길 하시고

피로 물든 우리의 거리가
폐허에서 새로이 부르짖는
우라아
우라아 ××××

005 장마 개인 날

하늘이 해오리의 꿈처럼 푸르러
한 점 구름이 오늘 바다에 떨어지련만
마음엔 안개 자옥히 피어오른다
너는 해바라기처럼 웃지 않아도 좋다
배고프지 나의 사람아
엎디어라 어서 무릎에 엎디어라

006 항구

태양이 돌아온 기념으로
집집마다
카렌다아를 한 장씩 뜯는 시간이면
검누른 소리 항구의 하늘을 빈틈없이 흘렀다

머언 해로를 이겨낸 기선이
항구와의 인연을 사수하려는 검은 기선이
뒤를 이어 입항했었고
상륙하는 얼골들은
바늘 끝으로 쏙 찔렀자
솟아나올 한 방울 붉은 피도 없을 것 같은
얼골 얼골 희머얼건 얼골뿐

부두의 인부꾼들은
흙을 씹고 자라난 듯 꺼머틱틱했고
시금트레한 눈초리는
푸른 하늘을 쳐다본 적이 없는 것 같았다
그 가운데서 나는 너무나 어린
어린 노동자였고—

물위를 도롬도롬 헤여다니던 마음
흩어졌다도 다시 작대기처럼 꼿꼿해지던 마음

나는 날마다 바다의 꿈을 꾸었다
나를 믿고저 했었다
여러 해 지난 오늘 마음은 항구로 돌아간다
부두로 돌아간다 그날의 나진이여

007 그리움 1945(노한 눈들)

눈이 오는가
북쪽엔
함박눈 펑펑 쏟아지는가

험한 벼랑 굽이굽이
세월처럼 돌아 간 백무선
길고 긴 철길 우에
느릿느릿 밤새워 달리는
화물차의 검은 지붕에

겹겹이 둘러 앉은
산과 산 사이
작은 마을 집집마다
봇지붕 우에도
복된 눈 내리는가

잉크병 얼어 드는 이러한 밤에
어쩌자고 잠을 깨여
내내 그리운
그리운 그곳

북쪽엔
눈이 오는가
함박눈 펑펑 쏟아지는가

008   노한 눈들 1946(노한 눈들)

불빛 노을 함빡 갈앉은 눈이라 노한 노한 눈들이라

죄다 바서진 창으로 추위가 다가 서는데 벌써 몇 번째 어찌하여 우리는 또 밀려 나가야 하는가 우리의 회관에서

더러는 어디루 갔나 황막한 벌판을 다시금 안고 숨어서 쳐다보는 푸른 하늘이며 밤마다 별마다에 가슴 맥히여 울지도 못할 옳은 사람들 정녕 어디서 동트는 조국을 그리는 것일가

폭풍이여 일어 나라 폭풍이여 폭풍이여 불ㅅ길처럼 일어나라

지금은 곁에 없는 미더운 동무들과 함께 끊임없는 투쟁을 서로 서로 북돋우며 조석으로 정들인 낡은 걸상이며 책상을 둘러 메고 지나간 데모에 노래 높이 휘날리던 깃발까지도 소중히 감아 든 우리

우리는 이제 저무는 거리에 나서련다 갈 곳 없이 나서련 다 내사 아마 퍽도 약한 시인이길래 그저 울음이 북바치는 것일가

불빛 노을 함빡 갈앉은 눈이라 노한 노한 눈들이라

009   오월에의 노래 1946(노한 눈들)

잇발 자국 하얗게 흠간 빨뿌리와 담뱃재 소복한 왜접시와 인젠 불살러도 좋은 몇 권의 책이 놓여 있는 거울 속에 오월이여 넘쳐라

성미 어진 나의 친구는 고오고리를 좋아하는 소설가 몹시도 시장하고 눈은 내리던 밤 서로 웃으며 고오고리의 나라를 이야기하면서 소시민 소시민이라고 써놓은 얼룩진 벽에 벗어
버린 검은 모자와 귀걸이가 걸려 있는 거울 속에 오월이여 넘쳐라

그리웠던 그리웠던 구름 속 푸른 하늘은 우리의 것이다 그리웠던 그리웠던 메―데

―의 노래는 우리의 것이라

어느 동무들의 희망과 초조와 떨리는 손으로 주어 모은 활자들이냐 아무렇게나 쌓아 올린 신문지 우에 지난날의 번뇌와 하직하는 나의 판가리 노래가 놓여 있는 거울 속에 오월이여 넘쳐라

010 하늘만 곱구나 1946(노한 눈들)

집도 많은 집도 많은 서울 장안 남대문턱 움속에서 두 손 오구려 흑흑 입김 불며 높디높은 하늘을 쳐다보면서 흑흑 입김 불며 어린 거북이는 무엇을 생각하는가

거북네는 만주서 왔단다 두터운 얼음장과 거센 바람 속을 세월이 흘러 흘러 거북인 만주서 나고 할배는 쫓겨 간 이국 땅 만주에 영영 묻혔으나 하늘이 무심찮아 참된 봄을 본다구 그립던 고국으로 돌아 왔단다

만주서 떠날 때 강을 건널 때 조선으로 고향으로 돌아만 가면 빼앗겼던 땅에 아배는 농사를 짓고 거북이는 『가갸거겨』 배운다더니 조선으로 돌아 오니 집도 없고 고향도 없고……

거북이는 잘근잘근 배추 꼬리를 씹으며 달디 달구나 배추꼬릴 씹으며 꺼무테테한 아배의 얼굴을 바라보면서 배추꼬리를 씹으며 헐벗은 거북이는 무엇을 생각하누

첫눈 이미 내려 바람 매짠데 이윽고 새해가 또 오는데 집도 많은 집도 많은 서울 장안 남대문턱 움속에서 이따금씩 쳐다보는 하늘이사 아마 하늘이기에 혼자만 곱구나

011 38도에서 1945

누가 우리의 가슴에 함부로 금을 그어 강물이
검푸른 강물이 굽이쳐 흐르느냐
모두들 국경이라고 부르는 38도에 날은
저물어 구름이 모여

물리치면 산 산 흩어졌다도
몇번이고 다시 뭉쳐선
고향으로 통하는 단 하나의 길
　　철교를 향해
　　철교를 향해
　　떼를 지어 나아가는
　　피난민들의 행렬

　─야폰스키가 아니요 우리는
거린채요 거리인채
한 달두 더 걸려 만주서 왔단다
땀으로 피로 지은 벼도 수수도
죄다 버리고 쫓겨서 왔단다
이 사람들의 눈 좀 보라요
이 사람들의 입술 좀 보라요
　─야폰스키가 아니요 우리는
거린채요 거리인채

그러나 또 다시 화약이 튀어
제마다의 귀뿌리를 총알이 스쳐
또 다시 흩어지는 피난민들의 행렬

나는 지금
표도 팔지 않는 낡은 정거장과
꼼민탄트와 인민위원회와
새로 생긴 주민들이 모여 앉은
죄그마한 거리 가까운 언덕길에서
시장끼에 흐려가는 하늘을 우러러
바삐 와야 할 밤을 기대며

모두들 국경이라고 부르는 38도에
어둠이 내리면 강물에 들어서자
정갱이로 허리로 배꼽으로 모가지로

마구 헤치고 나아가자
우리의 가슴에 함부로 금을 그어
굽이쳐 흐르는 강물을 헤치자

012 강가에서

아들이 나오는 올겨울엔 걸어서라두
청진으로 가리란다
높은 벽돌담 밑에 섰다가
세 해나 못 본 아들을 찾아 오리란다

그 늙은인
암소 따라 조이밭 저쪽에 사라지고
어느 길손이 밥지은 자췬지
구스른 돌 두어 개 시름겨웁다

013 거리에서

아무렇게 겪어온 세월일지라도 혹은 무방하여라 숨맥혀라 숨맥혀라 잔바람 불어오
거나 구름 한 포기 흘러가는 게 아니라 어디서 누가 우느냐

누가 목메어 우느냐 너도 너도 너도 피 터진 발꿈치 피 터진 발꿈치로 다시 한번 힘
모두어 땅을 차자 그러나 서울이여 거리마다 골목마다 이마에 팔을 얹는 어진 사람들

눈보라여 비바람이여 성낸 물결이어 이제 휩쓸어오는가 불이어 불길이어 노한 청춘
과 함께 이제 어깨를 일으키는가

우리 조그마한 고향 하나와 우리 조그마한 인민의 나라와 오래인 세월 너무나 서러
웁던 동무들 차마 그리워 우리 다만 앞을 향하여 뉘우침 아예 없어라

014 검은 구름이 모여든다

해당화 정답게 핀 바닷가
너의 무덤 작은 무덤 앞에 머리 숙이고
숙아
쉽사리 돌아서지 못하는 마음에
검은 구름이 모여든다

네 애비 흘러간 뒤
소식 없던 나날이 무거웠다
너를 두고 네 어미 도망한 밤
흐린 하늘은 죄로운 꿈을 머금었고
숙아
너를 보듬고 새우던 새벽
매운 바람이 어설궂게 회오리쳤다

성 위 돌배꽃
피고 지고 다시 필 적마다
될 성싶이 크더니만
숙아
장마 개인 이튿날이면 개울에 띄운다고
돛단 쪽배를 맨들어달라더니만
네 슬픔을 깨닫기도 전에 흙으로 갔다
별이 뒤를 따르지 않어 슬프고나
그러나 숙아
항구에서 피 말러간다는
어미 소식을 모르고 갔음이 좋다
아편에 부어 온 애비 얼골을
보지 않고 갔음이 다행타

해당화 고운 꽃을 꺾어
너의 무덤 작은 무덤 앞에 놓고
숙아
살포시 웃는 너의 얼골을

꽃 속에서 찾아보려는 마음에
검은 구름이 모여든다

015 격류하라 사회주의에로 1956

우리 조국의 지도우에
새로이 그려 넣을
푸른 호수와 줄기찬 강들이
얼마나 많은 땅을 풍요케 하는가
얼마나 아름다운 생활을 펼치는가

평화를 열망하는 인민들 편에
시간이여 네가 섰음을 자랑하라

아득히 먼 세월 그 앞날까지도
내 나라는 젊고 또 젊으리니
우리 시대의 복판을 흘러흘러
기름진 류역을 날로 도 넓히는
도도한 물결
행복한 강하

강하는 노호한다
강도의 무리가 더러운 발로 머물러
략탈로 저물고 기아로 어둡는
남쪽 땅 사랑하는 강토의 반신에도
붉게 탈 새벽 노을을 부르며

격류한다 승리의 물줄기는
우리의 투지 우리의 정렬을 타고
사회주의에로!
사회주의에로!

016 고독

땀내 나는
고달픈 사색 그 복판에
소낙비 맞은 허수애비가 그리어졌다
모초리 수염을 꺼리는 허수애비여
주잖은 너의 귀에
풀피리소리마저 멀어졌나봐

017 고향아 꽃은 피지 못했다

하얀 박꽃이 오들막을 덮고
당콩 너울은 하늘로 하늘로 기어올라도
고향아
여름이 안타깝다 무너진 돌담

돌 우에 앉았다 섰다
성가스런 하로해가 먼 영에 숨고
소리 없이 생각을 드디는 어둠의 발자취
나는 은혜롭지 못한 밤을 또 부른다

도망하고 싶던 너의 아들
가슴 한구석이 늘 차그웠길래
고향아
돼지굴 같은 방 등잔불은
밤마다 밤새도록 꺼지고 싶지 않었지

드디어 나는 떠나고야 말았다
곧 얼음 녹아내려도 잔디풀 푸르기 전
마음의 불꽃을 거느리고
멀리로 낯선 곳으로 갔더니라
그러나 너는 보드라운 손을
가슴에 얹은 대로 떼지 않었다

내 곳곳을 헤매여 살 길 어두울 때
빗돌처럼 우두커니 거리에 섰을 때
고향아
너의 부름이 귀에 담기어짐을
막을 길이 없었다

“돌아오라 나의 아들아
까치둥주리 있는
아까시야가 그립지 않느냐
배암장어 구어 먹던 물방앗간이
새잡이하던 버들방천이
너는 그립지 않나
아롱진 꽃 그늘로
나의 아들아 돌아오라”

나는 그리워서 모두 그리워
먼 길을 돌아왔다만
버들방천에도 가고 싶지 않고
물방앗간도 보고 싶지 않고
고향아
가슴에 가로누운 가시덤불
돌아온 마음에 싸늘한 바람이 분다

이 며칠을 미칠 듯이 살아온 내게
다시 너의 품을 떠날려는 내 귀에
한마디 아까운 말도 속삭이지 말어다오
내겐 한 걸음 앞이 보이지 않는
슬픔이 물결친다

하얀 것도 붉은 것도
너의 아들 가슴엔 피지 못했다
고향아
꽃은 피지 못했다

018 구슬

마디마디 구릿빛 아무렇던
열 손가락
자랑도 부끄러움도 아닐 바에

지혜의 강에 단 한 개의 구슬을 바쳐
밤이기에 더욱 빛나야 할 물 밑

온갖 바다에로 새 힘 흐르고 흐르고

몇천년 뒤
내 닮지 않은 어느 아해의 피에 남을지라도
그것은 헛되잖은 이김이라

꽃향기 숨가쁘게 날러드는 밤에사
정녕 맘놓고 늙언들 보자요

019 국경

새하얀 눈송이를 낳은 뒤 하늘은 은어의 향수처럼 푸르다 얼어죽은 산토끼처럼 지
붕 지붕은 말이 없고 모진 바람이 굴뚝울 싸고 돈다 강건너 소문이 그 사람보다도
기대려지는 오늘 폭탄 을 품은 젊은 사상이 피에로의 비가에 숨어와서 유령처럼 나
타날 것 같고 눈 우에 크다아란 발자옥을 또렷이 남겨줄 것 같다 오늘

020 귀한 손님이 좋은 철에 오시네 1996(루마니아 대표단 환영)

옥색이랴 비취색 푸르름이랴
우리의 고운 하늘 가장 고운 철
정말로 좋은 철에
귀한 손님 오시네

가을 향기 그윽한 능금밭 사잇길로
능금밭 사잇길로 먼저 모실가
청진이며 회천이랑 흥남 지구의
자랑 많은 공장들이 기다리는데

지난날의 상처가 꽃에 묻힌 거리로
꽃에 묻힌 거리로 먼저 모실가
나무리며 운전이랑 열두 삼천리의
풍년 맞은 조합들이 기다리는데

산에 먼저 모실가
물 맑은 강변에 먼저 모실가

몰다비야 고지의 바람 소리도
아름다운 다뉴브의 흐름 소리도
손님들은 여기서 들어 주시리
노래처럼 여기서 들어 주시리

붉게붉게 하도 붉게 단풍이 들어
이 산 저 산 젊음인듯 불처럼 타는 철
정말로 좋은 철에
귀한 손님 오시네

021 금붕어

유리 항아리 동글한 품에
견디질 못해 삼삼 맴돌아도
날마다 저녁마다 너의 푸른 소원은 저물어간다
숨결이 도롬도롬 방울져 공허로웁다

하얗게 미치고야 말 바탕이 진정 슬프다
바로 눈앞에서 오랑캐꽃은 피어도
꽃수염 간지럽게 하늘거려도

반출한 돌기둥이 안개에 감기듯
아물아물 사라질 때면
요사스런 웃음이 배암처럼 기어들 것만 같애
싸늘한 마음에 너는 오시러운 피를 흘린다

022   길 1942

여덟 구멍 피리며 앉으랑 꽃병
동그란 밥상이며 상을 덮은 흰 보자기
안해가 남기고 간 모든 것이 그냥 그대로
울면서 가던 날을 말해 주는데

새벽마다 뉘우치며 깨는 것이 때론 외로워
술도 아닌 차도 아닌
뜨거운 백탕을 홀홀 마시며
참아 어질게 어질게 살아 보리

안해가 우리의 첫애길 보듬고
먼 길 돌아 오면
내사 고운 꿈 따라 횃불 밝힐가
이 조그마한 방에 푸른 란초랑 옮겨 놓고

나라에 지극히 복된 기별이 있어
찬란한 밤이면 밤마다
숫한 별 우러러 가슴에 안고
어찌야 즐거운 백성이 아니리

꽃잎 헤칠수록 깊어만지는 거울
호을로 차지하기엔 너무나 큰 거울을
언제나 똑바로 앞으로만 대하는 것은
나의 웃음 속에
우리 얘기의 길이 틔여 있기에

023 길손의 봄

석단을 올라와
잔디에 조심스레 앉어
뾰족뾰족 올라온 새싹을 뜯어 씹으면서
조곰치도 아까운 줄 모르는 주림
지난밤
회파람은 돌배꽃 피는 동리가 그리워
북으로 북으로 갔다

024 꽃가루 속에

배추밭 이랑을 노오란 배추꽃 이랑을
숨가쁘게 마구 웃으며 달리는 것은
어디서 네가 나직이 부르기 때문에
배추꽃 속에 살며시 흩어 놓은 꽃가루 속에
나두야 숨어서 너를 부르고 싶기 때문에

025 나라에 슬픔이 있을 때 1945

자유의 적 꼬레이어를 물리치고저
끝끝내 호을로 일어선 다뷔데는 소년이었다
손아귀에 감기는 단 한 개의 돌멩이와
팔맷줄 둘러메고
원수를 향해 사나운 짐승처럼 내달린
다뷔데는 이스라엘의 소년이었다

나라에 또 슬픔이 있어
떨리는 손등에 볼타구니에 이마에
싸락눈 함부로 휘날리고 바람 매짜고
피가 흘러
숨은 골목 어디선가 성낸 사람들

동포끼리 옳잖은 피가 흘러
제마다의 가슴에 또다시 쏟아져내리는
어둠을 헤치며
생각하는 것은 다만 다뭐데

이미 아무것도 갖지 못한 우리
일제히 시장한 허리를 졸라맨 여러가지의
띠를 풀어 탄탄히 돌을 감자
나아가자 원수를 향해 우리 나아가자
단 하나씩의 돌멩일지라도 틀림없는
꼬레이어의 이마에 던지자

027 나를 만나거던 1937

땀 마른 얼굴에
소금이 싸락싸락 돋친 나를
공사장 가까운 숲속에서 만나거던
내 손을 쥐지 말라
만약 내 손을 쥐더라도
옛처럼 네 손처럼 부드럽지 못한 리유를
그 리유를 묻지 말아라

주름잡힌 이마에
불만이 그윽한 나를
거리의 뒷골목에서 만나거던
먹었느냐고 묻지 말라
굶었느냐곤 더욱 묻지 말고
꿈같은 이야기는 이야기의 한마디도
나의 침묵에 침입하지 말아라

폐인인 양 시들어져
턱을 고이고 앉은 나를
어둠침침한 방구석에서 만나거던

울지 말라
웃지도 말고
내가 자살하지 않는 리유를
그 리유를 묻지 말아라

027 **낡은 집 1938**

밤낮으로 왕거미 줄치기에 분주한 집
마을에서 흉가라고 꺼리는 낡은 집
이 집에 살았다는 백성들은
대대손손 물려 줄
은동곳도 살호 관자도 갖지 못했니라

재를 넘어 무곡을 다니던 당나귀며
항구로 가는 콩시리에 늙은 동굴소리
모두 없어진지 오랜 외양간에선
아직도 초라한 내음새 풍기건만
털보네 간 곳은 아무도 모른다

산을 뚫어 찻길이 놓이기 전
노루 맷돼지 여우며 승냥이가
앞뒤 벌을 마음놓고 뛰어 다니던 시절
털보네 세째 아들 나의 싸리말동무는
이 집 안방 짓두광주리 곁에서
첫울음을 울었단다

『털보네는 또 아들을 봤다우
송아지라두 불었으면 팔아나 먹지』
마을 아낙네들이 정녕 무심코
차가운 이야기를 냇물에 실어 보냈다는
그날 밤
저릎등은 시름시름 타들어 가고
소주에 취한 털보의 눈이 더욱 붉더란다.

갓주지 이야기며 무서운 전설과 가난 속에서
나의 동무는 마음 조리며 자랐다
당나귀 몰고 간 애비 돌아 오지 않는 밤
노랑 고양이 울어울어
종시 잠들지 못한 그런 밤이면
어미 분주히 일하는 방아간 한구석에서
좁쌀겨를 쓰고 않아 외론 꿈을 키웠다

그가 아홉 살 되던 해
사냥개 꿩을 쫓아 다니는 겨울
이 집에 살던 일곱 식솔이
어디론가 사라진 이튿날 아침
북쪽을 향한 발자국만 눈 우에 떨고 있었다

더러는 오랑캐령쪽으로 갔으리라고
더러는 아라사로 갔으리라고
이웃 늙은이들은 모두
멀고도 추운 고장을 짚었다

지금은 아무도 살지 않는 집
마을서 흉가라고 꺼리는 낡은 집
제철마다 먹음직한 열매 탐스럽게 열던
살구나무도 글거리만 남았길래
꽃피는 철이 와도 가도
뒤울안엔 꿀벌 하나 날아 들지 않는다

028 **너는 왜 울고 있느냐**

‘포플라’ 숲이 푸르고 때는 봄!
너는 왜 울고 있느냐
또……

진달래도 하늘을 향하여 미소하거늘

우리도 먼— 하늘을 쳐다봐야 되지 않겠나?
묵은 비애의 철쇄를 끊어버리자……

그 사람이 우리 마음 알 때도 이제 올 것을……
너는 왜 울고 있느냐
매아미는
이슬이 말러야 세상을 안다고……
어서 눈물을 씻어라

울면은 무엇해?

'포플라'숲으로 가자!
잃었던 노래를 찾으려……

029 너는 피를 토하는 슬픈 동무였다

"겨울이 다 갔다고 생각자
조 들창에
봄빛 다사로이 헤여들게"

너는 불 꺼진 토기화로를 끼고 앉어
나는 네 잔등에 이마를 대고 앉어
우리는 봄이 올 것을 믿었지
식아
너는 때로 피를 토하는 슬픈 동무였다

봄이 오기 전 할미 집으로 돌아가던
너는 병든 얼골에 힘써 웃음을 새겼으나
고동이 울고 바퀴 돌고 쥐었던 손을 놓고
서로 머리 숙인 채
눈과 눈이 마조칠 복된 틈은 다시 없었다

일년이 지나 또 겨울이 왔다

너는 내 곁에 있지 않다
너는 세상 누구의 곁에도 있지 않다

너의 눈도 귀도 밤나무 그늘에 길이 잠들고
애꿎인 기억의 실마리가 풀리기에
오늘도 등신처럼 턱을 받들고 앉어
나는 조 들창만 바라본다

"봄이 아조 왔다고 생각자
너도 나도
푸른 하늘 알로 뛰여나가게"

너는 어미 없이 자란 청년
나는 애비 없이 자란 가난한 사내
우리는 봄이 올 것을 믿었지
식아
너는 때로 피를 토하는 슬픈 동무였다

030 **노래 끝나면**

손벽칩시다 정을 다하여
우리 손벽칩시다
노새나 나귀를 타고
방울 소리며 갈꽃을 새소리며 달무리를
즐기려 가는 것은 아니올시다

청기와 푸른 등을 밟고 서서
웃음 지으십시오
아해들은 한결같이 손을 저으며
멀어지는 나의 뒷모양 물결치는 어깨를
눈부시게 바라보라요

누구나 한번은 자랑하고 싶은

모든 사람의 고향과
나의 길은 황홀한 꿈속에 요요히 빛나는 것

손벽칩시다 정을 다하여
우리 손벽칩시다

031 눈 내리는 거리에서

휘몰아치는 눈보라를 헤치고
오히려 빛나는 밤을 헤치고
내가 거니는 길은 어느 곳에 이를지라도
뱃머리에 부딪쳐 둘로 갈라지는 파도소리요
나의 귓속을 지켜 길이 사라지지 않는 것
만세요 만세소리요

단 한번 정의의 나래를 펴기에
우리는 얼마나 많은 세월을 참아왔읍니까

이제 오랜 치욕과 사슬은 끊어지고
잠들었던 우리의 바다가 등을 일으켜
동양의 창문에 참다운 새벽이 동트는 것이요
승리요
적을 향해 다만 앞을 향해
아세아의 아들들이 뭉쳐서 나아가는 곳
승리의 길이 있을 뿐이요

머리 위 어깨 위 내려서 쌓이는
하아얀 눈을 차라리 털지도 않고
호을로 받들기엔 너무나 무거운 감격을 나누기 위하여
누구의 손일지라도
나는 정을 다하여 굳게 쥐고 싶습니다

032   눈보라의 고향 1940-세한시초 1

휘몰아치는 눈보라 속
우중충한 술집에서
낡은 장병등을 위태로이 내어걸고
어디선가 소리쳐 우느 아해들

험난한 북으로의 길은
이곳에 이르러 끝나야 하겠습니다
고향이올시다 아버지도 형도 그리고 나도
젊어서 떠나버린 고향이올시다

애끼고 애껴야 항 것에 눈떠
나의 손과 너의 손을 맞잡으면
이마에 흐 르러내리는
검은 머리카락이 얼마나 자랑스럽습니까

오—래 감췄던 유리병을 깨뜨려
독한 약이 꽃답게 흩어진 얼음 우에
붉은 장미가 피어납니다

눈보라 속
눈보라 속 굳게 닫힌 성문을
위로 걷는 사슴이 있어

033   다리 우에서

바람이 거센 밤이면
몇번이고 꺼지는 네모난 장명등을
궤짝 밟고 서서 몇번이고 새로 밝힐 때
별 많은 밤이 되려 무섭다던 누나야

여기는 낯선 고장

국수집 찾아 가는 다리 우에서
문득 그리워지는 누나야
우리는 어려서 국수집 아이

단오도 설도 아닌 풀벌레 우는 가을철
단 하루 아버지 제삿날만
너도나도 일을 쉬고
어른처럼 곡을 했지

034 다시 항구에 와서

모든 기폭이 잠잠히 내려 앉은
이 항구에
그래도 남은 것은 사람이올시다

한마디의 말도 배운 적 없는 듯한 많은 사람 속으로
어질게 생긴 이마며 수수한 입술이며 그저 좋아서
나도 한마디의 말없이 우줄우줄 걸어 나가면
저리 산밑에서 들려 오는 들 깨는 소리

시바우라 같은 데서 혹은 메구로 같은 데서
함께 일하고 함께 잠자며
퍽도 친하게 지내던 사람들로만 여겨집니다

서로 모르게
어둠을 타 구름처럼 흩어졌다가
똑같이 고향이 그리워서
돌아 온 이들이 아니겠습니까

하늘이 너무 푸르러
갈매기는 죽지에 흰 목을 묻고
어느 옴쑥한 바위틈 같은 데 숨어 버렸나본데
차라리 누구의 아들도 아닌 나는 어찌하여

검붉은 흙이 자꾸만 씹고 싶습니까

035   달 밝은 탈곡 마당

봉선화랑 분꽃 해바라기랑
봄이 오면 샘터에 가득 심을 외논으로
첫쉬임 정말로 즐겁게 끝났다

도랑치마 숙희가 엄마를 따라
무거운 볏단을 안아 섬기며
속으로 생각하는걸 누가 모른담

엄마도 누나도 일손 재우 놀리며
거칠어진 손등으로 땀을 씻으며
속으로 생각하는걸 누가 모른담

동이 만한 박 서너 개 지붕에 둔 채
하늘엔 군데군데 흰 구름 둔 채
어디루 가는걸가 달은 바삐 달리고

칠성이는 어려도 사내아이 기운 좋구나
발끝에 힘 모두어 탈곡기를 밟으면서
속으로 생각하는건 오직 한가지
─형이 어서 이기게
─형이 어서 이기게

036   달 있는 제사

달빛 밟고 머나먼 길 오시리
두 손 합처 세번 절하면 돌아 오시리
어머닌 우시여
밤내 우시여

하아얀 박꽃 속에 이슬이 두어 방울

037 당신의 소년은

설룽한 마음 어느 구석엔가
숱한 별들 떨어지고
쏟아져내리는 빗소리에 포옥 잠겨 있는
당신의 소년은

아득히 당신을 그리면서
개울창에 버리고 온 것은
갈갈이 찢어진 우산
나의 슬픔이 아니었읍니다

당신께로의 불길이
나를 싸고 타올라도
나의 길은
캄캄한 채로 닫힌 쌍바라지에 이르러
언제나 그림자도 없이 끝나고

얼마나 많은 밤이 당신과 나 사이에
테로스의 바다처럼
엄숙히 놓여져 있읍니까
당신은 당신의 슬픔에서만 나를 찾았고
나는 나의 슬픔을 통해 당신을 만났을 뿐입니까

어느 다음날
수풀을 헤치고 와야 할 당신의 옷자락이
휘얼 훨 앞을 흐리게 합니다
어디서 당신은 이처럼 소년을 부르십니까

039   덕치 마을에서 (1)

서해에 막다른 덕치 마을 선전실
환한 전등밑에 모여 앉아
라지오를 듣고 있던 조합원들은
일시에 『야!』 하고 소리를 친다

이 밤에 누구보다도 기쁜이는 아마
륙십 평생 농사로 허리가 굽었건만
물모라군 꽂아 못 본 칠보 령감님
『연풍에서 물이 떠났다구 분명히 그랬지?』

『그러문요 떠났구 말구요
우리가 새로 푼 논배미들에도
머지않아 철철 넘치게 되지요
얼마나 꿈같은 일입니까

나라와 로동자 동무들 은혜를 갚자면
땅에서 소출이 더 많아야 하지요
우리 조합만도 올 가을엔
천 톤쯤은 쌀을 더 거둘겁니다』

위원자의 이야기가 끝나자
사람들은 끼리끼리 두런거리고
누군가 나직이 물어 보는 말
『천 톤이면 얼마만큼일까요?』

『달구지로 가득가득 날르재도
천번쯤은 실어야 할 그만큼 되지요』

어질고 근면한 이 사람들 앞에
약속된 풍년을 무엇이 막으랴
쌀은 사회주의라고 굵직하게 써 붙인
붉은 글자들에 모든 시선이 즐겁게 쏠리고

허연 구레나루를 쓰다듬다가
무릎을 탁 치며 껄걸 웃던 칠보 령감
『산 없는 벌판에 쌀산이 생기겠군』

039 덕치 마을에서 (2)

『어찌나 생광스런 물이과데
모르게 당두하면 어떻게 한담
물마중도 쓰게 못 하면
조합 체면은 무엇이 된담』

밤도 이슥해 마을은 곤히 자는데
칠보 령감만 홀로 나와 둑에 앉았다
『물이 오면 달려 가 종을 때리지』

볕이 쨍쨍하면 오히려 마음 흐리던
지난 세월 더듬으며 엽초를 말며
석달 열흘 가물어도 근심 걱정 없어질
오는 세월 그리며 엽초를 말며

그러다가 령감님은 말뚝잠이 들었다
머리얹은 달빛이 하도 고와서
구수한 흙냄새에 그만 취해서

귓전을 스치는 거센 흐름 소리에
놀래여 선잠에서 깨여 났을 땐
자정이여 넘고 삼경도 지날 무렵
그러나 수로에 물은 안 오고
가까운 서해에서 파도만 쏴ー 쏴ー

희슥희슥 동트는 새벽 하늘을
이따금식 바라보며 엽초를 또 말며
몹시나 몹시나 초초한 마음

『어찌된 셈일가 여태 안 오니』

수로가 이천리도 넘는다는 사실을
아마도 령감님은 모르시나바
물살이 아무리 빠르다 한들
하루애야 이 끝까지 어찌 다 올가

040　**도망하는 밤**

바닷바람이 묘지를 지나
무너지다 남은 城 굽이를 돌아 마을을 지나
바닷바람이 어둠을 헤치고 달린다
밤
등잔불들은 졸음 졸음 눈을 감었다

동무야
무엇을 뒤돌아보는가
너의 터전에 비둘기의 단락이 질식한 지 오래다
가슴을 치면서 부르짖어보아라
너의 고함은 기울어진 울타리를 멀리 돌아
다시 너의 귓속에서 신음할 뿐
그 다음
너는 식욕의 항의에 꺼꾸러지고야 만다

기름기 없는 살림을 보지만 말어도
토실토실 살이 찔 것 같다
뼉다구만 남은 마을……
여기서 생활은 가장 평범한 인습이었다
씨원히 떠나가자
흘러가는 젊음을 따라
바람처럼 떠나자

뚝장군의 전설을 가진 조고마한 늪

늪을 지켜 숨줄이 말른 썩달나무에서
이제
늙은 올빼미 흉몽스런 울음을 꾀이려니
마을이 떨다
이 밤이 떨다
어서 지팽이를 옮겨놓아라

041 동면하는 곤충의 노래 1937

산과 들이 늙은 풍경에 싸여
앙상한 계절을 시름할 때
나는 흙을 뚜지고 땅 깊이 들어 왔다
차디찬 달빛을 피해
둥글소의 앞발을 피해

멀어진 태양은 아직
꺼머첩첩한 의혹의 길을 더듬고
땅 우엔 미친듯 태풍이 휩쓸어
지친 혼백들의 곡성이 높다
자신의 체온에 실망한 적이 없다

숨막히는 어둠 속에서도
빛을 머금어 사색이 너그럽거니
갖은 학대를 체험한 나는
날카로운 무기를 장만하리라
아름다운 들색으로
평화의 의상도 꾸민다.

얼음 풀린 냇가에 버들이 휘늘어지고
어린 종다리 파아란 항공을 시험할 때면
나는 봄볕 따스한 땅 우에 나서리라
죽은듯 눈 감은 명상
나의 동면은 위대한 약동의 전제다

042 두 강물을 한곬으로

물이 온다 비바람을 몰고
세차게 흘러 온 두 강물이
마주쳐 감싸돌며 대하를 이루는 위대한 순간
찬연한 빛이 중천에 퍼지고

물보다 먼저 환호를 올리며
서로 껴안는 로동자 농민들 속에서
처녀와 총각도 무심결에 얼싸안았다

그것은 짧은 동안 그러나 처녀가
볼을 붉히묘 한 걸음 물러섰을 땐—

사람들은 물을 따라 저만치 와아 달리고
저기 농사집 빈 뜰악에 흩어졌다가
활짝 핀 배추꽃 이랑을 찾아
바쁘게 숨는 어린 닭무리

물쿠는 더위도 몰아치는 눈보라도
공사의 속도를 늦추게는 못 했거니
두 강물을 한 곬으로 흐르게 한
오늘의 감격을 무엇에 비기랴

무엇에 비기랴 어려운 고비마다
앞장에 나섰던 청년 돌격대
두 젊은이의 가슴에 오래 사무쳐
다는 말 못 한 아름다운 사연을

처녀와 총각은 가지런히 앉아
흐르는 물에 발목을 담그고 그리고 듣는다
바람을 몰고 가는 거센 흐름이
자꾸만 자꾸만 귀틈하는 소리
『말해야지 오늘 같은 날에야

어서어서 말을 해야지…』

043 두더쥐

숨맥히는 어둠에 벙어리 되어 떨어진
가난한 마음아

일곱 색 무지개가 서도 사라져도
태양을 우러러 웃음을 갖지 않을 네건만

때로 불타는 한 줄 빛으로서
네 맘은 아프고 이즈러짐이 또한 크다

044 두만강 너 우리의 강아 1938

나는 죄인처럼 수그리고
나는 코끼리처럼 말이 없다
두만강 너 우리의 강아
너의 언덕을 달리는 찻간에
조그마한 자랑도 자유도 없이 앉았다

아무것도 바라볼 수 없다만
너의 가슴은 굳게 얼었으리라
그러나 나는 안다
다른 한줄 너의 흐름이 쉬지 않고
바다로 가야 할 곳으로 흘러 내리고 있음을

지금
차는 차대로 달리고
바람이 이리처럼 날뛰는 강건너 벌판엔
나의 젊은 넋이
무엇인가 가다려 얼어 붙은듯 섰거니

욕된 운명은 밤 우에 밤을 마련할 뿐

잠들지 말라 우리의 강아
오늘밤도
너의 가슴을 밟는 뭇 슬픔이 목마르고
얼음길은 거칠다 길은 멀다

차라리 마음의 눈을 가려 줄
검은 날개는 없느냐
두만강 너 우리의 강아
북간도로 간다는 강원도치와 마주 앉은
나는 올 줄을 몰라 외롭다

045   두메산골 (1)

들창을 열면 물구비떡 내음새 내달았다
쌍바라지 열어 제치면
썩달나무 썩는 냄새 유달리 향그러웠다

뒷산에두 봇나무
앞산두 군데군데 봇나무

주인장은 매사냥을 다니다가
어느 바위틈에서 죽었다는 주막집에서
오래오래 옛말처럼 살고 싶었다

046   두메산골 (2)

아이도 어른도
버섯을 만지며 히히 웃는다
독한 버섯인 양 히히 웃는다

돌아돌아 물곬 따라 가면 강에 이른대
령 넘어 여러 령 넘어 가면 읍이 보인대

맷돌방아 그늘도 토담 그늘도
히부옇게 엷어지는데
어디서 꽃가루 날아 오는듯 눈부시는 산머리

온 길 가야할 길 죄다 잊고
까맣게 잠들고 싶어라

047 **두메산골 (3)**

참나무 불이 이글이글한
오지화로에 감자 두어 개 묻어 놓고
멀어진 서울을 못 견디게 그리는 것은
도포 걸친 어느 조상이
귀양 와서 일삼던 버릇일가

돌아 갈 때엔 당나귀 타고 싶던
여러 령에
눈은 내리는데 눈은 내리는데

048 **두메산골 (4)**

소금토리 지웃거리며 돌아 오는가
열두 고개 타박타박 당나귀는 돌아 오는가
방을 소리 방울 소리 말방울 소리 방울 소리

049 **뒤길로 가자 1940**

우러러 받들 수 없는 하늘
검은 하늘이 쏟아져 내린다

온몸을 굽이치는
병든 흐름도 캄캄히 저물어 가는데

예서 아는 이를 만나면 숨어 버리지
숨어서 휘청휘청 뒷길을 걸을라치면
지나간 나날이 나를 따라 오리라

푸르른 새벽인들 나에게 없었으랴
나를 에워싸고 웨치며 쓰러지는
수없이 많은 나의 얼굴은
파리한 이마는 입설은 잊어 버리고저
나의 해바라기는 어느 가슴에
무거은 머리를 떨어뜨리랴

이제 검은 하늘과 함께
줄기줄기 차거운 비 쏟아져 내릴 것을
네거리는 싫어 네거리는 싫어
히히 몰래 웃으며 뒷길로 가자

051 등불이 보고 싶다

하늘이 금시 무너질 양 천동이 울고
번갯불에 비춰는 검은 봉오리 검은 봉오리

미끄러운 바위를 안고 돌아 몇 굽이 돌아봐도
다시 산 사이 험한 골짜길 자옥마다 위태롭다

옹골찬 믿음의 불수레 굴러 조마스런 마암을 막아보렴
앞선 사람 뒤떨어진 벗 모두 입 다물어 잠잠

등불이 보고 싶다
등불이 보고 싶다

귀밑 짓는 두멧사람아
멀리서래두 너의 강아지를 짖겨다오

051 등을 동그리고

한 방 건너 관 덮는 모다귀소리 바삐 끄친다
목메인 울음 땅에 땅에 슬피 내린다

흰 그림자 바람벽을 거닐어
이어이어 사라지는 흰 그림자 등을 묻어 무거운데
아모 은혜도 받들지 못한 여러 밤이 오늘밤도
유리창은 어드워

무너진 하늘을 헤치며 별빛 흘러가고
마음의 도랑을
씨들은 풀잎이 저어가고
나의 병실엔 초라한 돌문이 높게 솟으라선다

어느 나라이고 새야
외로운 새야 벙어리야 나를 기대려 길이 울라
너의 사람은 눈을 가리고 미웁다

052 림금원의 오후

정렬이 익어가는 림금원에는
너그러운 향기 그윽히 피어오르다

하늘이 맑고 림금의 표정
더욱 천진해지는 오후
길 가는 초동의 수집은 노래를
품에 맞어들이다

나무와 나무에 방울진 정렬의 사도
너희들의 곁에 있는 한— 있기를 맹세하는 한
령혼의 령토에 비애가
침입해서는 안될 것을 믿다

오—
림침나무 회색 그늘 밑에
'창백한 우분'의 매장처를 가지고 싶어라

—경성에 돌아와서

053 막내는 항공병 1951

가랑비 활짝 개인 산등성이를
날쌔게 우리 『제비』가 지난다
떼지어 도망치는 쌕쌔기를 쫓아

잡것 하나 섞일세라 현물세 찰강냉이
굵은 알갱이만 고르던 할머니

립동날이 회갑인 할머니는
도래샘 소리 다시 귓전을 스칠 때까지
『제비』가 사라진 남쪽을 지켜 본다

립동이사 이달이건 래달이건 회갑 잔치는
그애가 이기고 오기 전엔 막무가내라는
할머니의 막내는 항공병

련거푼 공중전에서 속시원히
미국 놈 비행기를 동강낸 공으로
두 번이나 훈장을 받은 신문 사진을
김 장군 초상 밑에 오려 붙이고

할머니의 마음은 아들과 함께

항상 푸른 하늘을 날고 있다

054 막차 갈 때마다

어쩌자구 자꾸만 눈앞에 삼삼한
정든 사람들마저 깨끗이 잊고저
북에서도 북쪽까지
머나먼 곳으로 와버렸는데

산굽이 돌아 돌아 막차 갈 때마다
불붙듯 그리운 사람들을 그리며
먼지와 함께 들이켜는 독한 술
너무나 차거운 유리잔이 나는 무거워

055 만추

노오란 은행잎 하나
호리호리 돌아 호수에 떨어져
소리없이 호면을 미끄러진다
또 하나—

조이삭을 줍던 시름은
요지음 락엽 모으기에 더욱 더
해마알개졌고

하늘
하늘을 쳐다보는 늙은이 뇌리에는
얼어죽은 친지 그 그리운 모습이
또렷하게 피어오른다고
길다란 담뱃대의 뽕잎 연기를
하소에 돌린다

돌개바람이 멀지 않어
어린것들이
털 고운 토끼 껍질을 베껴
귀걸개를 준비할 때

기름진 밭고랑을 가져 못 본
부락민 사이엔
지난해처럼 또 또 전해처럼
소름끼친 대화가 오도드오 떤다

056 모니카 펠톤 녀사에게 1951
−국제 녀맹 조사단 영국 대표 모니카 펠톤 녀사에 대한 애트리 정부의 박해를 듣고−

진리는 세계의 량심들을 일으켜
평화에로 평화에로 부르고 있지 않습니까
애트리에게 가장 두려운 것은 바로 이것입니다

모니카 펠톤 녀사여

지난날 당신이 분격에 싸여 거닐은 이곳 평양에
이미 벽돌 굴뚝만 남아 선 병원이며 학교들에
이미 슬픔을 거부한 움집들에
오늘도 미친 폭탄이 쏟아지는데

백발 성성한 어머니와 사랑하는 누이를 잃은
나는 당신에게 충심으로 말합니다
−당신은 정당합니다

아픔 없이는 당신이 헤여질 수 없었던
다박머리−
아버지는 십자가에 결박되여 강물에
어머니는 젖가슴 도리우고 끝끝내 숨거둔
열한 살 김 성애를 대신하여

『누가 엄마를 언니를 죽였느냐』고
당신이 물었을 때
속눈섭 츨츨한 두 눈 부릅뜨고
『미국놈』이라 치를 떨며 대답한
아홉 살 박 상옥이를 대신하여

끔찍이 불행한 너무나 많은 사람들을 대신하여
나는 당신에게 충심으로 말합니다
—당신은 정당합니다

모니카 펠톤 녀사여

황토 구덩이에 산 채 매장 당한
열이나 스물로 헤일 수 없는 어린것들과
백이나 이백으로 헤일 수 없는 부녀들의
『큰무덤』 파헤친 오월 한나절
황해도 이름 없는 산봉우리엔
흐르는 구름도 비껴 가고
멧새도 차마 노래하지 못했거니

얼굴조차 분간할 수 없게 된
우리의 수돌이와 복남이와 옥희들 속에서
당신은 당신의 거리에서 조석으로 정든
당신들의 쬬온과 메리이들을
안아 일으키지 않을 수 있었겠습니까

모니카 펠톤 녀사여

애 트리 도당들은 당신을
『반역』의 죄로서 심판하려 합니다
그러나 세계 인민들의 준렬한 심판이
제놈들 목덜미에 내리고야 말리라는 것은
애트리의 발밑을 흘러 내리는 테—무스의

캄캄한 물결까지도 알고 있습니다

평화의 전렬을 밝혀 나선
진리의 불을 끌 수 없기 때문에
날로 더 높아지는 진리의 함성을
침묵시킬 수는 없기 때문에

모니카 펠톤 녀사여

형제들의 선혈 스며 배이고
형제들의 원한 복수에 타는 이 땅에서
미제 침략 군대를 마지막 한 놈까지 눕히기 전엔
목놓아 울지도 않을 조선 사람들은
당신에게 충심으로 말합니다

─우리의 싸움이 반드시 승리하듯
당신의 투쟁도 승리합니다

057 　무숙자

오스속 몸살이 난다

지리한 봄비 구슬피 나리는 거리를
정처없이 거나리는 이 몸!
도회의 밤은
리욕도─
영예도─
녀자도─
다─ 소용없다는 듯 점점 깊어가는데

밤을 평화의 상징이라 찬미한 자 누구뇨?
만물은 명일의 투쟁에 제공할 '에너기─'를
회복하기 위해서의 휴식을 취하고 있음을─

나는 하로밤의 숙소 찾기를 벌써 단념했다
쓰레기통에서 나온 빗자루같이 보잘것없는 몸을
반가히 맞아줄 사람도 없으려니와

나는 왜 이렇게까지 되고야 말었담?
'삘딩'의 유리창아―
포도의 '아스팔트'야―
너희들의 예민한 리지도
불타고 재 남은(?) 내 가슴속을 알 길은 없으리라
아― 생각만 해도 소름이 끼치는 기억이여!

삶의 전선을 패퇴하기도 전에
치명의 상처를 받은 자!
내 머리속에 새파랗게 녹슨 구리쇠를
잔뜩 쓸어넣은 듯이 테―ㅇ……

정향 없는 무숙의 보조―
사형죄수의 눈알같이
흐밋한 가로등 밑을 비틀비틀 거나린다
그래도 빛을 따라간다
새 힘을 얻으려―

058 무자리와 꽃 1940

가슴은 뫼풀 우거진 벌판을 묻고
가슴은 어느 초라한 자리에 묻힐지라도
만날 것을 아득한 다음날 다시 만나야 할 것을

마음 그늘진 두던에 엎디여
함께 살아 온 너
어디로 가나

불타는 꿈으로 하여 자랑이던

이 길을 네게 나노자
흐린 생각을 밟고 너만 어디로 가나

눈을 감으면 너를 따라
자국자국 꽃을 디딘다
휘휘로운 마음에 꽃잎이 흩날린다

059 **물냄새가 좋아선가**

이 소는 열두 삼천리에 나서
열두 삼천리에서 자란 둥굴소

떡심이야 마을에서 으뜸이건만
발목에 철철 감기는 물이 글쎄
물이 글쎄 무거워선가
걸음을 제대로 걷지 못하네

써레쯤이야 쌍써레를 끈다한들
애당초 문제될가만
난생처음 밟고 가는 강물 냄새가
물냄새가 유별나게 좋아선가
걸음을 제대로 걷지 못하네

060 **바람 속에서 1940**

―나와 함께 어머님의 아들이던 당신 뽀구라니―츠나야의
길바닥에 엎디여 돌아가신 나의 형이여

몰아치는 바람을 안고 어디루 가면
눈길을 밟어 어디루 향하면
당신을 뵈올 수 있습니까

성 굽이나 어득꾸레한 술가게나
어디서나
당신을 만나면 당신 가슴에서 나는
슬프디 슬픈 밤을 나눠드리겠습니다

멀리서래두 손을 저어주십시요

아편에 부은 당신은 얼음짱에 볼을 붙이고
얼음짱과 똑같이 식어갈 때
기어 기어서 일어서고저 땅을 허비어도
당신을 싸고 영원한 어둠이 내려앉을 때

그곳 뽀구라니―츠나야의 밤이
꺼지는 나그네의 두 눈에
소리없이 갈앉혀준 것은 무엇이였습니까
당신이 더듬어 간
벌판과 고개와 골짝을 당신의
모두가 들어있다는 조그마한 궤짝만 돌아올 때
당신의 상여 비인 상여가
바닷가로 바닷가로 바삐 걸어갈 때

당신의 어머니의 사랑하는 아들이였을 뿐입니까

타다남은 나무뿌리도 돌멩이도
내게로 굴러옵니다
없어진 듯한 빛깔 속에서 당신과 나는
울면서 다시 만나지 않으럽니까

멀리래서두 손을 저어주십시요

<삼천리>

061 밤

어디서 고양이래두 울어준다면
밤
온갖 별이 눈감은 이 외롬에서
삼가 머리를 들고
나는 마암을 불러 나의 샘터로 돌아가지 않겠나

나를 반듯이 눕힌 널판자를 허비다도
배와 두 다리에
징글스럽게 감긴 누더기를 쥐여뜯다도
밤
뛰어 뛰어 높은 재를 넘은 어린 사슴처럼
오솝소리 맥을 버리고
가벼히 볼을 만지는 야윈 손

손도 얼골도 끔쯕히 축했으리라만
놀라지 말라
밤
곁에 잠든
수염이 길어 흉한 사내는
가을과 겨울 그리고 풀빛 기름진 봄을
이 굴에서 즘생처럼 살아왔단다
생각이 자꼬 자꼬만 몰라들어간다
밤
들리지 않는 소리에
오히려 나의 귀는 벽과 천정이 두렵다

062 밤이면 밤마다

가슴을 밟고 미칠 듯이 걸어오는 이
음침한 골목길을 따라오는 이

바라지 않는 무거운 손이 어깨에 놓여질 것만 같습니다
붉은 보재기로 나의 눈을 가리우고 당신은
눈먼 사나이의 마지막을
흑 흑 느끼면서 즐길 것만 같습니다

메레토스여 검은 피를 받은 이
밤이면 밤마다
내 초조로히 돌아가는 좁은 길이올시다

술잔을 빨면 모든 영혼을 가벼히 물리칠 수 있었으나
나종에 내 돌아가는 곳은
허깨비의 집이올시다 캄캄한 방이올시다
거기 당신의 쩨우스와 함께 가두어뒀읍니다
당신이 엿보고 싶은 가지가지 나의 죄를

그러나 어서 물러가십시오
푸른 정녕코 푸르른 하늘이 나를 섬기는 날
당신을 찾어
여러 강물을 건너가겠읍니다
자랑도 눈물도 없이 건너가겠읍니다

063　**버드나무 1939**

누나랑 누이랑
뽕오디 따라 다니던 길가엔
이쁜 아가씨 목을 맨 버드나무

백년 기다리는 구렝이 숨었다는 버드낡엔
검은 구멍이 입벌리고 있었건만
북간도로 가는 남도치들이
타는 듯한 산길을 바라보구선 그만 맥이 풀려
코올콜 낮잠 자던 버드나무 그늘

돌배개 딩구는 버드나무 그늘에 서면

사시사철 하아얗게 바라뵈는
머언 봉우리 구름을 부르고
마을에선 평화로운듯
밤마다 등불을 밝혔다

064   벌판을 가는 것

몇 천년 지난 뒤 깨여 났음이뇨
나의 밑 다시 나의 밑 잠자는 혼을 밟고
새로이 어깨를 일으키는 것
나요 불ㅅ길이요

쌓여 쌓여서 훈훈히 썩은 나무잎을 헤치며
저리 환하게 열린 곳을 뜻함은
세월이 끝나던 날 오히려 높디높았을
나의 하늘이 남아 있기 때문에

내 거닐는 자국마다 새로운 풀폭 하도 푸르러
뒤돌아 누구의 이름을 부르료

이제 벌판을 가는 것
바람도 비도 눈보라도 지나가 버린 벌판을
단 하나에의 길을 헤쳐 가는 것
나요 끝나지 않는 세월이요

065   벨로우니카에게

고향선 월계랑 붉게두 피나보다
내사 아무렇게 불러도 즐거운 이름

어디서 멎는 것일까
달리는 뿔사슴과 말발굽 소리와
밤중에 부불올 치어든 새의 무리와

슬라브의 딸아
벨로우니카
우리 잠깐 자랑과 부끄러움을 잊어버리고

달빛 따라 가벼운 구름처럼
일곱 개의 바다를 건너가리

고향선 월계랑 붉게 피나보다
내사 아무렇게 불러두 즐거운 이름

066 별 아래

눈 내려
아득한 나라까지도 내다보이는 밤이면
내사야 혼자서 울었다

나의 피에도 머물지 못한 나의 영혼은
탄타로스여
너의 못가에서 길이 목마르고

별 아래
숱한 별 아래

웃어보아라 이제
헛되이 웃음지어도 밤마다 붉은 얼굴엔
바다와 바다가 물결치리라

067　병

말 아닌 말로
병실의 전설을 주받는
흰 벽과
하아얀
하얀
벽

화병에 씨들은 따알리야가
날개 부러진 두루미로밖에
그렇게밖에 안 뵈는 슬픔—
무너질 상실은
가슴에 숨어드는
차군 입김을 막어다오

실끝처럼 여윈 사념은
회색 문지방에
알 길 없는 손톱그림을 새겼고
그 속에 뚜욱 떨어진 황혼은 미치려나
폭풍이 헤여드는 내 눈앞에서
미치려드는가 너는

시퍼런 핏줄에
손가락을 얹어보는 마음—
손끝에 다앟는 적은 움즉임
오오 살아 있다
나는 확실히 살아 있다

068　봄 1954

산기슭에 띠엄띠엄
새로 자리잡은 집마다

송진내 상기 가시지 않은
문을 재긴다
햇살에 훨씬 앞서 문을 재긴다

자욱한 안개 속
사람과 함께 소가 움직인다
시퍼런 보습날이 움직인다
오늘은 일손 바른 살구나무집
조이밭 갈러 가는 길

귓머리 날리며 개울을 건너
처녀 보잡이 정례가
바쁜 것음 멈춘 곳은
춘관 로인네 보리밭머리

농사에사 옛날 법이 제일이라
고집만 부리던 영감님도
정례의 극잔한 정성에 웃음 지으며
보름이나 일찍 뿌린 봄보리가
줄지어 돋았다

정례는 문득 생각났다
선참으로 이 밭을 갈아 제낄 때
품앗이 동무들이 깔깔대며 하던 말
―편지가 왔다더니 기운 내누나
―풍년이 들어야 좋은 사람 온단다

한마디 대꾸도 나오지 않아
자꾸만 발목에 흙이 덮이여
걸음이 안 나가던
수줍은 정례

정례는 또 듣는다

파릇파릇한 새 싹들이
나직이 속삭이는 소리
―기다리라요
―기다리라요

혹시나 누가
누가 볼세라
저도 모르게 볼을 붉히며
정례는 당황해서 소를 몬다

그러나 누가 모르랴
동부 전선에 용맹 떨친
중기 사수 윤모가
이윽고 돌아 올 꽃다운 날엔
정례는 춘관 로인네 둘째 며느리

안개는 걷히기 시작한다
논두렁 오솔길에 둥굴소 앞세우고
가슴 벅찬 기쁨 속을
재우 밟는 종종걸음

누우렇게 익은 보리밭을 지나
마을 장정들이 전선으로 가던 길
전선과 련닿아 끝끝내 승리한 길
까치고개를 다시 한번 바라보니
햇살이 솟는다

069 북국의 가을

물개고리소리 땅 깊히 파묻은 뒤
이슬 맞은 성돌이
차듸―찬 사색에 눌리기 시작하면

록색의 미소를 잃은 포푸라 잎들
가보지 못한 남국을 동경하는데

멀구알이 씨들어갈 때
북국 아가씨는
차라리 '고독한 길손'되기를 소원한다

070 **북쪽 1936**

북쪽은 고향
그 북쪽은 녀인이 팔려 간 나라
머언 산맥에 바람이 얼어 붙을 때
다시 풀릴 때
시름많은 북쪽 하늘에
마음은 눈감을 줄 모른다

071 **비늘 하나**

파도소리가 들려오는 게 아니요
꽃향기 그윽히 풍기거나
따뜻한 뺨에 볼을 부비는 것이 아니요
안개 속 다만 반짝이는 비늘 하나
모든 사람이 밟고 지나간 비늘 하나

072 **빗발 속에서 1947. 7**

줄기찬 빗발 속 대회는 끝났다 그러나 흩어지는게 아니다

문화 공작대로 갔다가 춘천에서 강능서 테로단의 돌팔매를 맞고 온 젊은 시인들도
로동자들 속에 섞여 기운 좋구나 우리 모두 깍지 끼고 산마루를 차고돌며 목청껏 부
르는것 싸움의 노래

흩어지는게 아니다 어둠 속 빛을 뿌리며 일어 서는 조국이 있어 어둠을 밀고 일어
선 어깨들은 어깨마다 피에 저른 채찍을 이기여 왔거니

모두다 강철 같은 동무들 속에서 자유를 부르짖는 고함 소리와 한결같이 일어 나는
박수 속에서 몇번이고 눈시울이 뜨거웠을 안해는 젖먹이를 업고 지금쯤 어디로해서
개무리를 피해 산길을 내려 가는 것일가

줄기찬 빗발 속 대회는 끝났다 승리가 약속된 저마다의 가슴에서 언제까지나 끓어
번지는 노래 싸움의 노래를 남기고

073　새벽 동해안

두셋씩 먼 바다에 떨어져
산호의 꿈 깨우러 간
새벽별

크작게 파도치는
모래불엔
투명한 동화를 기억하는
함박조개 껍지들
고도의 일화예보를 받은
갈매기 하나
활기로운 날개

물결처럼 날리는 그물 밑에서
애비의 근로를 준비하는
어부의 아들 딸

074　새해에 1948

이가 시리다
이가 시리다

두 발 모두어
서 있는 이 자리가 이대로
나의 조국이거든

설이사 와도 그만 가도 그만인
헐벗은 이 사람들이 이대로
나의 형제거던

말하라 세월이여
이제
그대의 말을 똑바루 하라

075 석탄 1955

천년이 몇 십만번 굽이쳐 흘러 갔나
헤아릴 수 없는 침묵을 거쳐
나는 이제
빛발 속으로 나간다

태양을 우러러 영광을 드리리
나의 생명은 지층 속에서 다져졌으나
처음에 눈부신 그것은 햇빛에서 받았기에

불타리라
불타리라
확확 불타리라

봉우리마다 청춘인 산맥들을 흔들며
꽃보라를 흩날리며 내닫는 기관차의 심장에
쇳돌 녹여 번지는 용광로에
더욱 세찬 정열을 부어 주리니

위대한 시대의 꿈으로 하여

별빛 가득찬 너의 눈에서
젊은 탄부여 나는 본다

세월이 그 얼마를 가고 또 가도
거기에 나의 보람 불타고 있을
불굴한 사람들의 나라
전진하는 새 조선의 아름다운 앞날을!

076 소원 1948

나라여 어서 서라
우리 큰놈이 늘 보구픈 아저씨
류성이도 나와서
토장국 나눠 마시게
나라여 어서 서라
꿈치가 드러난 채
휘정휘정 다니다도 밤마다 잠자리발
가없는
가난한 시인 산운(山雲)이도
맘놓고 좋은 글 쓸 수 있게
나라여 어서 서라
그리운 이들 너무 많구나
옥이랑 껴안고
한번이사 울어도 보게
좋은 나라여 어서 서라

077 술에 잠긴 쎈트헤레나

타올라 빛 빛 타올라
내사 흩어진다
서글피 흔들리는 흔들리며 꺼지는 등불과 등불

돌다리래두 있으면 돌층계를 기어내려
짚이랑 모아 불지르고 어두워지리
흙인 듯 어두워지면 나의 가슴엔 설레이는 구름도
구름을 헤치고 솟으려는 소리개도 없으리

멀리 가차히 사람은 사람마다 비틀거리고
나의 쎈트헤레나는 술에 잠겨
나어린 병정이
머리 숙이고 쑥스러히 옆을 스친다

078 슬픈 사람들끼리

다시 만나면 알아 못 볼
사람들끼리
비웃이 타는 데서
타래곱과 도루모기와
피 터진 닭의 볏 찌르르 타는
아스라한 연기 속에서
목이랑 껴안고
웃음으로 웃음으로 헤어져야
마음 편쿠나
슬픈 사람들끼리

079 슬픈 일 많으면

캄캄한 다릿목에서
너를야 기다릴까

모두 어질게 사는 나라래서
슬픈 일 많으면 부끄러운 부끄러운 나라래서
휘정휘정 물러갈 곳 있어야겠구나
스사로의 냄새에 취해 꺼꾸러지려는

어두목 괴이한 썩달나무엔
까마귀 까치떼 울지도 않고 날러든다

이제 험한 산빨이 등을 일으키리라
보리밭 사이 노랑꽃 노랑꽃 배추밭 사잇길로
사뿟이 오너라 나의 사람아

내게 밟힌 것은 벌레들 고운 나빈들
오―래 서서 너를야 기대릴까

080 **시골사람의 노래**

귀 맞춰 접은 방석을 베고
젖가슴 헤친 채로 젖가슴 헤친 채로
잠든 에미네며 딸년이랑
모두들 실상 이쁜데
요란스레 달리는 마자막 차엔
무엇을 실어 보내고
당황히 손을 들어야 하는 것일까

몇 마디의 서양말과 글짓는 재주와
그러한 것은 자랑삼기에 욕되었도다

흘러내리는 머리칼도
목덜미에 점점이 쩍혀
되려 복스럽던 검은 기미도
언젠가 쫓기듯 숨어서
시골로 돌아온 시골사람
이 녀석 속눈썹 츨츨히 길다란 우리 아들도
한번은 갔다가
섭섭히 돌아와야 할 시골사람

불타는 술잔에 꽃향기 그윽한데

바람이 이는데
이제 바람이 이는데
어디루 가는 사람들이
서로 담뱃불 빌고 빌리며
나의 가슴을 건느는 것일까

081 쌍두마차 1937

내게는 정계비 세운 령토란 것이 없다
나의 령토는 나의 쌍두마차가 굴러 갈
그 구원한 시간인가

나의 쌍두마차가 헤치고 나가는
우거진 풀섶에서
나는 푸르른 진리를 본다
산협을 굽어 보며 구불구불 넘는 령에서
줄기차게 숨쉬는 사상을 만난다

열기를 토하면서 나의 쌍두마차가
적도선을 돌파할 때
거기엔 억센 심장의 위엄이 있고
계절풍과 싸우면서 동토대를 지나
북으로 북으로 돌진할 때
거기선 확확 타오르는 삶의 힘을 발견한다

나는 항상 나를 모험한다 그러나
자기의 천성을 슬퍼도 하지 않고
기약 없는 려로를 외심치도 않는다

래일의 새로운 지구가 나를 부르고
오직 나는 그것만을 믿길래
니의 쌍두마차는 쉴새없이 굴러 간다
날마다 새로운 려정을 탐구한다

082 ■ 쏘베트에 영광을 1955

어느 땅에 뿌리를 내렸거나
태양을 향해
모든 수목들이 가지를 펴듯
모든 풀잎들이 싱싱한 빛갈을 띠듯

언제나 어디서나 우리는 한결같이
영원한 청춘의 나라
쏘베트를 우러러
샘솟는 희망을 가득히 안는다

어깨를 짓누르던 먹장구름도
걸음마다 뒤따르던 주림과 총검도
다시는 우리에게 다가 오지 못하게
형제여 위대한 전우여 그대들은
죽음보다 더한 압제에서 우리를 해방했거니
피로써 그대들이 열어 주었고
피로써 우리가 지켜 낸 그 걸
자유와 행복과 평화의 길을
우리는 날마다 넓혀 나간다

윙윙 우는 고압선과
발돋움하여 일으키는 강철 기둥을
즐거운 벼포기 보리포기
밝은 창문들

진리의 세찬 흐름 멎지 않듯이
광활한 우리 앞에 어둠이 없듯이
우리의 마음 깊이 울려 나오는
감사의 노래 끝이 없으리

쏘베트에 영광을!
쏘베트에 영광을!

083 아우에게 1947

요전 추위에 얼었나보다 손등이 몹시 부은 선혜도 입은 채로 소원이 발가락 안 나가
는 신발이요 소원니 털모자인 창이란 놈도 입은 채로 잠이 들었다

겨울엔 역시 엉덩이가 뜨뜻해야 제일이니 뭐니하다가도 옥에 갇힌 네게 비기면 못
견딜게 있느냐고 하면서 너에게 차입할 것을 늦도록 손질하던 안해도 인젠 잠이 들
었다

고리짝을 몇번 다시 뒤적였재 쓸만한건 없었구나 무척 헐게 입은 속내복이며 되도
록 크게 마른 솜버선과 머리맡에 접어 놓은 낡은 담요를 나도 한번 만져 보자

오래간만에 들린 우리 집 문마다 퍽도 조심스러운데 어디서 컹컹 개가 짖는데

이윽고 통행 금지 시간이 지나면 창이 어미는 이 내복 꾸레미를 안고 남몰래 나서야
한다 네가 있는 서대문 밖으로 바람을 뚫고 바람을 뚫고 나가야 한다

084 아이야 돌다리 위로 가자

냇물이 맑으면 맑은 물밑엔
조약돌도 디려다보이리라
아이야
나를 따라 돌다리 위로 가자

멀구광주리의 풍속을 사랑하는 북쪽 나라
말 다른 우리 고향
달맞이노래를 들려주마

다리를 건너
아이야
네 애비와 나의 일터 저 푸른 언덕을 넘어
풀냄새 깔앉은 대숲으로 들어가자

꿩의 전설이 늙어가는 옛성 그 성밖
우리집 지붕엔
박이 시름처럼 큰단다

구름이 희면 흰 구름
북으로 북으로도 가리라
아이야
사랑으로 너를 안았으니
대잎사귀 새이새이로 먼 하늘을 내다보자

봉사꽃 유달리 고운 북쪽 나라
우리는 어릴 적
해마다 잊지 않고 우물가에 피웠다

하늘이 고이 물들었다
아이야
다시 돌다리를 건너 온 길을 돌아가자

돌담 밑 오지항아리
저녁별을 안고 망설일 지음
우리 아운 나를 불러 불러 외롭단다
—시무라에서

085 애송 · 유언

톡… 톡 외마디소리— 단말마(?)의 호흡……
아직도 나를 못믿어하니 어떻게 하란 말이냐

화석 된 요귀와도 같은
무거운 침묵을 지켜온 지도 이미 3년!
—내 머리 우에는 무르녹이는 회기선의 태양도 있었고
살을 에이는 광야의 태풍도 아우성쳤거늘……

팔 다리는
천리해풍을 넘어온 백학의 그것같이 말렀고
아편쟁이처럼 창백한 얼굴에
새벽별같이 빛을 잃은 눈동자만 오락가락……
그래도 나는 때를 기다렸더란다

석양에 하소하는 파리한 락엽
북극권 넘나드는 백웅의 가슴인들
오늘의 내처럼이야 인정의 론락을 느낄소냐
허덕이는 심장이 창공에 피를 뿜고—다 토한 뒤
내 가슴속은 까—만 숯덩이로 변하리라
영영 못 믿을 것이면 차라리 죽여라도 다고 빨리—

죽은 뒤에나 해당화 피는 동해안에 묻어주렴?
그렇게도 못하겠으면
백양나무 빨간 불에 화장해서
보기 싫은 기억의 해골을 모조리 쓸어넣어라
—대지가 두텁게 얼기 시작할 때 노랑잔디 밑에……

에—
내가 이 세상에 살어 있는 한 영원한 고심이려니……
—병상일기에서

086 앵무새

청포도 익은 알만 쪼아먹고 자랐느냐
네 목청이 제법 이그러지다

거짓을 별처럼 사랑하는 노란 주둥이 있기에
곱게 늙는 발톱이 한뉘 흙을 긁어보지 못한다

네 헛된 꿈을 섬기어 무서운 낭에 떨어질 텐데
그래도 너는 두 눈을 똑바로 뜨고만 있다

087 소낙비(어느 반도에서 1955)

번개친다
번개친다
느릅봉을 감아싼 먹구름 속에서
먹장구름 타래치며 번개불 튄다

새파랗던 바다를 검은 날개 뒤덮고
꽃단지 애기섬이 삽시간에 사라지고

나직한 언덕 아래 구부렁 길을
아무 일 없는듯이 천천이 오는 이
륙지에서 사흘 자면 멀미가 난다는
반농 반어 조합의 어로반 좌상님

묵직한 그물을 가볍게 둘러 멘 채
멈춰 선 로인님 빙그레 웃으며
『애들아 애들아
어서 내려 와』

『으하하 할아바이 넘려 말아요
뽕나무 우에선 멀미 안 나요』

『소낙비가 당장이다
어서어서 내려 와』

『으하하 할아바이 넘려 발아요
누에가 막잠에서 깨게 됐는데
마지막 밥을랑 듬뿍 줘야 하지요』

양잠반 처녀들은 아무 일 없는듯이
한 잎 따고 으하하
두 잎 따고 으하하

감자밭에 수수밭에 처녀들 이마에
빗방울이 하나 둘씩 떨어지건만
로인은 껄껄껄 웃으며 가고
머언 원산쪽만 환하게 개였구나

088 보리가을(어느 반도에서 1955)

바다 저쪽 모롱이도 누우렇구나
동디 마을 언덕목도 싯누렇구나
하지만 올해에사 어림없지
우리 조합 보리가 상의 상이지

덥단 말 말자 덥단 말 말자
단오는 불단오래야 풍년이 든단다

령마루가 시름에 잠길만큼
구름이 밀려 오면 어떻게 하니
앞섬도 갈마끝도 보이지 않을만큼
비구름 몰려 오면 어떻게 하니

조합 무어 첫농사 첫번째 낫질
한 이삭 한 알인들 어찌 버릴가
달포 넘은 장마에 햇볕 그립던
지난해의 보리고개 어찌 잊을가

덥단 말 말자 덥단 말 말자
단오는 불단오래야 풍년이 든단다

썩 한번 소메를 더 걷어 올리지
이번 이랑 다 메군 잠간만 쉬지
돌배나무 그늘에서 적삼 벗으면
안겨 오는 바닷바람 늘상 좋더라

089 **나들이배에서(어느 반도에서 1955)**

만날 적마다 반가운 사람들끼리
어진 사람들끼리
허물없이 나누는 이야기에 출렁이며
나들이배가 바다를 건너 간다

아득이 련닿은 먼데 산봉우리엔
어느새 눈이 내려 쌓였는가

둘째 며느리 몸푼 기별을 받고
바쁜 길 떠났다는 할머니 무릎에서
무릎에 놓인 연두색 봇짐에서
자꾸만 풍기는 미역 냄새
미역 내음새

『늘그막에 첫손자니
령감이야 당신이 떠난다고 서둘렀지만
명태가 한창인 요즘 철에
바다를 비울 짬이 어디 있나요』

백말을 이고도 정정한
할머니의 기쁨이
제 일처럼 그저 즐거워
빙그레 웃음 짓는 얼굴들이
어찌 보면 한집안 식구와도 같구나

둘째가 군대에서 돌아 온건
작년 이맘때
두어 달 푸욱 쉬랬더니
말도 새겨 듣지 않더란다

『팔다리가 놀구서는
생성국도 제맛이 안 난다고

사흘되기 바쁘게 부랴부랴
전에 일하던 저기로 가더니
글쎄 아들을 봤군요』

자애로운 손을 들어 햇빛을 가리며
할머니가 자랑스레 바라보는 저기
우뚝 솟은 굴뚝이 세차게 연기 뿜는
저기는 바로 문평 재련소

하늘도 바다인가
아름다운 한나절

읍으로 통한 넓다란 신작로가
가파로운 산굽이에서 시작된
나루에로 나루에로
나들이배가 저어간다

090 아침(어느 반도에서 1955)

푸름푸름 동트기 시작한
새벽 하늘
아스랗게 드러난 머언 수평선이
불빛 노을을 뿜어 올린다

바닷가 나루까진 아직도 한참인데
소년은 마음이 아주 바쁜데

항구로 가는 새해의 첫배가
퐁퐁 연기를 토하며 잔교를 떠난다
물좋은 생선을 가득히 싣고
백설에 덮인 반도에서 떠난다

간물에 흠뻑 젖은 로뿌를

재우재우 끌어 올린 다음
두툼한 덧저고리 깊숙한 옆채기에
량손 찔러 넣고
갑판에 선 소년의 아버지

그는 보았다 저기
락타등같은 산 아래 학교 앞을
실로 웬일인가? 다급하게
다급하게 아들이 달려 온다

바람이 일면 우수수
눈꽃이 쏟아지는 솔밭을 지나
수산 협동 조합 창고들을 지나
잔교 복판까지 숨가쁘게 왔을 때
아버지는 소리쳤다
『어째서 그러니』

『요전번에 약속한 소설책
그 책을 잊지 마세요』
『이번엔 걱정 마라』
『아동 혁명단'이지』
차차루 멀어지는 발동선에서
힘찬 노래와도 같이 들려 오는
아버지의 목소리
소년은 옳다고 손을 젖는다

무수한 새들이 죽지를 털며
일제히 날아나듯
춤추는 바다
끝없이 밀려오는 검푸른 파도

091 어두운 등잔밑

모두 벼슬 없는 이웃이래서
은쟁반 아닌
아무렇게나 생긴 그릇이 되려
머루며 다래랑 나눠 먹기에 정다웁건만

서울 살다 온 사나이
나는 그저 앞이 어두워

멀리서 들려 오는 파도 소리와 함께
몰래 울고 싶은 이러한 밤엔
돋우어도 돋우어도
밝지 않는 등잔밑 한 치 앞이 어두워

092 어둠에 젖어

마음은 피어
포기포기 어둠에 젖어

이 밤
호올로 타는 촛불을 거느리고

어느 벌판에로 가리
어른거리는 모습마다
검은 머리 향그러히 검은 머리
가슴을 덮고 숨고 마는데

병들어 벗도 없는 고을에
눈은 내리고
멀리서 철길이 운다

093 어선 민청호 1955

큰 섬을 지나 작은 섬 굽이
앞으랑 소나무를 우산처럼 펼쳐 쓴
선바위를 바삐 지나
항구로 항구로 들어 오논 배

—민청호다
—민청호다
누군가 웨치는 반가운 소리에
일손 멈춘 순희의 가슴에선
파도가 출렁…

바다를 휩쓸어 울부짖는 폭풍에도
어제밤 돌아 오지 않은 단 한 척
기다리던 배가
풍어기를 날리며 들어 온다

밤내 서성거리며 시름겨웁던
숫한 가슴들이 탁 트인다
그러나 애타게 기다리기야 아마
애타게 기다리기야 순희가 으뜸

이랑이랑 쳐드는 물머리마다
아침 햇살 유난히도 눈부신 저기
마스트에 기대 서서
모자를 흔드는건 명호가 아니냐

분기 계획 끝내논 다음이래야
륙지에서 한바탕
장가 잔치 차린다는 저 친군
성미부터 괄괄한 바다의 사내

꼼배아의 발동은 그만하면 됐으니

순희야 손 한번 저어 주려마
방수복에 번쩍이는 고기 비늘이
비단천 무늬보다 오히려 곱다

평생 봐도 좋은 바다
한결 더 푸르네

뱃전을 스쳐 기폭을 스쳐
수수한 사람들의 어깨를 스쳐
시언시언 춤추는 갈매기 떼 거느리고
바쁘게 바쁘게 민청호가 들어온다

094 연못

밤이라면 별모래 골고루 숨쉴 하늘
생각은 노새를 타고
갈꽃을 헤치며 오막살이로 돌아가는 날

두셋 잠자리
대일랑 말랑 물머리를 간질이고
연못 잔잔한 가슴엔 내만 아는
근심이 소스라쳐 붐비다

깊이 물밑에 자리잡은 푸른 하늘
얼골은 어제보담 희고
어쩐지 어쩐지 못미더운 날

095 연풍 저수지

둘레둘레 어깨 겯고
산들도 노래하는가
니연니연 물결치는 호수를 가득 안고

우리 시대의 자랑을 노래하는가

집 잃은 멧새들은 우우 떼지어
떼를 지어 봉루리에 날아 오른다

오늘에야 쉰쌈 얻은 베르트 꼼베아를
키다리 기중기를 배불뚝이 미끼샤를
위로하듯 살뜰히 어루만지는
어제의 경쟁자 미더운 친구들아
우리는 당의 아들 사회주의 건설자

유구한 세월을 외면하고 따로 섰다가
우리의 날에 와서 굳건히도 손잡은
초마산과 수리개 비탈이
뛰는 맥박으로 서로 반기는 건
회오리 설한풍 속에서도 오히려 가슴 더웁게
우리의 힘이 흔들고 흔들어 깨워준 보람

스물이랴 서른이랴
아흔 아홉 굽이랴
태고부터 그늘졌던 골짝골짝에
대동강 물빛이 차고 넘친다

마시자 한번만 더 마셔 보자
산보다도 듬직한 콩크리트 언제를
다져 올린 두 손으로
움켜 마시니

대대 손손 가물에 탄 목을 적신 듯
수수한 농민들의 웃음 핀 얼굴이
어른어른 물에 비쳐
숫하게 숫하게 정답게도 다가 온다

096 열두 개의 층층계

열두 개의 층층계를 올라와
옛으로 다시 새 날로 통하는 열두 개의
층층계를 양볼 붉히고 올라와
누구의 입김이 함부로 이마를 스칩니까
약이요 네 벽에 층층이 쌓여 있는 것
어느 쪽을 무너트려도 나의 책들은 아니올시다
약상자뿐이요 오래 묵은 약병들이요

청춘을 드리리다 물러가시렵니까
내 숨쉬는 곳곳에 숨어서 부르는 이
모두 다 멀리로 떠나보내고
어둠과 어둠이 마조쳐 찬란히 빛나는 곳
땅을 향해
흔들리는 열두 개의 층층계를
영영 내려가야 하겠읍니다

097 열두 부자 동둑

황토색 나무재기풀만 해풍에 나붓기는
넓고 넓은 간석지를 탐스레 바라보며
욕심쟁이 열두 부자가 의논했단다
『이 개펄에 동둑을 쌓아 조수를 막자
물만 흔해지면 저절로 옥답이 되지
그러면 많은 돈이 제 발로 굴러 오지』

열두 삼천리에 강물을 끌어 온다고
일제가 장담하자 그 말에 솔깃해진
열두 부자는 군침부터 삼키며
때를 놓칠세라 공사를 시작했단다

5년이 아니 10년 거의 지났던가

물은 소식 없고 동둑도 채 되기 전에
재산을 톡 털어 바닥난 열두 부자는
찡그린 낯짝을 어기까랑 쥐여 뜯다가
끝끝내는 개펄에 코를 처박았단다

뺏을 대로 빼앗고도 그것으론 모자라
열두 삼천리 무연한 벌에서 산더미로 쏟아질
백옥 같은 흰쌀을 노리던 일제놈들
수십 년 허덕이고도 물만은 끌지 못한 채
패망한 놈들의 꼴상판을 이제 좀 보고 싶구나

인민의 행복 위한 인민의 정권만이
첩첩한 산 넘어 광활한 벌로
크나큰 강즐기를 단숨에 옮겼더라

그리고 여기 드나드는 조수에 오랜 세월 씻기여
자취조차 없어지는 탐욕의 둑을 불러
열두 부자동이라 비웃던 바로 그 자리에
이 고장 청년들이 쌓아 올린 길고 긴 동둑

조수의 침습을 영원히 막아
거인처럼 팔을 벌린 동둑에 올라 서면
망망한 바다가 발 아래 출렁이고
나무재기풀만 무성하던 어제의 간석지에
푸른 벼포기로 새옷을 갈아 입히는
협동 조합원들의 모내기 노래가
훈풍을 저어저어 광야에 퍼진다.

098 **영(嶺)**

너는 나를 믿고
나도 너를 믿으나
영은 높다 구름보다도 영은 높다

바람은 병든 암사슴의 숨결인 양 풀이 죽고
태양이 보이느냐
이제 숲속은 치떨리는 신화를 부르려니
왼몸에 쏟아지는 찬땀
마음은 공허와의 지경을 맴돈다

너의 입술이 파르르으 떨고
어어둑한 바위틈을 물러설 때마다
너의 눈동자는 사로잡힌다
즘생보담 무서운 그 무서운 무서운
도끼를 멘 초부의 환영에

일연감색으로 물든 서천을 보도 못하고
날은 저물고 어둠이 치밀어든다
여인아
너의 노래를 불러다오
찌르레기 소리 너의 전부를 점령하기 전에
그렇게 명랑하던 너의 노래를 불러다오

나는 너를 믿고
너도 나를 믿으나
영은 높다 구름보다 영은 높다

099 오늘도 이 길을

가로수의 수면시간이
아즉 고요한 어둠을 숨쉬고 있다

자난밤 단골방에서 그린
향기롭던
명일의 화판은 지금 이 길을 걸으며
한 걸음 한 발짝이 엄청 무거워짐을 느낀다

오늘
씹어야 할 하로 종일이
씨네마의 기억처럼 듸려다보이는
권태—

산을 허물어
비위를 뜯어 길을 내고
길을 따라 집터를 닦는다
쓰러지는 동무……
피투성이 된 두개골을 건치에 싸서
눈물없이 묻어야 한다

그리고 보으얀 황혼의 귀로
손바닥을 거울인 양 듸려다보고
버릇처럼 장알을 헨다
누우런 이빨을 내민 채
말러빠진 즘생처럼 방바닥에 늘어진다

어제와 같은 필림을 풀러
오늘도 어제와 같은 이 길을 걸어가는
권태—

짜작돌을 쓸어넣은 듯 흐리터분한 머리에
새벽은 한없이 스산하고
가슴엔 무럭무럭 자라나는 불만

100 **오랑캐꽃 1939**

아낙도 우두머리도 돌볼새 없이 갔단다
도래샘도 땃집도 버리고 강건너로 쫓겨 갔단다
고려 장군님 무지무지 쳐들어
오랑캐는 가랑잎처럼 굴러 갔단다

구름이 모여 골짝 골짝을 구름이 흘러
백년이 몇 백년이 뒤를 이어 흘러 갔다

너는 오랑캐의 피 한 방울 받지 않았건만
오랑캐꽃
너는 돌가마도 럴메투리도 모르는 오랑캐꽃
두 팔로 햇빛을 막아 줄께
울어 보렴 목놓아 울어나 보렴 오랑캐꽃

101 오월

머―르다
종다리 새 삶을 즐겨하는 곳―
내 바라보는 곳

처녀의 젖꼭지처럼 파묻혀서
여러 봄을 어드웁게 지낸 마음…… 그러나
자라는 보리밭고랑을 밟고 서서
다사로히 흙냄새를 보듬은 이 순간
마음은 종달의 환희에 지지 않고

깨끗이 커가는 오월을 깊이 감각할 때
계집스런 우울(憂鬱)은 암소의 울음처럼 사라지고
저― 지평과 지평에 넘쳐흐르는 록색을
오로지 소유할 수 있는 나!

나는 오월의 수염없는 입술을
녀인의 기약보다도 더 살틀히 간직해주려니
오월은 내 품에 영원하여라

102 오정의 시

흙냄새 잃은 포도에
백서의 침욱이 그림자를 밟고 지나간다

피우던 담배꽁다리를
'아스팔트'등에 뿌려던지고
발꾸락이 나간 구두로 꼭 드딘 채
걸음을 멈추었나니

내 생활에
언제부터 복잡한 선이 침입했노?－하고
부질없는 마음의 잔편을
깨물어버리고저 할 때

오정을 고하는 '싸이렌'소리
도시 골목골목을 나즉히 배회하다

103 욕된 나날 1940

잠잠히 흘러 내리는 개울을 따라
마음 섧도록 추잡한 거리로 가리
날이 갈수록 새로이 닫히는
무거운 문들을 밀어 제치고

조그마한 자랑을 만날지라도
함부로 푸른 하늘을 대할지라도
내사 모자를 벗어
반갑게 흔들어 주리라

숫한 꽃씨가 가슴에서 튀여나는
깊은 밤이면
정든 목소리들 귀에 쟁쟁 되사누나

멀어진 모든 사람의 이름을 부르며
호을로 거리로 가리

욕된 나날이 정녕 숨가쁜
곱새는 등곱새는
엎디여 이마를 적실 샘물도 없이

104 **우라지오가 가까운 항구에서 1938**

삽살개 짖는 소리 눈보라에 얼어 붙은
섣달 그믐
밤은 얄궂은 손을 하도 곱게 흔들길래
술을 마시여 불타는 소원이 이 부두로 왔다

걸어 온 길가에 찔레 한 송이 없었대도
간고한 자국자국을 뉘우치지 않으리라
어깨에 쌓여 쌓여도
한얀 눈이 무겁지 않구나

철없는 누이의 고수머릴랑 어루만지며
우라지오의 이야길 캐고 싶던 밤이면
어머니는 서투른 아라사말도 들려 주셨지
졸음졸음 귀밝히는 누이동생 잠들 때꺼정
등불이 깜박 저절로 눈감을 때거정

어머니의 어진 입김
아직도 나의 볼에 뜨겁구나
사랑스런 추억의 새야 작은 날개를
마음의 은줄에 다시 한번 털어라

드나드는 배 한 척 없는 지금
부두에 홀로 선 나는 갈매기 아니건만
날고 싶어 날고 싶어

머리에 어슴프레 그려진 그곳
우라지오의 바다 이역의 항구로

저기 섬기슭 지켜 선 등대와 나는
서로 속삭일 수 없는 생각에 잠기고
눈보라는 소리쳐 소리쳐 부르는데
갈 길 없는 우라지오
갈 길 없는 우라지오

105 원쑤의 가슴팍에 땅크를 굴리자 1950. 7

오늘도 우리의 수도 서울은
미제 야수들의 폭격을 받았다
바로 눈앞에서
우리 부모 형제 어린것들이
피에 젖어 숫하게 쓰러졌다

찢고 물어 뜯고
갈갈이 찢고 물어 뜯어도
풀리지 않을 원쑤
원쑤의 가슴팍에
땅크를 굴리자

패주하는 야수들의 잔악한 발톱은
얼마나 많은 애국자들을 해쳤느냐
수원에서 인천서
천안과 원주 평택과 안성에서…

가도가도 아름다운 산기슭과 들길을
맑고 맑은 강물을 백모래사장을
얼마나 처참한 피로써 물들게 했느냐
광명을 바라면서 꺼진 눈망울마다
증오로 새겨졌을 원쑤의 모습

살아선 뗄 수 없는 젖먹이를 안은 채
땅을 허비며 숨 거둔 젊은 어머니의
가슴 깊이 사무친 원한으로 하여
하늘엔 먹장구름 몸부림치는데

오늘도 우리의 수도 서울은
야수들의 폭격을 받았다

미제를 무찔러 살인귀를 무찔러
남으로 남으로 번개같이 내닫는
형제여 강철의 대오여
최후의 한 놈 까지 원쑤의 가슴팍에
땅크를 굴리자

106 월계는 피어 1946

숨가삐 처다보는 하늘에
먹구름 뭉게치는 그러한 때에도
너와 나와 너와 나와
마음속 월계는 함빡 피어
꽃이팔 꽃이팔 캄캄한 강물을 저어간 꽃이팔

산성을 돌아
쌓이고 쌓인 슬픔을 돌아
너의 상여는 아득한 옛으로
돌아가는 화려한 날에

다시는 쥐어 못 볼 손이었던가
휘정휘정 지나쳐버린
어느 골목엔가 월계는 피어

107　위대한 사랑

변하고 또 변하자
아름다운 강산이여

전진하는 청춘의 나라
영광스러운 조국의 나날과 더불어
한층 더 아름답기 위해선
강산이여 변하자

천추를 꿰뚫어 광명을 내다보는
지혜와 새로움의 상상봉
불패의 당이
다함없는 사랑으로 안아 너를 개조하고
보다 밝은 래일에로 깃발을 앞세웠거니

강하는 자기의 청신한 젖물로써
태양은 자기의 불타는 정렬로써
대지는 자기의 깊은 자애로써
오곡을 무럭무럭 자라게 하라

108　유정에게 1947

요전 추위에 얼었나보다 손등이 유달리 부은 선혜란 년도 입은 채로 소원이 발가락 안 나가는 신발이요 소원이 털모자인 창이란 놈도 입은 채로 잠이 들었다

겨울엔 역시 엉뎅이가 뜨뜻해야 제일이니 뭐니 하다가도 옥에 갇힌 네게 비기면 못 견딜 게 있느냐고 하면서 너에게 차입할 것을 늦도록 손질하던 안해도 인젠 잠이 들었다

머리맡에 접어놓은 군대 담요와 되도록 크게 말은 솜버선이며 고리짝을 뒤저거렸자 쓸 만한 건 통 없었구나 무척 헐게 입은 속내복을 다시 한번 어루만지자 오래간만에 들린 우리

집 문마다 몹시도 조심스러운데

이윽고 통행금지시간이 지나면 창의 어미는 이 내복 꾸레미를 안고 나서야 한다 바
람을 뚫고 조국을 대신하여 네가 있는 서대문 밖으로 나가야 한다

109 전라도 가시내 1939

알록조개에 입마추며 자란다
눈이 바다처럼 푸를 뿐더러 까므스레한 네 얼굴
가시내야 나는 밭을 얼구며
무쇠다리를 건너 온 함경도 사내

바람 소리도 흐개도 인전 무섭지 않다만
어두운 등불 밑
안개처럼 자욱한 시름을 달게 마시련다만
어디서 흥참한 기별이 뛰여 들것만 같애
두터운 벽도 이웃도 못 미더운 북간도 술막

온갖 방자의 말을 품고 왔다
눈보라를 뚫고 왔다
가시내야 너의 가슴 그늘진 숲속을 기여간
설음많은 오솔길을 나두 함께 더듬자
술을 부어 남실남실 술을 따르어
가난한 이야기에 고이 잠거라

네가 두만강을 건너왔다는 석 달 전이면
산마다 단풍들어 천리 천리 또 천리 불탔을건데
그래두 외로워서 슬퍼서 치마폭으로 낯을 가렸더냐
두 낮 두 밤을 두루미처럼 울어울어
불술기 구름 속을 달리는 양 유리창이 흐리더냐

차알싹 부서지는 파도 소리에나 취한듯
싸늘한 웃음이 소리 없이 새기는 보조개

가시내야
울듯 울듯 울지 않는 전라도 가시내야
두어마디 너의 사투리로 때아닌 봄을 불러 줄께
손때 수집은 분홍 댕기 휘휘 날리며
잠간 너의 나라로 돌아 가거라

이윽고 얼음길이 밝으면
나는 눈보라 휘감아치는 벌판에 나설게다
노래도 없이 사리질게다
자국도 없이 사라질게다

110 **전설 속의 이야기**

떠가는 구름장을 애타게 쳐다보며
균렬한 땅을 치며 가슴을 치며
하늘이 무심타고 통곡하는 소리가
허허벌판을 덮어도 눈물만으론
시드는 벼포기를 일으킬 수 없었단다

꿈결에야 따로야 숨쉴 수 없는
사랑하는 농토의 어느 한 홈타기에선들
콸콸 새물이 솟아 흐를 기적을 갈망했건만
풀지 못한 소원을 땅 깊이 새겨
대를 이어 물려 준 이 고장 조상들

물이여 어디를 내가 딛고 서서 발을 돋우면
아득히 뻗어 나간 너의 길을 다 볼 수 있을가

로쇠한 대지에 영원한 젊음을
지심 깊이 닿도록 젊음을 부어 주는
물줄기여

소를 몰고 고랑마다 타는 고랑을

숨차게 열두번씩 가고 또 와도
이삭이 패일 날은 하늘이 좌우하던
건갈이 농사는 전설 속의 이야기
전설 속의 이야기로 이제 되었다

물이여 굳었던 땅을 푹푹 축이며
네가 흘러 가는 벌판 한 귀에
너무나 작은 나의 입술을 맞추면서
쏟아지는 눈물을 막으려도 하지 않음은
정녕코 정녕 내 나라가 좋고 고마워

111 제비 같은 소녀야

어디서 호개 짖는 소리
서리 찬 갈밭처럼 어수성타
깊어가는 대륙의 밤—

손톱을 물어뜯다도 살그만히 눈을 감는
제비 같은 소녀야
소녀야
눈감은 양볼에 울정이 돋힌다
그럴 때마다 네 머리에 떠돌
비극의 군상을 알고 싶다

지금 오가는 네 마음이
촉류에 흡사리는 강가를 헤매는가
비 새는 토막에 누더기를 쓰고 앉었나
쭝크레 앉었나

감았던 두 눈을 떠
입술로 가져가는 유리잔
그 푸른 잔에 술이 둘었음을 기억하는가
부풀어오를 손등을 어찌려나

윤깔나는 머리칼에
어릿거리는 애수

호인의 말몰이 고함
높낮어 지나는 말몰이 고함
뼈저린 채쭉 소리
젖가슴을 감어 치는가
너의 노래가 어부의 자장가처럼 애조롭다
너는 어느 흉작촌이 보낸 어린 희생자냐

깊어가는 대륙의 밤—
미구에 먼동은 트려니 햇살이 피려니
성가스런 향수를 버리자
제비 같은 소녀야
소녀야……

112　좌상님은 공훈 탄부 1956

열 손가락 마디마디 굵다란 손이여
반남아 센 머리의 아름다움이여!

우리야 아들 또래 청년 탄부들
놋주벽에 남실남실 독한 술을 따르어
『드이소 드시이소』 드리는 축배를
좌상님은 즐겁게 받아 주시네

젊어서 빼앗기신 고향은 락동강가
배고픈 아이들의 지친 울음이
강물 타고 흐른다는 그곳 그 땅을
어찌 잊으랴만 그래도 잊으신듯

『새우가 물고기냐 탄부가 인간이냐』고
마소처럼 천대 받던 왜정때 세상을

어찌 잊으랴만 그래도 잊으신듯
좌상님은 또 한 잔 즐겁게 드시네

창문 앞엔 국화랑 코스모스가 한창
울바자엔 동이 만한 호박이 주렁주렁

땅 속으로 천길이랴
가슴 속 구천 길
고난의 세월 넘어 층층 지하에
빛을 뿌린 위력은 인민의 나라

조국의 번영 위해 잔을 들자고
서글서글 웃음 짓는 좌상님 따라
우리 모두 한뜻으로 향해 서는 곳
조석으로 드나드는 저 갱구는
좁아도 넓고넓은 행복의 문

묵묵한 탄벽에서 불ㅅ길을 보아온
지혜로운 눈들이 지켜 섰거니
표표히 가는 구름 그도 곱지만
우리네 푸른 하늘 더욱 곱구나

113 죽음

별과 별들 사이를
해와 달 사이 찬란한 허공을 오래도록 헤매다가
끝끝내
한번은 만나야 할 황홀한 꿈이 아니겠읍니까

가장 높은 덕이요 똑바른 사랑이요
오히려 당신은 영원한 생명

나라에 큰 난 있어 사나히들은 당신을 향할지라도

두려울 법 없고
충성한 백성만을 위하야 당신은
항상 새 누리를 꾸미는 것이었음니다

아무도 이르지 못한 바닷가 같은 데서
아무도 살지 않은 풀 우거진 벌판 같은 데서
말하자면
헤아릴 수 없는 옛적 같은 데서
빛을 거느린 당신

114   **집**

밤마다 꿈이 많아서
나는 겁이 많아서
어깨가 처지는 것일가

벗도 없을 땐
집 한간 있었으면
집 한간 있었으면
덜이나 곤하겠는데

타지 않는 저녁 하늘을
가벼운 병처럼 스쳐 흐르는 시장끼
어쩌면 몹시두 아름다워라

앞이건 뒤건 가차이
그리운 사람이여
모올래 오시이소

115   **짓밟히는 거리에서 1948**

잔바람 불어 오거나 구름 한 점 흘러 가는게 아니다 짓밟히는 서울 거리 막다른골목

마다 창백한 이마에 팔을 얹는 어진 사람들

숨막혀라 숨막혀라 어디서 누가 울 수 있느냐

눈보라여 비바람이여 성낸 물결이여 이제 마구 휩쓸어오는가 불ㅅ길이여 노한 청춘
들과 함께 이제 어깨를 일으키는가

너도 너도 너도 피터진 발꿈치 피가 터진 발꿈치에 힘을 모두어 다시 한번 땅을 차
자 사랑하는 우리의 거리 한복판으로 너도너도 너도 땅을 구르며 나아 가자

116 차방(茶房)

바다 없는 항해에 피곤한
무리들 모여드는
차방은 거리의 항구……

남다른 하소를 미연에 감추려는
녀인의 웃음 끔찍히 믿엄직하고
으스러히 잠든 등불은
미구의 세기를 설계하는
책사?

주머니를 턴
커피 한 잔에
고달픈 사고를 지지하는
……
…… 나 …… 너
휴식에 주린 동지여
오라!!
유연히 조화된 분위기 속에서
기약없는 려정을 잠깐 반성해보자꾸나

117　천치의 강아

풀쪽을 수목을 땅을
바윗덩이를 무르녹이는 열기가 쏟아져도
오즉 네만 냉정한 듯 차게 흐르는
강아
천치의 강아

국제철교를 넘나드는 무장열차가
너의 흐름을 타고 하늘을 깰 듯 고동이 높을 때
언덕에 자리잡은 포대가 호령을 내려
너의 흐름에 선지피를 훌릴 때
너는 초조에
너는 공포에
너는 부질없는 전율밖에
가져본 다른 동작이 없고
너의 꿈은 꿈을 이어 흐른다

네가 흘러온
흘러온 산협에 무슨 자랑이 있었드냐
흘러가는 바다에 무슨 영광이 있으랴
이 은혜롭지 못한 꿈의 향연을
전통을 이어 남기려는가
강아
천치의 강아

너를 건너
키 넘는 풀속을 들쥐처럼 기어
색다른 국경을 넘고저 숨어다니는 무리
맥풀린 백성의 사투리의 향려를 아는가
더욱 돌아오는 실망을
묘표를 걸머진 듯한 이 실망을 아느냐

강안에 무수한 해골이 딩굴어도

해마다 계절마다 더해도
오즉 너의 꿈만 아름다운 듯 고집하는
강아
천치의 강아

118 탄광 마을의 아침 1955

꽃밭 사이 사이 이슬에 무릎을 적시며
새로 지은 구락부 옆을 지나 언덕에 올라 서니
명절을 앞둔 여기 탄광 마을에
한결 더 거창한 새벽이 물결친다

동트기 바쁘게 활짝 열어 제낀 창문들에
증산에의 출진을 알리는 싸이렌 소리…
지하에 뻗은 골목골목에선 굴강한 사람들이
한 초 한 초를 몸으로 쪼아 불꽃을 날리리라

사시 푸른 소나무가 울창한 산과 산 사이
맑은 대기 속을 청년들이 떼지어 간다
말끝마다 웃음 섞인 즐거운 이야기
처음 맞는 탄부절의 기쁨을 주고 받으며
청년 동격대가 갱내로 갱내로 들어 간다

십년 전 여기는
천대 받는 사람들이 비분으로 살던 곳
손이 발 되여 어둠을 더듬어도
기아와 멸시만이 따라 서던 곳

그러나 보라 우리의 정권은
가슴에 덮쳤던 암흑을 몰아 냈다
낮이 없던 깊은 땅속
저주로운 침묵이 엎디였던 구석구석까지
밤이 없는 영광으로 차게 하였다

보라 여기는 씩씩한 젊은이들이
청춘의 한길을 다투어 택한 곳

기름이 흐를 듯한 석탄을 가득 싣고
무쇠 탄차가 줄지어 올라 오는 쟁구에
전체 인민이 보내는 영광을 전하면서
수도에서 오는 북행 렬차가 산굽이를 돌아 간다

119 토굴집에서

그 날은 함박눈 펑펑 쏟아졌단다
국사봉에 진을 친 빨찌산들이
이 고장을 해방시킨 그 전전날

어둠을 타 산에서 산을 타
국사봉에 련락 짓고 돌아 오는 비탈길에서
원쑤에게 사로잡힌 처녀 분란이
분란이는 로동당원 꽃나이 스무 살

봄이면 봄마다 진달래 함빡 피는
뒷산 아래 형제바우 앞에서
사랑하는 향토를 지켜 동지를 지켜
분란이는 가슴에 총탄을 받았단다

풀벌레 소리 가득찬 토굴집에서
령감님은 밤 늦도록 새끼를 꼬면서
장하고 끔찍스런 딸의 최후를
쉬염쉬염 나직히 이야기하면서

날이 새면 포장할 애국미 가마니엔
분란의 이름도 굵직하게 쓰리란다

120 패북자의 소원

실직한 '마도로스'와도 같이
힘없이 걸음을 멈췄다
―이 몸은 이역의 황혼을 등에 진
빨간 심장조차 빼앗긴 나어린 패배자(?)―

천사당의 종소래!
한 줄기 애수를
테―o 빈 내 가슴에 꼭 찔러놓고
보이얀 고개를 추웁게 넘는다
―내가 미래에 넘어야 될……

나는 두손을 합쳐 쥐고
발광한 천문학자처럼
밤하늘을
오래―오래 치어다본다

파―란 별들의
아름다운 코라스 !
우주의 질서를
모기 소리보다도 더 가늘게 속삭인다
저―별들만이 알어줄
내 마음!
피묻은 발자죽!

오―
이 몸도 별이 되어
내 맘의 발자죽을

하이얀 대리석에 은끌로 조각하면서
저― 하늘 끝까지 흐르고 싶어라
―이 세상 누구의 눈에도 보이잖는 곳까지……
　　　　　　　　　―억형께 내 맘의 일편을

121 평양으로 평양으로 1951

1

포성은 자꾸 가까워지는데
오늘밤도 남쪽 하늘은
군데군데 붉게 타는데

안해는 바위에 기대여 잠이 들었다
두 손에 혹혹 입김을 불어
귓방울 눅이던 어린것들도
어미의 무릎에 엎디여 잠이 들었다

차마 잊지 못해 몇번을 돌아 봐도
사면 팔방 불ㅅ길은 하늘로 숫구치고
길 떠나는 사람들의 분노에 싸여
극진한 사랑에 싸여
안타깝게도 저물어만 가던 서울

아이야 너희들 꿈속을
정든 서울 장안 서대문 네거리며
날마다 저녁마다 엄마를 기다리던
담배 공장 옆골목이 스쳐 흐르는가

부르튼 발꿈치를 모두어
무거운 자국자국 절름거리며
아따금씩 너희들이 소리 맞춰 부르는
김 일성 장군의 노래
꿈결에도 그 노래
귀에 쟁쟁 들리는가

굽이굽이 험한 벼랑 안고 도는
대동강 푸른 물줄기를 쫓아
넘고 넘어도 새로이 다가 서는
여러 령을 기여 오를 때

찾아가는 평양은 멀고도 아득했으나

―바삐 가야 한다 김 장군 계신 데로
거듭거듭 타이르며
맥풀린 작은 손을 탄탄히 잡아 주면
별조차 눈 감은 캄캄한 밤에도
운던 울음 그치고 타박타박 따라 서던
어린것들 가슴속 별빛보다 그리웠을
김 일성 장군!

그러나 하늘이 무너지는가
들려오는 소식마다 앞은 흐리여

이미 우리는 하루면 당도할
꿈에 그리던 평양으로 가서는 안 된다
무거운 발길을 돌려 다만 북으로
북으로만
걸음을 옮겨야 하던 날

철없는 아이들에겐 말도 못 하고
안해는 나의 얼굴을
나는 그저 안해의 얼굴을 바라보다가
서로 눈시울이 뜨거워서 돌아 서던
그 날은 시월 몇칠이던가

우리는 자꾸만 앞서는 원쑤들의 포위를 뚫고
산에서 산을 타 여기까지 왔다
우리는 또 앞을 가로막는
포위 속에 놓여 있다

첩첩한 랑림산맥
일촌도 멀어 길조차 나지 않은
험한 산허리에 어둠이 내릴 때
해질녘이면 신을 벗고 들어 설 집이 그리운

아이들은 또 외웠다
―엄마야 평양은 너무 멀구나

가파로운 밤길을 부디 견디라
칡넌출 둘로 째서
떨어진 고무신에 칭칭 감아 주던
안해는 웃는 낯으로 타일렀다
―멀어두 참고 가야지
선혜는야 여섯 살
오빠는 더구나 아홉 살인데

               2
흰 종이 새빨간 잉크로
어린 녀학생은 정성을 다하여
같은 글자를 또박또박 온종일 썼다

조선 민주주의 인민 공화국 만세!

골목이 어둑어둑 저물어
벽보 꾸러미를 끼고 나설 때
온종일 망을 봐 준 할머니는
귀여운 손녀의 귀에 나직이 속삭였다
―개무리 없는 세상을
살아서 보고 싶구나

밤이 다 새도 이튿날 저녁에도
어린 녀학생은
끝내 집으로 오지 않았고
석 달이 지난 그 어느 날

카빈 보총이 늘어 선 공판정에서
검사놈 상판대기에 침을 뱉고
역도 리 승만의 초상을 신짝으로 갈긴
어린 녀학생은 피에 젖어 들것에 얹히어

감방으로 돌아 갔다

어둡고 캄캄하던
남부 조선
우리의 전구 서울—

피에 물어 순결한 동무들이
원쑤들의 뒤통수를 뜨겁게 하고
자유를 갈망하는 형제들 가슴에
항쟁의 불꽃을 뿌린 투쟁 보고와
새로운 과업들을 잇발에 물고
숨어서만 드나드는 아지트에서
손에 손을 잡거나

살이 타고 열 손톱 물러나는
고문실이나 감옥 벌방에서
소속이야 어디건 이름이야 누구이건
이미 몸을 바친 전우들끼리
서로 시선만 마주쳐도

새로이 솟는 용기와
새로이 느껴지는 보람으로 하여
어깨와 어깨에 더운 피 굽이쳤다
우리에겐 생명보다 귀중한 조국이 있기에
영광스런 인민 공화국이 있기에
평양이 있기에

놈들의 어떠한 박해에도
끊길 수 없는 선을 타고
심장에서 심장에로 전하여지는
암호를 타고 온
투쟁 구호와 함께

지난날 우리의 회관에서 정든 동무

지난날 한자리에서
지리산 유격 지구에의 만다트을 받고
목을 껴안으며 서로 뺨을 비빈
전위 시인 유 동무의
사형 언도의 정보가 다달은 이튿날

헐벗은 인왕산 아래 붉은 벽돌담을
눈보라 소리쳐 때리는 한나절
뜨거운 눈초리로
조국의 승리를 믿고 믿으며
마자막 가는 길 형장으로
웃으면서 나간 동무

나이 서른에 이르지 못했으나
바위처럼 무겁던 경상도 사나이
철도 로동자 정 동무가
순결한 마음을 획마다에 아로새겨
남겨 놓은 선톱 글씨 오직 열 석 자

조선 민주주의 인민 공화국 만세!

아침마다 희망을 북돋아
입안으로 외우는 강령이 끝나면
두터운 벽을 밀어 젖히고
자꾸 자꾸만 커지면서 빛나는 피의 글씨
불같은 한자 한자를 바라보면서
우리는 마음 깊이 맹세하였다
─동무야 원쑤를 갚아 주마

3
나무가지 휘여 잡고
바위에서 바위에로 넘어 서는
험준한 산길도 생각하면 고마워라
높은 산 깊은 곬 어느 하나가

싸우는 우리의 편이 아니랴

가자 달이 지기 전에
이 령을 내려
동트는 새벽과 함께 영원벌이
훤히 내다보일 저 산마루까지
저기가 오늘부터 우리의 진지
저기서 흘러 내린 골짝골짝은
우리의 첫번째 전구로 된다

내 비록 한 자루의 총을
지금은 검어쥐지 못하였으나
활활 타는 모닥불에 둘러 앉아
당과 조국 앞에 맹세하고
불굴의 결의를 같이 한
여기 미더운 전우들이 있다

우리는 반드시
우리의 부모 형제를 헤치려고
놈들이 메고 온 놈들의 총으로
쏘리라
놈들의 가슴팍을
놈들의 뒤통수를

여기 비록 어린것들이
무거운 짐처럼 끼여 있으나
이름과 성을 숨기고
넓으나 넓은 서울 거리를
피해 다니며 살아 온 아이들
세상도 알기 전에
원쑤의 모습부터 눈에 익은 아이들

미국제 전화선 한두 오리쯤
이를 악물고 끊고야 말

한 자루의 **뻬찌**가 어찌
이 아이들 손에 무거울 수 있으랴

오늘 길조차 나지 않은 이 령을
우리의 적은 대렬이 헤치고 내리나
깊은 골짝 골짝
줄 닿는 곳곳에서
숫한 전우들을 반드시 만나리라

그리고 오리라
높이 솟으라선 죽음의 철문을
노한 땅크로 깔아 부시고
이 아이들에게 그립던 아버지와
노래를 돌려 준 우리 군대
인민 군대는 열풍을 일으키며
북쪽 한끝으로부터 다시 오리니

원쑤를 쓰러 눕히는 총성이
산에서 산으로 울리여
준련한 복수의 날을 일으키고
승리의 길이 한가닥씩
비탈을 끼고 열릴 우리의 전구

자유의 땅이 한 치씩 넓혀지는
어려운 고비고비 그 언제나
조국의 깃발은 우리와 함께 있으리

기우는 달빛 뺨에 시리나
아이 어른 다 같이
김 일성 장군의 노래를 부르며
밤내 내리는 이 길에사 어찌
우리와 더불어 슬픔이 있으랴

포성은 자꾸 가까워지는데

오늘밤도 남쪽 하늘은
군데군데 붉게 타는데

우리는 간다
이윽고 눈보라를 헤치며
원쑤를 소탕하며
그리운 평양으로 평양으로 나갈
싸움의 길을 바쁘게 간다

122 포도원

계절조처럼 포로로오 날아온
옛생각을 보듬고
오솔길을 지나
포도원으로 살금살금 걸어와……

촉대 든 손에
올감기는
싼뜻한 감촉!

대이기만 했으면 톡 터질 듯
익은 포도알에
물든 환상이 너울너울 물결친다
공허로운 이 마음을 어쩌나

한 줄 촉광 올마저
어둠에 바치고 야암전히 서서
시집가는 섬색시처럼
모오든 약속을 잠깐 잊어버리자

조롱조롱 밤을 지키는
별들의 언어는
오늘 밤

한 조각의 비밀도 품지 않았다

123 폭풍

폭풍
폭풍
거리 거리의 정돈미가 뒤집힌다
지붕이 독수리처럼 날아가고
벽은 교활한 미련을 안은 채 쓰러진다
대지에 꺼꾸러지는 대리석 기둥-
보이잖는 무수한 화석으로 장식된
도시의 넋이 폭발한다

기만과 질투와 음모의 잔해를 끌안고
통곡하는 게 누구야
지하로 지하로 피난하는 선량한 시민들아
눈을 감고 귀를 막은 등신이 있느냐
숨통울 잃어버린 등신이 있느냐
폭풍
폭풍

124 푸른 한나절

양털모자 눌러쓰고 돌아오신 게 마즈막 길
검은 기선은 다시 실어주지 않았다
외할머니 큰아버지랑 계신 아라사를 못 잊어
술을 기울리면 노 외로운 아버지였다

영영 돌아가신 아버지의 외로움이
가슴에 옴츠리고 더나지 않는 것은 나의 슬픔
몰폴 새이 새일 헤여가는 휘황한 꿈에도
나는 두려운 아이 몸소 귀뿌리를 돌린다

잠시 담배연길 잊어버린
푸른 한나절

거세인 파도 물머리마다 물머리 뒤에
아라사도 아버지도 보일 듯이 숨어 나를 부른다
울구퍼도 우지 못한 여러 해를 갈매기야
이 바다에 자유롭자

125 풀벌레 소리 가득 차 있었다 1936

우리 집도 아니고 일가집도 아닌 집
고향은 더욱 아닌 곳에서
아버지의 침상 없는 최후 최후의 밤은
풀벌레 소리 가득차 있었다

아라사로 다니면서까지
애써 키운 아들과 딸에게
한마디 남겨 두는 말도 없었다
초라한 목침을 반듯이 벤 채

흔들어도 흔들어도 뜨시잖는 두 눈에
피지 못한 꿈의 꽃봉오리 갈앉았던가
얼음장에 누우신듯 손발은 식어 갈 뿐

때 늦은 의원이
아무말 없이 돌아 간 뒤
이웃 늙은이의 손끝이 떨며
눈빛 무명은 조용히
조용히 낯을 덮었다

서러운 머리맡에 엎디여
있는 울음 다 울어도 그지없던 밤
아버지의 침상 없는 최후 최후의 밤은

풀벌레 소리가 가득차 있었다

126 **핏발선 새해 1951**

아아한 산이여 분노하라
뿌리 깊은 바위도 일어 서라
티없이 맑은 어린것들 눈에까지
흙을 떠 넣은
미국 야만들을 향해

놈들의 기총에 뚫린
그 어느 하나가
나의 가슴이 아니랴

꽃가시 풋가시에 닿아도
핏방울 아프게 솟는 작은 주먹으로
숨지는 허리를 부둥켜안고
『엄마야』 소리도 남기지 못한
그 어느 아이가
귀여운 나의 자식이 아니랴

놈들이 불지른 골목골목에
흩어진 기와장 하나하나에도
모든 아픔이 얽혀서 흘러
삼천만의 분노가 얽혀서 흘러
우리의 새해는
복수에 핏발섰다

타다 남은 솔글거리
눈에 묻혀 이름 없는 풀포기까지도
독을 뿜으라
미국 야만들을 향해
일제히 독을 뿜으라

127 하나씩의 별 1945

무엇을 실었느냐 화물열차의
검은 문들은 탄탄히 잠겨졌다
바람 속을 달리는 화물렬차의 지붕 우에
우리 제각기 드러누워
한결같이 쳐다보는 하나씩의 별

두만강 저쪽에서 온다는 사람들과
쟈무스에서 온다는 사람들과
험한 땅에서 험한 변 치르고
눈보라 치기 전에 고향으로 돌아간다는
남도 사람들과
북어쪼가리 초담배 밀가루떡이랑
나눠서 요기하며 내사 서울이 그리워
고향과는 딴 방향으로 흔들려 간다

푸르른 바다와 거리 거리를
설움 많은 이민열차의 흐린 창으로
그저 서러이 내다보던 골짝 골짝을
갈 때와 마찬가지로
헐벗은 채 돌아오는 이 사람들과
마찬가지로 헐벗은 나요
나라에 기쁜 일 많아
울지를 못하는 함경도 사내

총을 안고 뽈가의 노래를 부르던
슬라브의 늙은 병정은 잠이 들었나
바람 속을 달리는 화물열차의 지붕 우에
우리 제각기 드러누워
한결같이 쳐다보는 하나씩의 별

128   **항구에서 1942**

영원과 같은 그러한 것이 아득히 바라뵈는 그러한 꿈길을 끝끝내 돌아 온 나의 청춘
이요 바쁘게 떠나가는 검은 기선과 몰려서 우짖는 갈매기의 떼

구름 아래 뭉쳐선 흩어지는 먹구름 아래 그대들과 나의 어깨에도 하늘은 골고루 머
물러 얼마나 멋이였습니까

꽃이랑 꺽어 가슴을 치례하고 우리 휘파람이나 간간히 불어 보자요 훨훨 옷깃을 날리
며 머리칼을 날리며 서로 헤여진 멀고 먼 바닷가에서 우리 한번은 웃음 지어 보자요

그러나 항구의 언덕길은 오르내리면서 조심스런 자국자국 생각하는건 친구의 얼굴
들이 아니였습니다 묵묵한 산이요 우뤄 소리와 함께 폭발할 산봉우리요

희망과 같은 그러한 것이 가슴에 싹트는 그러한 밤이면 무슨 짐승처럼 우는 뱃고동
을 들으며 바다로 보이지 않는 바다로 휘정휘정 내려 가는 것이요

129   **해당화**

백모래 십리벌을
삽분삽분 걸어간 발자옥
발자옥의 임자를 기대려
해당화의 순정은
해마다 붉어진다

130   **흘러 들라 십리굴에**

으리으리 솟으라선 절벽을 뚫고
네가 흘러 갈 또 하나의 길을
대동강아 여기에 열거니
서로 어깨를 비집고 발돋음하는
우리의 마음도 너와 함께 소용돌이친다

내리닫이 무쇠 수문이 올라 가는
육중한 음향이 너의 출발을 재촉하는구나
맞은편 로가섬 설레이는 버들숲과
멀리서 기웃하는 봉우리들에
하직하는 인사를 뜨겁게 보내자

흘러 들라 대동강아
연풍저수지 화려한 궁전으로 통한
십리굴에 길고 긴 대리석 랑하에
춤울 추며 흘러 들어라
우렁우렁 산악이 진동한다
깍지끼고 땅을 구르며 빙빙 도는
동무들아 동무들아 잠가만
노래를 멈추고 귀를 귀울리자

간고한 분초를 밤 없이 이어
거대한 자연의 항거를 정복한 우리
암벽을 까내며 굴 속에 뿌린 땀이
씻기고 씻기여 강물에 풀려
격류하는 흐름 소리…

저것은 바로 천년을 메말랐던
광활한 벌이 몸부림치는 소리
새날을 호흡하며 전변하는 소리다

131 **흙**

애비도 종 할애비도 종 한뉘 허리 굽히고 드나들던 토막 기울어진 흙벽에 쭝그리고
기대앉은 저 아이는 발가숭이 발가숭이 아이의 살결은 흙인 듯 검붉다

덩쿨 우거진 어느 골짜구니를 맑고 찬 새암물 돌 돌 가느다랗게 흐르는가 나비사 이
미 날지 않고 오랜 나무 마디 마디에 휘휘 감돌아 맺힌 고운 무늬모양 버섯은 그늘
에만 그늘마다 피어

잠자듯 어슴프레히 저놈의 소가 항시 바라보는 것은 하늘이 높디높다란 푸른 하늘
이 아니라 번질러놓은 수레바퀴가 아니라 흙이다 검붉은 흙이다

132 다만 이것을 전하라 1951

−볼가리야의 로시인 지미뜨리 뽈리야노브에게

머리는 비록 백설로 희나
평화를 쟁취하는 벅찬 전선을 위하여
다할 바 없는 청춘을 안고 온 전우여
지미뜨리 뽈리야노브

이제 그대 고향으로 돌아 가면
미국 놈들 총탄에 처참히도 쓰러진
수많은 조선 누이들에 대하여
마음 어진 볼가리야 어머니들에게
이야기하지 말라
그들의 아픔이 너무 크리니

다만 전하라
사랑하는 남편과 아들을 화선에 보낸
우리의 누이와 어머니들은
폭탄 자국을 메워 씨를 뿌리고
기총과 싸우며 오곡을 가꾸어
기적 같은 풍년을 이룩했다고

이제 그대 고향으로 돌아 가면
따뜻한 엄마 품을 영영 배앗기고
살던 집과 학교와 동무마저 잃은
수많은 조선 아이들에 대하여
마음 착한 볼가리야 어린이들게
이야기하지 말라
그들의 슬픔이 너무 크려니

다만 전하라
키가 다섯 자를 넘지 못한 소년들도
원쑤에의 증오를 참을 길 없어
가는 곳마다 강점자의 발꿉치를 뜨겁게 한
나어린 빨찌산들의 기특한 전과를

빗발치는 야만들의 폭탄으로 잿더미 된
조선의 거리거리와 마을들에 대하여
선량한 형제들께 이야기하지 말라

다만 전하라
우리가 승리하는 날
갑절 아름답게 갑절 튼튼하게 건설될
조선의 도시와 농촌들을
우리의 가슴마다에 이미 일어 선
새 조선의 웅장한 모습을

머리는 비록 백설로 희나
평화를 쟁취하는 벅찬 전선을 위하여
우리와 함께 젊은 피 끓는 전우여
지미뜨리 뽈리야노브

이제 그대 고향으로 돌아 가면
부디 전하라
천만 갈래 불비로도
조선 인민의 투지는 꺾지는 못한다고

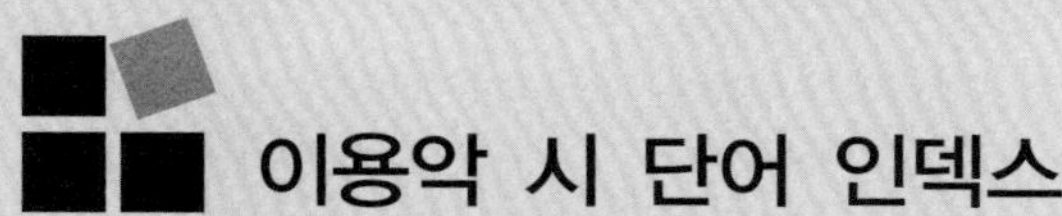

이용악 시 단어 인덱스

조사대상으로 삼은 시는 『이용악 전집』(2판, 윤영천, 창작과 비평사, 1995), 『리용악 시선집』(리용악, 조선작가동맹출판사, 1957) 두 권의 시집에서 발췌한 것으로 산문은 제외하고 중복되지 않은 시 132수를 분석대상으로 했다. 시기별로는 해방 전의 시가 95수 해방 후 37수가 있으며 해방 후의 시는 다시 해방시기 서울에 머물 때와 전쟁 중, 전쟁 후 월북시기의 시가 포함되어 있다.

모든 시는 전산화 한 다음 어휘별로 나누었다. 형태소 분석단계까지는 미치지 못했지만 시어를 손상하지 않은 범위에서 단어별로 나누어 배열했으며, 각기 단어의 배열에 있어서도 시에서 한 개 단어의 위치를 파악할 수 있도록 연과 단어배렬 순서를 기록했다.

알파벳은 시기정보로 A는 해방 전, B는 해방 후, C는 전쟁시기, D는 전쟁 후를 나타내는 것이다. 다음의 #???는 각기 시의 고유번호이며 /??는 시에서 연의 번호, *???는 연에서 단어의 배열 순서를 표기한 것으로, 이렇게 정리함으로써 표제어의 위치를 정확히 밝힐 수 있다. 위치정보 뒤의 어휘는 표제어의 앞에 놓인 단어이고 그 다음은 표제어 뒤에 놓인 단어가 된다.

1한결	#001/01*001	—	1해맑숙한
1해맑숙한	#001/01*002	1한결	1네
1네	#001/01*003	1해맑숙한	1이마에
1이마에	#001/01*004	1네	1촌스런
1촌스런	#001/01*005	1이마에	1시름이
1시름이	#001/01*006	1촌스런	1피어오르고
1피어오르고	#001/01*007	1시름이	1그래도
1그래도	#001/01*008	1피어오르고	1우리를
1우리를	#001/01*009	1그래도	1실은
1실은	#001/01*010	1우리를	1차는
1차는	#001/01*011	1실은	1남으로
1남으로	#001/01*012	1차는	1남으로만
1남으로만	#001/01*013	1남으로	1달린다
1달린다	#001/01*014	1남으로만	—
1촌과	#001/02*001	—	1나루와
1나루와	#001/02*002	1촌과	1거리를
1거리를	#001/02*003	1나루와	1벌판을
1벌판을	#001/02*004	1거리를	1숲을
1숲을	#001/02*005	1벌판을	1몇이나
1몇이나	#001/02*006	1숲을	1지나왔음이야
1지나왔음이야	#001/02*007	1몇이나	1눈에
1눈에	#001/02*008	1지나왔음이야	1묻힌
1묻힌	#001/02*009	1눈에	1이
1이	#001/02*010	1묻힌	1고개엔
1고개엔	#001/02*011	1이	1가마귀도
1가마귀도	#001/02*012	1고개엔	1없나
1없나	#001/02*013	1가마귀도	1보다
1보다	#001/02*014	1없나	—
1보리밭	#001/03*001	—	1없고
1없고	#001/03*002	1보리밭	1흐르는
1흐르는	#001/03*003	1없고	1뗏노래라곤
1뗏노래라곤	#001/03*004	1흐르는	1더욱
1더욱	#001/03*005	1뗏노래라곤	1못
1못	#001/03*006	1더욱	1들을

1들을	#001/03*007	1못	1곳을
1곳을	#001/03*008	1들을	1향해
1향해	#001/03*009	1곳을	1암팡스럽게
1암팡스럽게	#001/03*010	1향해	1길
1길	#001/03*011	1암팡스럽게	1떠난
1떠난	#001/03*012	1길	1너도
1너도	#001/03*013	1떠난	1물새
1물새	#001/03*014	1너도	1나도
1나도	#001/03*015	1물새	1물새
1물새	#001/03*016	1나도	1나의
1나의	#001/03*017	1물새	1사람아
1사람아	#001/03*018	1나의	1너는
1너는	#001/03*019	1사람아	1울고
1울고	#001/03*020	1너는	1싫고나
1싫고나	#001/03*021	1울고	－
1말없이	#001/04*001	－	1쳐다보는
1쳐다보는	#001/04*002	1말없이	1눈이
1눈이	#001/04*003	1쳐다보는	1흐린
1흐린	#001/04*004	1눈이	1수정알처럼
1수정알처럼	#001/04*005	1흐린	1외롭고
1외롭고	#001/04*006	1수정알처럼	1때로
1때로	#001/04*007	1외롭고	1입을
1입을	#001/04*008	1때로	1열어
1열어	#001/04*009	1입을	1시름에
1시름에	#001/04*010	1열어	1젖는
1젖는	#001/04*011	1시름에	1너의
1너의	#001/04*012	1젖는	1목소리
1목소리	#001/04*013	1너의	1어선
1어선	#001/04*014	1목소리	1없는
1없는	#001/04*015	1어선	1듯
1듯	#001/04*016	1없는	1가늘다
1가늘다	#001/04*017	1듯	－
1너는	#001/05*001	－	1차라리
1차라리	#001/05*002	1너는	1밤을

1밤을	#001/05*003	1차라리	1부름이
1부름이	#001/05*004	1밤을	1좋다
1좋다	#001/05*005	1부름이	1창을
1창을	#001/05*006	1좋다	1열고
1열고	#001/05*007	1창을	1거센
1거센	#001/05*008	1열고	1바람을
1바람을	#001/05*009	1거센	1받아들임이
1받아들임이	#001/05*010	1비람을	1좋다
1좋다	#001/05*011	1받아들임이	1머리
1머리	#001/05*012	1좋다	1속에서
1속에서	#001/05*013	1머리	1참새
1참새	#001/05*014	1속에서	1재잘거리는
1재잘거리는	#001/05*015	1참새	1듯
1듯	#001/05*016	1재잘거리는	1나는
1나는	#001/05*017	1듯	1고달프다
1고달프다	#001/05*018	1나는	1고달프다
1고달프다	#001/05*019	1고달프다	—
1너를	#001/06*001	—	1키운
1키운	#001/06*002	1너를	1두메산골에선
1두메산골에선	#001/06*003	1키운	1가라지의
1가라지의	#001/06*004	1두메산골에선	1소문이
1소문이	#001/06*005	1가라지의	1뒤를
1뒤를	#001/06*006	1소문이	1엮을
1엮을	#001/06*007	1뒤를	1텐데
1텐데	#001/06*008	1엮을	1그래도
1그래도	#001/06*009	1텐데	1우리를
1우리를	#001/06*010	1그래도	1실은
1실은	#001/06*011	1우리를	1차는
1차는	#001/06*012	1실은	1남으로
1남으로	#001/06*013	1차는	1남으로만
1남으로만	#001/06*014	1남으로	1달린다
1달린다	#001/06*015	1남으로만	1모두가
1모두가	#002/01*001	1달린다	1잠잠히
1잠잠히	#002/01*002	1모두가	1끝난

1끝난	#002/01*003	1잠잠히	1다음에도
1다음에도	#002/01*004	1끝난	1불이여
1불이여	#002/01*005	1다음에도	1그대만은
1그대만은	#002/01*006	1불이여	1우리의
1우리의	#002/01*007	1그대만은	1벗이래야
1벗이래야	#002/01*008	1우리의	1할
1할	#002/01*009	1벗이래야	1것이
1것이	#002/01*010	1할	1치솟는
1치솟는	#002/02*001	1것이	1빛과
1빛과	#002/02*002	1치솟는	1함께
1함께	#002/02*003	1빛과	1몸부림치면
1몸부림치면	#002/02*004	1함께	1한결같이
1한결같이	#002/02*005	1몸부림치면	1일어
1일어	#002/02*006	1한결같이	1설
1설	#002/02*007	1일어	1푸른
1푸른	#002/02*008	1설	1비늘과
1비늘과	#002/02*009	1푸른	1같은
1같은	#002/02*010	1비늘과	1아름다움
1아름다움	#002/02*011	1같은	1가슴마다
1가슴마다	#002/02*012	1아름다움	1피여
1피여	#002/02*013	1가슴마다	—
1싸움이요	#002/03*001	—	1싸움이요
1싸움이요	#002/03*002	1싸움이요	1우리
1우리	#002/03*003	1싸움이요	1모두
1모두	#002/03*004	1우리	1불ㅅ길
1불ㅅ길	#002/03*005	1모두	1되어
1되어	#002/03*006	1불ㅅ길	1미움을
1미움을	#002/03*007	1되어	1물리치는
1물리치는	#002/03*008	1미움을	1것이요
1것이요	#002/03*009	1물리치는	—
1량볼에	#003/01*001	—	1옴쑥옴쑥
1옴쑥옴쑥	#003/01*002	1량볼에	1보조개
1보조개	#003/01*003	1옴쑥옴쑥	1패이는
1패이는	#003/01*004	1보조개	1소녀는

1소녀는	#003/01*005	1패이는	1애기를
1애기를	#003/01*006	1소녀는	1업고
1업고	#003/01*007	1애기를	1서성거리며
1서성거리며	#003/01*008	1업고	1대추나무
1대추나무	#003/01*009	1서성거리며	1사이사이
1사이사이	#003/01*010	1대추나무	1쌓아
1쌓아	#003/01*011	1사이사이	1올린
1올린	#003/01*012	1쌓아	1낟가리
1낟가리	#003/01*013	1올린	1사이로
1사이로	#003/01*014	1낟가리	1이따금씩
1이따금씩	#003/01*015	1사이로	1고갯길을
1고갯길을	#003/01*016	1이따금씩	1바라보며
1바라보며	#003/01*017	1고갯길을	1하는
1하는	#003/01*018	1바라보며	1이야기
1이야기	#003/01*019	1하는	—
1엄마는	#003/02*001	—	1현물세
1현물세	#003/02*002	1엄마는	1달구지를
1달구지를	#003/02*003	1현물세	1몰고
1몰고	#003/02*004	1달구지를	1고개
1고개	#003/02*005	1몰고	1넘에로
1넘에로	#003/02*006	1고개	1첫새벽에
1첫새벽에	#003/02*007	1넘에로	1떠났단다
1떠났단다	#003/02*008	1첫새벽에	1아버지는
1아버지는	#003/02*009	1떠났단다	1없단다
1없단다	#003/02*010	1아버지는	1지난해
1지난해	#003/02*011	1없단다	1섣달에
1섣달에	#003/02*012	1지난해	1미국
1미국	#003/02*013	1섣달에	1놈들이
1놈들이	#003/02*014	1미국	—
1집도	#003/03*001	—	1연자간도
1연자간도	#003/03*002	1집도	1죄다
1죄다	#003/03*003	1연자간도	1불탄
1불탄	#003/03*004	1죄다	1작은
1작은	#003/03*005	1불탄	1마을

1마을	#003/03*006	1작은	1앞뒤산이
1앞뒤산이	#003/03*007	1마을	1단풍
1단풍	#003/03*008	1앞뒤산이	1들어
1들어	#003/03*009	1단풍	1왼통
1왼통	#003/03*010	1들어	1붉은데
1붉은데	#003/03*011	1왼통	1피의
1피의	#003/03*012	1붉은데	1원쑤는
1원쑤는	#003/03*013	1피의	1피로써
1피로써	#003/03*014	1원쑤는	1반듯이
1반듯이	#003/03*015	1피로써	1갚아질
1갚아질	#003/03*016	1반듯이	1것을
1것을	#003/03*017	1갚아질	1몇
1몇	#003/03*018	1것을	1번이고
1번이고	#003/03*019	1몇	1다시
1다시	#003/03*020	1번이고	1믿는
1믿는	#003/03*021	1다시	1귀여운
1귀여운	#003/03*022	1믿는	1소녀는
1소녀는	#003/03*023	1귀여운	1어서
1어서	#003/03*024	1소녀는	1나이
1나이	#003/03*025	1어서	1차서
1차서	#003/03*026	1나이	1인민
1인민	#003/03*027	1차서	1군대
1군대	#003/03*028	1인민	1되는
1되는	#003/03*029	1군대	1것이
1것이	#003/03*030	1되는	1그것이
1그것이	#003/03*031	1것이	1제일
1제일	#003/03*032	1그것이	1큰
1큰	#003/03*033	1제일	1소원이란다
1소원이란다	#003/03*034	1큰	—
1아버지도	#004/01*001	—	1어머니도
1어머니도	#004/01*002	1아버지도	1젊어서
1젊어서	#004/01*003	1어머니도	1한창땐
1한창땐	#004/01*004	1젊어서	1우라지오로
1우라지오로	#004/01*005	1한창땐	1다니는

1다니는	#004/01*006	1우라지오로	1밀수꾼
1밀수꾼	#004/01*007	1 다니는	–
1눈보라에	#004/02*001	–	1숨어
1숨어	#004/02*002	1눈보라에	1국경을
1국경을	#004/02*003	1숨어	1넘나들
1넘나들	#004/02*004	1국경을	1때
1때	#004/02*005	1넘나들	1어머니의
1어머니의	#004/02*006	1때	1등곬에
1등곬에	#004/02*007	1어머니의	1파묻힌
1파묻힌	#004/02*008	1등곬에	1나는
1나는	#004/02*009	1파묻힌	1모든
1모든	#004/02*010	1나는	1가난한
1가난한	#004/02*011	1모든	1사람들의
1사람들의	#004/02*012	1가난한	1젖먹이와
1젖먹이와	#004/02*013	1사람들의	1다름없이
1다름없이	#004/02*014	1젖먹이와	1얼마나
1얼마나	#004/02*015	1다름없이	1성가스런
1성가스런	#004/02*016	1얼마나	1짐짝이었을까
1짐짝이었을까	#004/02*017	1성가스런	–
1오늘도	#004/03*001	–	1행길을
1행길을	#004/03*002	1오늘도	1동무들의
1동무들의	#004/03*003	1행길을	1지나는데
1행렬이	#004/03*004	–	1여러
1지나는데	#004/03*005	1동무들의	1뒤이어
1뒤이어	#004/03*006	1지나는데	1뒤를
1뒤를	#004/03*007	1뒤이어	1이어
1이어	#004/03*008	1뒤를	1물결치는
1물결치는	#004/03*009	1이어	1어깨와
1어깨와	#004/03*010	1물결치는	1어깨에
1어깨에	#004/03*011	1어깨와	1빛
1빛	#004/03*012	1어깨에	1빛
1빛	#004/03*013	1빛	1찬란한데
1찬란한데	#004/03*014	1빛	–
1여러	#004/04*001	1행렬이	1해

1해	#004/04*002	1여러	1만에
1만에	#004/04*003	1해	1서울로
1서울로	#004/04*004	1만에	1떠나가는
1떠나가는	#004/04*005	1서울로	1이
1이	#004/04*006	1떠나가는	1아들이
1아들이	#004/04*007	1이	1길에서
1길에서	#004/04*008	1아들이	1요기할
1요기할	#004/04*009	1길에서	1호박떡을
1호박떡을	#004/04*010	1요기할	1빚으며
1빚으며	#004/04*011	1호박떡을	1어머니는
1어머니는	#004/04*012	1빚으며	1얼어붙은
1얼어붙은	#004/04*013	1어머니는	1우라지오의
1우라지오의	#004/04*014	1얼어붙은	1바다를
1바다를	#004/04*015	1우라지오의	1채쭉쳐
1채쭉쳐	#004/04*016	1바다를	1달리는
1달리는	#004/04*017	1채쭉쳐	1이즈보즈의
1이즈보즈의	#004/04*018	1달리는	1마차며
1마차며	#004/04*019	1이즈보즈의	1트로이카며
1트로이카며	#004/04*020	1마차며	1좋은
1좋은	#004/04*021	1트로이카며	1하늘
1하늘	#004/04*022	1좋은	1못
1못	#004/04*023	1하늘	1보고
1보고	#004/04*024	1못	1탸향서
1탸향서	#004/04*025	1보고	1돌아가신
1돌아가신	#004/04*026	1탸향서	1아버지의
1아버지의	#004/04*027	1돌아가신	1이야길
1이야길	#004/04*028	1아버지의	1하시고
1하시고	#004/04*029	1이야길	—
1피로	#004/05*001	—	1물든
1물든	#004/05*002	1피로	1우리의
1우리의	#004/05*003	1물든	1거리가
1거리가	#004/05*004	1우리의	1페허에서
1페허에서	#004/05*005	1거리가	1새로이
1새로이	#004/05*006	1페허에서	1부르짖는

1부르짖는	#004/05*007	1새로이	1우라아
1우라아	#004/05*008	1부르짖는	1우라아
1우라아	#004/05*009	1우라아	―
1하늘이	#005/01*001	―	1해오리의
1해오리의	#005/01*002	1하늘이	1꿈처럼
1꿈처럼	#005/01*003	1해오리의	1푸르러
1푸르러	#005/01*004	1꿈처럼	1한
1한	#005/01*005	1푸르러	1점
1점	#005/01*006	1한	1구름이
1구름이	#005/01*007	1점	1오늘
1오늘	#005/01*008	1구름이	1바다에
1바다에	#005/01*009	1오늘	1떨어지련만
1떨어지련만	#005/01*010	1바다에	1마음엔
1마음엔	#005/01*011	1떨어지련만	1안개
1안개	#005/01*012	1마음엔	1자옥히
1자옥히	#005/01*013	1안개	1피어오른다
1피어오른다	#005/01*014	1자옥히	1너는
1너는	#005/01*015	1피어오른다	1해바라기처럼
1해바라기처럼	#005/01*016	1너는	1웃지
1웃지	#005/01*017	1해바라기처럼	1않아도
1않아도	#005/01*018	1웃지	1좋다
1좋다	#005/01*019	1않아도	1배고프지
1배고프지	#005/01*020	1좋다	1나의
1나의	#005/01*021	1배고프지	1사람아
1사람아	#005/01*022	1나의	1엎디어라
1엎디어라	#005/01*023	1사람아	1어서
1어서	#005/01*024	1엎디어라	1무릎에
1무릎에	#005/01*025	1어서	1엎디어라
1엎디어라	#005/01*026	1무릎에	―
1태양이	#006/01*001	―	1돌아온
1돌아온	#006/01*002	1태양이	1기념으로
1기념으로	#006/01*003	1돌아온	1집집마다
1집집마다	#006/01*004	1기념으로	1카렌다아를
1카렌다아를	#006/01*005	1집집마다	1한

1한	#006/01*006	1카렌다아를	1장씩
1장씩	#006/01*007	1한	1뜯는
1뜯는	#006/01*008	1장씩	1시간이면
1시간이면	#006/01*009	1뜯는	1소리
1소리	#006/01*011	1시간이면	1항구의
1항구의	#006/01*012	1소리	1검누른
1검누른	#006/01*013	1항구의	1하늘을
1하늘을	#006/01*014	1검누른	1빈틈없이
1빈틈없이	#006/01*015	1하늘을	1흘렀다
1흘렀다	#006/01*016	1빈틈없이	—
1머언	#006/02*001	—	1해로를
1해로를	#006/02*002	1머언	1이겨낸
1이겨낸	#006/02*003	1해로를	1기선이
1기선이	#006/02*004	1이겨낸	1항구와의
1항구와의	#006/02*005	1기선이	1인연을
1인연을	#006/02*006	1항구와의	1사수하려는
1사수하려는	#006/02*007	1인연을	1검은
1검은	#006/02*008	1사수하려는	1기선이
1기선이	#006/02*009	1검은	1뒤를
1뒤를	#006/02*010	1기선이	1이어
1이어	#006/02*011	1뒤를	1입항했었고
1입항했었고	#006/02*012	1이어	1상륙하는
1상륙하는	#006/02*013	1입항했었고	1얼골들은
1얼골들은	#006/02*014	1상륙하는	1바늘
1바늘	#006/02*015	1얼골들은	1끝으로
1끝으로	#006/02*016	1바늘	1쏙
1쏙	#006/02*017	1끝으로	1쩔렀자
1쩔렀자	#006/02*018	1쏙	1솟아
1솟아	#006/02*019	1쩔렀자	1나올
1나올	#006/02*020	1솟아	1한
1한	#006/02*021	1나올	1방울
1방울	#006/02*022	1한	1붉은
1붉은	#006/02*023	1방울	1피도
1피도	#006/02*024	1붉은	1없을

1다니던	#006/04*004	1헤여	1마음
1마음	#006/04*005	1다니던	1흩어졌다도
1흩어졌다도	#006/04*006	1마음	1다시
1다시	#006/04*007	1흩어졌다도	1작대기처럼
1작대기처럼	#006/04*008	1다시	1꼿꼿해지던
1꼿꼿해지던	#006/04*009	1작대기처럼	1마음
1마음	#006/04*010	1꼿꼿해지던	1나는
1나는	#006/04*011	1마음	1날마다
1날마다	#006/04*012	1나는	1바다의
1바다의	#006/04*013	1날마다	1꿈을
1꿈을	#006/04*014	1바다의	1꾸었다
1꾸었다	#006/04*015	1꿈을	1나를
1나를	#006/04*016	1꾸었다	1믿고저
1믿고저	#006/04*017	1나를	1했었다
1했었다	#006/04*018	1믿고저	1여러
1여러	#006/04*019	1했었다	1해
1해	#006/04*020	1여러	1지난
1지난	#006/04*021	1해	1오늘
1오늘	#006/04*022	1지난	1마음은
1마음은	#006/04*023	1오늘	1항구로
1항구로	#006/04*024	1마음은	1돌아간다
1돌아간다	#006/04*025	1항구로	1부두로
1부두로	#006/04*026	1돌아간다	1돌아간다
1돌아간다	#006/04*027	1부두로	1그날의
1그날의	#006/04*028	1돌아간다	1나진이여
1나진이여	#006/04*029	1그날의	–
1눈이	#007/01*001	–	1오는가
1오는가	#007/01*002	1눈이	1북쪽엔
1북쪽엔	#007/01*003	1오는가	1함박눈
1함박눈	#007/01*004	1북쪽엔	1펑펑
1펑펑	#007/01*005	1함박눈	1쏟아지는가
1쏟아지는가	#007/01*006	1펑펑	–
1험한	#007/02*001	–	1벼랑
1벼랑	#007/02*002	1험한	1굽이굽이

1어쩌자고	#007/04*006	1밤에	1잠을
1잠을	#007/04*007	1어쩌자고	1깨여
1깨여	#007/04*008	1잠을	1내내
1내내	#007/04*009	1깨여	1그리운
1그리운	#007/04*010	1내내	1그리운
1그리운	#007/04*011	1그리운	1그곳
1그곳	#007/04*012	1그리운	―
1북쪽엔	#007/05*001	―	1눈이
1눈이	#007/05*002	1북쪽엔	1오는가
1오는가	#007/05*003	1눈이	1함박눈
1함박눈	#007/05*004	1오는가	1펑펑
1펑펑	#007/05*005	1함박눈	1쏟아지는가
1쏟아지는가	#007/05*006	1펑펑	―
1불빛	#008/01*001	―	1노을
1노을	#008/01*002	1불빛	1함빡
1함빡	#008/01*003	1노을	1갈앉은
1갈앉은	#008/01*004	1함빡	1눈이라
1눈이라	#008/01*005	1갈앉은	1노한
1노한	#008/01*006	1눈이라	1노한
1노한	#008/01*007	1노한	1눈들이라
1눈들이라	#008/01*008	1노한	―
1죄다	#008/02*001	―	1바서진
1바서진	#008/02*002	1죄다	1창으로
1창으로	#008/02*003	1바서진	1추위가
1추위가	#008/02*004	1창으로	1다가
1다가	#008/02*005	1추위가	1서는데
1서는데	#008/02*006	1다가	1벌써
1벌써	#008/02*007	1서는데	1몇
1몇	#008/02*008	1벌써	1번째
1번째	#008/02*009	1몇	1어찌하여
1어찌하여	#008/02*010	1번째	1우리는
1우리는	#008/02*011	1어찌하여	1또
1또	#008/02*012	1우리는	1밀려
1밀려	#008/02*013	1또	1나가야

1불ㅅ길처럼	#008/04*006	1폭풍이여	1일어나라
1일어나라	#008/04*007	1불ㅅ길처럼	–
1지금은	#008/05*001	–	1곁에
1곁에	#008/05*002	1지금은	1없는
1없는	#008/05*003	1곁에	1미더운
1미더운	#008/05*004	1없는	1동무들과
1동무들과	#008/05*005	1미더운	1함께
1함께	#008/05*006	1동무들과	1끊임없는
1끊임없는	#008/05*007	1함께	1투쟁을
1투쟁을	#008/05*008	1끊임없는	1서로
1서로	#008/05*009	1투쟁을	1서로
1서로	#008/05*010	1서로	1북돋우며
1북돋우며	#008/05*011	1서로	1조석으로
1조석으로	#008/05*012	1북돋우며	1정들인
1정들인	#008/05*013	1조석으로	1낡은
1낡은	#008/05*014	1정들인	1걸상이며
1걸상이며	#008/05*015	1낡은	1책상을
1책상을	#008/05*016	1걸상이며	1둘러
1둘러	#008/05*017	1책상을	1메고
1메고	#008/05*018	1둘러	1지나간
1지나간	#008/05*019	1메고	1데모에
1데모에	#008/05*020	1지나간	1노래
1노래	#008/05*021	1데모에	1높이
1높이	#008/05*022	1노래	1휘날리던
1휘날리던	#008/05*023	1높이	1깃발까지도
1깃발까지도	#008/05*024	1휘날리던	1소중히
1소중히	#008/05*025	1깃발까지도	1감아
1감아	#008/05*026	1소중히	1든
1든	#008/05*027	1감아	1우리
1우리	#008/05*028	1든	–
1우리는	#008/06*001	–	1이제
1이제	#008/06*002	1우리는	1저무는
1저무는	#008/06*003	1이제	1거리에
1거리에	#008/06*004	1저무는	1나서련다

1나서런다	#008/06*005	1거리에	1갈
1갈	#008/06*006	1나서런다	1곳
1곳	#008/06*007	1갈	1없이
1없이	#008/06*008	1곳	1나서런다
1나서런다	#008/06*009	1없이	1내사
1내사	#008/06*010	1나서런다	1아마
1아마	#008/06*011	1내사	1퍽도
1퍽도	#008/06*012	1아마	1약한
1약한	#008/06*013	1퍽도	1시인이길래
1시인이길래	#008/06*014	1약한	1그저
1그저	#008/06*015	1시인이길래	1울음이
1울음이	#008/06*016	1그저	1북바치는
1북바치는	#008/06*017	1울음이	1것일가
1것일가	#008/06*018	1북바치는	—
1불빛	#008/07*001	—	1노을
1노을	#008/07*002	1불빛	1함빡
1함빡	#008/07*003	1노을	1갈앉은
1갈앉은	#008/07*004	1함빡	1눈이라
1눈이라	#008/07*005	1갈앉은	1노한
1노한	#008/07*006	1눈이라	1노한
1노한	#008/07*007	1노한	1눈들이라
1눈들이라	#008/07*008	1노한	—
1잇발	#009/01*001	—	1자국
1자국	#009/01*002	1잇발	1하얗게
1하얗게	#009/01*003	1자국	1흠간
1흠간	#009/01*004	1하얗게	1빨뿌리와
1빨뿌리와	#009/01*005	1흠간	1담뱃재
1담뱃재	#009/01*006	1빨뿌리와	1소복한
1소복한	#009/01*007	1담뱃재	1왜접시와
1왜접시와	#009/01*008	1소복한	1인젠
1인젠	#009/01*009	1왜접시와	1불살러도
1불살러도	#009/01*010	1인젠	1좋은
1좋은	#009/01*011	1불살러도	1몇
1몇	#009/01*012	1좋은	1권의

1권의	#009/01*013	1몇	1책이
1책이	#009/01*014	1권의	1놓여
1놓여	#009/01*015	1책이	1있는
1있는	#009/01*016	1놓여	1거울
1거울	#009/01*017	1있는	1속에
1속에	#009/01*018	1거울	1오월이여
1오월이여	#009/01*019	1속에	1넘쳐라
1넘쳐라	#009/01*020	1오월이여	—
1성미	#009/02*001	—	1어진
1어진	#009/02*002	1성미	1나의
1나의	#009/02*003	1어진	1친구는
1친구는	#009/02*004	1나의	1고오고리를
1고오고리를	#009/02*005	1친구는	1좋아하는
1좋아하는	#009/02*006	1고오고리를	1소설가
1소설가	#009/02*007	1좋아하는	1몹시도
1몹시도	#009/02*008	1소설가	1시장하고
1시장하고	#009/02*009	1몹시도	1눈은
1눈은	#009/02*010	1시장하고	1내리던
1내리던	#009/02*011	1눈은	1밤
1밤	#009/02*012	1내리던	1서로
1서로	#009/02*013	1밤	1웃으며
1웃으며	#009/02*014	1서로	1고오고리의
1고오고리의	#009/02*015	1웃으며	1나라를
1나라를	#009/02*016	1고오고리의	1이야기하면서
1이야기하면서	#009/02*017	1나라를	1소시민
1소시민	#009/02*018	1이야기하면서	1소시민이라고
1소시민이라고	#009/02*019	1소시민	1써
1써	#009/02*020	1소시민이라고	1놓은
1놓은	#009/02*021	1써	1얼룩진
1얼룩진	#009/02*022	1놓은	1벽에
1벽에	#009/02*023	1얼룩진	1벗어
1벗어	#009/02*024	1벽에	1버린
1버린	#009/02*025	1벗어	1검은
1검은	#009/02*026	1버린	1모자와

1모자와	#009/02*027	1검은	1귀걸이가
1귀걸이가	#009/02*028	1모자와	1걸려
1걸려	#009/02*029	1귀걸이가	1있는
1있는	#009/02*030	1걸려	1거울
1거울	#009/02*031	1있는	1속에
1속에	#009/02*032	1거울	1오월이여
1오월이여	#009/02*033	1속에	1넘쳐라
1넘쳐라	#009/02*034	1오월이여	—
1그리웠던	#009/03*001	—	1그리웠던
1그리웠던	#009/03*002	1그리웠던	1구름
1구름	#009/03*003	1그리웠던	1속
1속	#009/03*004	1구름	1푸른
1푸른	#009/03*005	1속	1하늘은
1하늘은	#009/03*006	1푸른	1우리의
1우리의	#009/03*007	1하늘은	1것이다
1것이다	#009/03*008	1우리의	1그리웠던
1그리웠던	#009/03*009	1것이다	1그리웠던
1그리웠던	#009/03*010	1그리웠던	1메데의
1메데의	#009/03*011	1그리웠던	1노래는
1노래는	#009/03*012	1메데의	1우리의
1우리의	#009/03*013	1노래는	1것이라
1것이라	#009/03*014	1우리의	—
1어느	#009/04*001	—	1동무들의
1동무들의	#009/04*002	1어느	1희망과
1희망과	#009/04*003	1동무들의	1초조와
1초조와	#009/04*004	1희망과	1떨리는
1떨리는	#009/04*005	1초조와	1손으로
1손으로	#009/04*006	1떨리는	1주어
1주어	#009/04*007	1손으로	1모은
1모은	#009/04*008	1주어	1활자들이냐
1활자들이냐	#009/04*009	1모은	1아무렇게나
1아무렇게나	#009/04*010	1활자들이냐	1쌓아
1쌓아	#009/04*011	1아무렇게나	1올린
1올린	#009/04*012	1쌓아	1신문지

1신문지	#009/04*013	1올린	1우에
1우에	#009/04*014	1신문지	1지난날의
1지난날의	#009/04*015	1우에	1번뇌와
1번뇌와	#009/04*016	1지난날의	1하직하는
1하직하는	#009/04*017	1번뇌와	1나의
1나의	#009/04*018	1하직하는	1판가리
1판가리	#009/04*019	1나의	1노래가
1노래가	#009/04*020	1판가리	1놓여
1놓여	#009/04*021	1노래가	1있는
1있는	#009/04*022	1놓여	1거울
1거울	#009/04*023	1있는	1속에
1속에	#009/04*024	1거울	1오월이여
1오월이여	#009/04*025	1속에	1넘쳐라
1넘쳐라	#009/04*026	1오월이여	－
1집도	#010/01*001	－	1많은
1많은	#010/01*002	1집도	1집도
1집도	#010/01*003	1많은	1많은
1많은	#010/01*004	1집도	1서울
1서울	#010/01*005	1많은	1장안
1장안	#010/01*006	1서울	1남대문턱
1남대문턱	#010/01*007	1장안	1움
1움	#010/01*008	1남대문턱	1속에서
1속에서	#010/01*009	1움	1두
1두	#010/01*010	1속에서	1손
1손	#010/01*011	1두	1오구려
1오구려	#010/01*012	1손	1흑흑
1흑흑	#010/01*013	1오구려	1입김
1입김	#010/01*014	1흑흑	1불며
1불며	#010/01*015	1입김	1높디높은
1높디높은	#010/01*016	1불며	1하늘을
1하늘을	#010/01*017	1높디높은	1쳐다보면서
1쳐다보면서	#010/01*018	1하늘을	1흑흑
1흑흑	#010/01*019	1쳐다보면서	1입김
1입김	#010/01*020	1흑흑	1불며

1돌아	#010/02*030	1고국으로	1왔단다
1왔단다	#010/02*031	1돌아	—
1만주서	#010/03*001	—	1떠날
1떠날	#010/03*002	1만주서	1때
1때	#010/03*003	1떠날	1강을
1강을	#010/03*004	1때	1건널
1건널	#010/03*005	1강을	1때
1때	#010/03*006	1건널	1조선으로
1조선으로	#010/03*007	1때	1고향으로
1고향으로	#010/03*008	1조선으로	1돌아만
1돌아만	#010/03*009	1고향으로	1가면
1가면	#010/03*010	1돌아만	1빼앗겼던
1빼앗겼던	#010/03*011	1가면	1땅에
1땅에	#010/03*012	1빼앗겼던	1아배는
1아배는	#010/03*013	1땅에	1농사를
1농사를	#010/03*014	1아배는	1짓고
1짓고	#010/03*015	1농사를	1거북이는
1거북이는	#010/03*016	1짓고	1가갸거겨
1가갸거겨	#010/03*017	1거북이는	1배운다더니
1배운다더니	#010/03*018	1가갸거겨	1조선으로
1조선으로	#010/03*019	1배운다더니	1돌아
1돌아	#010/03*020	1조선으로	1오니
1오니	#010/03*021	1돌아	1집도
1집도	#010/03*022	1오니	1없고
1없고	#010/03*023	1집도	1고향도
1고향도	#010/03*024	1없고	1없고
1없고	#010/03*025	1고향도	—
1거북이는	#010/04*001	—	1잘근잘근
1잘근잘근	#010/04*002	1거북이는	1배추
1배추	#010/04*003	1잘근잘근	1꼬리를
1꼬리를	#010/04*004	1배추	1씹으며
1씹으며	#010/04*005	1꼬리를	1달디
1달디	#010/04*006	1씹으며	1달구나
1달구나	#010/04*007	1달디	1배추꼬리를

1하늘이기에	#010/05*023	1아마	1혼자만
1혼자만	#010/05*024	1하늘이기에	1곱구나
1곱구나	#010/05*025	1혼자만	−
1누가	#012/01*001	−	1우리의
1우리의	#012/01*002	1누가	1가슴에
1가슴에	#012/01*003	1우리의	1함부로
1함부로	#012/01*004	1가슴에	1금을
1금을	#012/01*005	1함부로	1그어
1그어	#012/01*006	1금을	1강물이
1강물이	#012/01*007	1그어	1검푸른
1검푸른	#012/01*008	1강물이	1강물이
1강물이	#012/01*009	1검푸른	1굽이쳐
1굽이쳐	#012/01*010	1강물이	1흐르느냐
1흐르느냐	#012/01*011	1굽이쳐	1모두들
1모두들	#012/01*012	1흐르느냐	1국경이라고
1국경이라고	#012/01*013	1모두들	1부르는
1부르는	#012/01*014	1국경이라고	138도에
138도에	#012/01*015	1부르는	1날은
1날은	#012/01*016	138도에	1저물어
1저물어	#012/01*017	1날은	1구름이
1구름이	#012/01*018	1저물어	1모여
1모여	#012/01*019	1구름이	−
1물리치면	#012/02*001	−	1산
1산	#012/02*002	1물리치면	1산
1산	#012/02*003	1산	1흩어졌다도
1흩어졌다도	#012/02*004	1산	1몇
1몇	#012/02*005	1흩어졌다도	1번이고
1번이고	#012/02*006	1몇	1다시
1다시	#012/02*007	1번이고	1뭉쳐선
1뭉쳐선	#012/02*008	1다시	1고향으로
1고향으로	#012/02*009	1뭉쳐선	1통하는
1통하는	#012/02*010	1고향으로	1단
1단	#012/02*011	1통하는	1하나의
1하나의	#012/02*012	1단	1길

1보라요	#012/03*025	1좀	1이
1이	#012/03*026	1보라요	1사람들의
1사람들의	#012/03*027	1이	1입술
1입술	#012/03*028	1사람들의	1좀
1좀	#012/03*029	1입술	1보라요
1보라요	#012/03*030	1좀	1야폰스키가
1야폰스키가	#012/03*031	1보라요	1아니요
1아니요	#012/03*032	1야폰스키가	1우리는
1우리는	#012/03*033	1아니요	1거린채요
1거린채요	#012/03*034	1우리는	1거리인채
1거리인채	#012/03*035	1거린채요	—
1그러나	#012/04*001	—	1또
1또	#012/04*002	1그러나	1다시
1다시	#012/04*003	1또	1화약이
1화약이	#012/04*004	1다시	1튀어
1튀어	#012/04*005	1화약이	1제마다의
1제마다의	#012/04*006	1튀어	1귀뿌리를
1귀뿌리를	#012/04*007	1제마다의	1총알이
1총알이	#012/04*008	1귀뿌리를	1스쳐
1스쳐	#012/04*009	1총알이	1또
1또	#012/04*010	1스쳐	1다시
1다시	#012/04*011	1또	1흩어지는
1흩어지는	#012/04*012	1다시	1피난민들의
1피난민들의	#012/04*013	1흩어지는	1행렬
1행렬	#012/04*014	1피난민들의	—
1나는	#012/05*001	—	1지금
1지금	#012/05*002	1나는	1표도
1표도	#012/05*003	1지금	1팔지
1팔지	#012/05*004	1표도	1않는
1않는	#012/05*005	1팔지	1낡은
1낡은	#012/05*006	1않는	1정거장과
1정거장과	#012/05*007	1낡은	1꼼민탄트와
1꼼민탄트와	#012/05*008	1정거장과	1인민위원회와
1인민위원회와	#012/05*009	1꼼민탄트와	1새로

1우리의	#012/06*016	1나아가자	1가슴에
1가슴에	#012/06*017	1우리의	1함부로
1함부로	#012/06*018	1가슴에	1금을
1금을	#012/06*019	1함부로	1그어
1그어	#012/06*020	1금을	1굽이쳐
1굽이쳐	#012/06*021	1그어	1흐르는
1흐르는	#012/06*022	1굽이쳐	1강물을
1강물을	#012/06*023	1흐르는	1헤치자
1헤치자	#012/06*024	1강물을	—
1아들이	#013/01*001	—	1나오는
1나오는	#013/01*002	1아들이	1올겨울엔
1올겨울엔	#013/01*003	1나오는	1걸어서라두
1걸어서라두	#013/01*004	1올겨울엔	1청진으로
1청진으로	#013/01*005	1걸어서라두	1가리란다
1가리란다	#013/01*006	1청진으로	1높은
1높은	#013/01*007	1가리란다	1벽돌담
1벽돌담	#013/01*008	1높은	1밑에
1밑에	#013/01*009	1벽돌담	1섰다가
1섰다가	#013/01*010	1밑에	1세
1세	#013/01*011	1섰다가	1해나
1해나	#013/01*012	1세	1못
1못	#013/01*013	1해나	1본
1본	#013/01*014	1못	1아들을
1아들을	#013/01*015	1본	1찾아
1찾아	#013/01*016	1아들을	1오리란다
1오리란다	#013/01*017	1찾아	—
1그	#013/02*001	—	1늙은인
1늙은인	#013/02*002	1그	1암소
1암소	#013/02*003	1늙은인	1따라
1따라	#013/02*004	1암소	1조이밭
1조이밭	#013/02*005	1따라	1저쪽에
1저쪽에	#013/02*006	1조이밭	1사라지고
1사라지고	#013/02*007	1저쪽에	1어느
1어느	#013/02*008	1사라지고	1길손이

1터진	#014/02*008	1피	1발꿈치
1발꿈치	#014/02*009	1터진	1피
1피	#014/02*010	1발꿈치	1터진
1터진	#014/02*011	1피	1발꿈치로
1발꿈치로	#014/02*012	1터진	1다시
1다시	#014/02*013	1발꿈치로	1한번
1한번	#014/02*014	1다시	1힘
1힘	#014/02*015	1한번	1모두어
1모두어	#014/02*016	1힘	1땅을
1땅을	#014/02*017	1모두어	1차자
1차자	#014/02*018	1땅을	1그러나
1그러나	#014/02*019	1차자	1서울이여
1서울이여	#014/02*020	1그러나	1거리마다
1거리마다	#014/02*021	1서울이여	1골목마다
1골목마다	#014/02*022	1거리마다	1이마에
1이마에	#014/02*023	1골목마다	1팔을
1팔을	#014/02*024	1이마에	1없는
1없는	#014/02*025	1팔을	1어진
1어진	#014/02*026	1없는	1시람들
1시람들	#014/02*027	1어진	—
1눈보라여	#014/03*001	—	1비바람이여
1비바람이여	#014/03*002	1눈보라여	1성낸
1성낸	#014/03*003	1비바람이여	1물결이어
1물결이어	#014/03*004	1성낸	1이제
1이제	#014/03*005	1물결이어	1휩쓸어
1휩쓸어	#014/03*006	1이제	1오는가
1오는가	#014/03*007	1휩쓸어	1불이어
1불이어	#014/03*008	1오는가	1불길이어
1불길이어	#014/03*009	1불이어	1노한
1노한	#014/03*010	1불길이어	1청춘과
1청춘과	#014/03*011	1노한	1함께
1함께	#014/03*012	1청춘과	1이제
1이제	#014/03*013	1함께	1어깨를
1어깨를	#014/03*014	1이제	1일으키는가

1숙아	#015/01*012	1숙이고	1쉽사리
1쉽사리	#015/01*013	1숙아	1돌아서지
1돌아서지	#015/01*014	1쉽사리	1못하는
1못하는	#015/01*015	1돌아서지	1마음에
1마음에	#015/01*016	1못하는	1검은
1검은	#015/01*017	1마음에	1구름이
1구름이	#015/01*018	1검은	1모여든다
1모여든다	#015/01*019	1구름이	—
1네	#015/02*001	—	1애비
1애비	#015/02*002	1네	1흘러간
1흘러간	#015/02*003	1애비	1뒤
1뒤	#015/02*004	1흘러간	1소식
1소식	#015/02*005	1 뒤	1없던
1없던	#015/02*006	1소식	1나날이
1나날이	#015/02*007	1없던	1무거웠다
1무거웠다	#015/02*008	1나날이	1너를
1너를	#015/02*009	1무거웠다	1두고
1두고	#015/02*010	1너를	1네
1네	#015/02*011	1두고	1어미
1어미	#015/02*012	1네	1도망한
1도망한	#015/02*013	1어미	1밤
1밤	#015/02*014	1도망한	1흐린
1흐린	#015/02*015	1밤	1하늘은
1하늘은	#015/02*016	1흐린	1죄로운
1죄로운	#015/02*017	1하늘은	1꿈을
1꿈을	#015/02*018	1죄로운	1머금었고
1머금었고	#015/02*019	1꿈을	1숙아
1숙아	#015/02*020	1머금었고	1너를
1너를	#015/02*021	1숙아	1보듬고
1보듬고	#015/02*022	1너를	1새우던
1새우던	#015/02*023	1보듬고	1새벽
1새벽	#015/02*024	1새우던	1매운
1매운	#015/02*025	1새벽	1바람이
1바람이	#015/02*026	1매운	1어설궂게

1어설궂게	#015/02*027	1바람이	1회오리쳤다
1회오리쳤다	#015/02*028	1어설궂게	―
1성	#015/03*001	―	1위
1위	#015/03*002	1성	1돌배꽃
1돌배꽃	#015/03*003	1위	1피고
1피고	#015/03*004	1돌배꽃	1지고
1지고	#015/03*005	1피고	1다시
1다시	#015/03*006	1지고	1필
1필	#015/03*007	1다시	1적마다
1적마다	#015/03*008	1필	1될
1될	#015/03*009	1적마다	1성싶이
1성싶이	#015/03*010	1될	1크더니만
1크더니만	#015/03*011	1성싶이	1숙아
1숙아	#015/03*012	1크더니만	1장마
1장마	#015/03*013	1숙아	1개인
1개인	#015/03*014	1장마	1이튿날이면
1이튿날이면	#015/03*015	1개인	1개울에
1개울에	#015/03*016	1이튿날이면	1띄운다고
1띄운다고	#015/03*017	1개울에	1돛단
1돛단	#015/03*018	1띄운다고	1쪽배를
1쪽배를	#015/03*019	1돛단	1맨들어
1맨들어	#015/03*020	1쪽배를	1달라더니만
1달라더니만	#015/03*021	1맨들어	1네
1네	#015/03*022	1달라더니만	1슬픔을
1슬픔을	#015/03*023	1네	1깨닫기도
1깨닫기도	#015/03*024	1슬픔을	1전에
1전에	#015/03*025	1깨닫기도	1흙으로
1흙으로	#015/03*026	1전에	1갔다
1갔다	#015/03*027	1흙으로	1별이
1별이	#015/03*028	1갔다	1뒤를
1뒤를	#015/03*029	1별이	1따르지
1따르지	#015/03*030	1뒤를	1않어
1않어	#015/03*031	1따르지	1슬프고나
1슬프고나	#015/03*032	1않어	1그러나

1그러나	#015/03*033	1슬프고나	1숙아
1숙아	#015/03*034	1그러나	1항구에서
1항구에서	#015/03*035	1숙아	1피
1피	#015/03*036	1항구에서	1말러
1말러	#015/03*037	1피	1간다는
1간다는	#015/03*038	1말러	1어미
1어미	#015/03*039	1간다는	1소식을
1소식을	#015/03*040	1어미	1모르고
1모르고	#015/03*041	1소식을	1갔음이
1갔음이	#015/03*042	1모르고	1좋다
1좋다	#015/03*043	1갔음이	1아편에
1아편에	#015/03*044	1좋다	1부어
1부어	#015/03*045	1아편에	1온
1온	#015/03*046	1부어	1애비
1애비	#015/03*047	1온	1얼골을
1얼골을	#015/03*048	1애비	1보지
1보지	#015/03*049	1얼골을	1않고
1않고	#015/03*050	1보지	1갔음이
1갔음이	#015/03*051	1않고	1다행타
1다행타	#015/03*052	1갔음이	—
1해당화	#015/04*001	—	1고운
1고운	#015/04*002	1해당화	1꽃을
1꽃을	#015/04*003	1고운	1꺾어
1꺾어	#015/04*004	1꽃을	1너의
1너의	#015/04*005	1꺾어	1무덤
1무덤	#015/04*006	1너의	1작은
1작은	#015/04*007	1무덤	1무덤
1무덤	#015/04*008	1작은	1앞에
1앞에	#015/04*009	1무덤	1놓고
1놓고	#015/04*010	1앞에	1숙아
1숙아	#015/04*011	1놓고	1살포시
1살포시	#015/04*012	1숙아	1웃는
1웃는	#015/04*013	1살포시	1너의
1너의	#015/04*014	1웃는	1얼골을

1섰음을	#016/02*007	1네가	1자랑하라
1자랑하라	#016/02*008	1섰음을	−
1아득히	#016/03*001	−	1먼
1먼	#016/03*002	1아득히	1세월
1세월	#016/03*003	1먼	1그
1그	#016/03*004	1세월	1앞날까지도
1앞날까지도	#016/03*005	1그	1내
1내	#016/03*006	1앞날까지도	1나라는
1나라는	#016/03*007	1내	1젊고
1젊고	#016/03*008	1나라는	1또
1또	#016/03*009	1젊고	1젊으리니
1젊으리니	#016/03*010	1또	1우리
1우리	#016/03*011	1젊으리니	1시대의
1시대의	#016/03*012	1우리	1복판을
1복판을	#016/03*013	1시대의	1흘러
1흘러	#016/03*014	1복판을	1흘러
1흘러	#016/03*015	1흘러	1기름진
1기름진	#016/03*016	1흘러	1류역을
1류역을	#016/03*017	1기름진	1날로
1날로	#016/03*018	1류역을	1도
1도	#016/03*019	1날로	1넓히는
1넓히는	#016/03*020	1도	1도도한
1도도한	#016/03*021	1넓히는	1물결
1물결	#016/03*022	1도도한	1행복한
1행복한	#016/03*023	1물결	1강하
1강하	#016/03*024	1행복한	−
1강하는	#016/04*001	−	1노호한다
1노호한다	#016/04*002	1강하는	1강도의
1강도의	#016/04*003	1노호한다	1무리가
1무리가	#016/04*004	1강도의	1더러운
1더러운	#016/04*005	1무리가	1발로
1발로	#016/04*006	1더러운	1머물러
1머물러	#016/04*007	1발로	1략탈로
1략탈로	#016/04*008	1머물러	1저물고

1저물고	#016/04*009	1략탈로	1기아로
1기아로	#016/04*010	1저물고	1어둡는
1어둡는	#016/04*011	1기아로	1남쪽
1남쪽	#016/04*012	1어둡는	1땅
1땅	#016/04*013	1남쪽	1사랑하는
1사랑하는	#016/04*014	1땅	1강토의
1강토의	#016/04*015	1사랑하는	1반신에도
1반신에도	#016/04*016	1강토의	1붉게
1붉게	#016/04*017	1반신에도	1탈
1탈	#016/04*018	1붉게	1새벽
1새벽	#016/04*019	1탈	1노을을
1노을을	#016/04*020	1새벽	1부르며
1부르며	#016/04*021	1노을을	—
1격류	#016/05*001	—	1한다
1한다	#016/05*002	1격류	1승리의
1승리의	#016/05*003	1한다	1물줄기는
1물줄기는	#016/05*004	1승리의	1우리의
1우리의	#016/05*005	1물줄기는	1투지
1투지	#016/05*006	1우리의	1우리의
1우리의	#016/05*007	1투지	1정렬을
1정렬을	#016/05*008	1우리의	1타고
1타고	#016/05*009	1정렬을	1사회주의에로
1사회주의에로	#016/05*010	1타고	1사회주의에로
1사회주의에로	#016/05*011	1사회주의에로	—
1땀내	#017/01*001	—	1나는
1나는	#017/01*002	1땀내	1고달픈
1고달픈	#017/01*003	1나는	1사색
1사색	#017/01*004	1고달픈	1그
1그	#017/01*005	1사색	1복판에
1복판에	#017/01*006	1그	1소낙비
1소낙비	#017/01*007	1복판에	1맞은
1맞은	#017/01*008	1소낙비	1허수애비가
1허수애비가	#017/01*009	1맞은	1그리어졌다
1그리어졌다	#017/01*010	1허수애비가	1모초리

1모초리	#017/01*011	1그리어졌다	1수염을
1수염을	#017/01*012	1모초리	1꺼리는
1꺼리는	#017/01*013	1수염을	1허수애비여
1허수애비여	#017/01*014	1꺼리는	1주잖은
1주잖은	#017/01*015	1허수애비여	1너의
1너의	#017/01*016	1주잖은	1귀에
1귀에	#017/01*017	1너의	1풀피리소리마저
1풀피리소리마저	#017/01*018	1귀에	1멀어졌나봐
1멀어졌나봐	#017/01*019	1풀피리소리마저	―
1하얀	#018/01*001	―	1박꽃이
1박꽃이	#018/01*002	1하얀	1오들막을
1오들막을	#018/01*003	1박꽃이	1덮고
1덮고	#018/01*004	1오들막을	1당콩
1당콩	#018/01*005	1덮고	1너울은
1너울은	#018/01*006	1당콩	1하늘로
1하늘로	#018/01*007	1너울은	1하늘로
1하늘로	#018/01*008	1하늘로	1기어올라도
1기어올라도	#018/01*009	1하늘로	1고향아
1고향아	#018/01*010	1기어올라도	―
1여름이	#018/02*001	―	1안타깝다
1안타깝다	#018/02*002	1여름이	1무너진
1무너진	#018/02*003	1안타깝다	1돌담
1돌담	#018/02*004	1무너진	1돌
1돌	#018/02*005	1돌담	1우에
1우에	#018/02*006	1돌	1앉았다
1앉았다	#018/02*007	1우에	1섰다
1섰다	#018/02*008	1앉았다	1성가스런
1성가스런	#018/02*009	1섰다	1하로해가
1하로해가	#018/02*010	1성가스런	1먼
1먼	#018/02*011	1하로해가	1영에
1영에	#018/02*012	1먼	1숨고
1숨고	#018/02*013	1영에	1소리
1소리	#018/02*014	1숨고	1없이
1없이	#018/02*015	1소리	1생각을

1녹아	#018/04*007	1얼음	1내려도
1내려도	#018/04*008	1녹아	1잔디풀
1잔디풀	#018/04*009	1내려도	1푸르기
1푸르기	#018/04*010	1잔디풀	1전
1전	#018/04*011	1푸르기	1마음의
1마음의	#018/04*012	1전	1불꽃을
1불꽃을	#018/04*013	1마음의	1거느리고
1거느리고	#018/04*014	1불꽃을	1멀리로
1멀리로	#018/04*015	1거느리고	1낯선
1낯선	#018/04*016	1멀리로	1곳으로
1곳으로	#018/04*017	1낯선	1갔더니라
1갔더니라	#018/04*018	1곳으로	1그러나
1그러나	#018/04*019	1갔더니라	1너는
1너는	#018/04*020	1그러나	1보드라운
1보드라운	#018/04*021	1너는	1손을
1손을	#018/04*022	1보드라운	1가슴에
1가슴에	#018/04*023	1손을	1얹은
1얹은	#018/04*024	1가슴에	1대로
1대로	#018/04*025	1얹은	1떼지
1떼지	#018/04*026	1대로	1않았다
1않았다	#018/04*027	1떼지	1내
1내	#018/04*028	1않았다	1곳곳을
1곳곳을	#018/04*029	1내	1헤매여
1헤매여	#018/04*030	1곳곳을	1살
1살	#018/04*031	1헤매여	1길
1길	#018/04*032	1살	1어두울
1어두울	#018/04*033	1길	1때
1때	#018/04*034	1어두울	1빗돌처럼
1빗돌처럼	#018/04*035	1때	1우두커니
1우두커니	#018/04*036	1빗돌처럼	1거리에
1거리에	#018/04*037	1우두커니	1섰을
1섰을	#018/04*038	1거리에	1때
1때	#018/04*039	1섰을	1고향아
1고향아	#018/04*040	1때	1너의

1모두	#018/06*010	1그리워서	1그리워
1그리워	#018/06*011	1모두	1먼
1먼	#018/06*012	1그리워	1길을
1길을	#018/06*013	1먼	1돌아왔다만
1돌아왔다만	#018/06*014	1길을	—
1버들방천에도	#018/07*001	—	1가고
1가고	#018/07*002	1버들방천에도	1싶지
1싶지	#018/07*003	1가고	1않고
1않고	#018/07*004	1싶지	1물방앗간도
1물방앗간도	#018/07*005	1않고	1보고
1보고	#018/07*006	1물방앗간도	1싶지
1싶지	#018/07*007	1보고	1않고
1않고	#018/07*008	1싶지	1고향아
1고향아	#018/07*009	1않고	1가슴에
1가슴에	#018/07*010	1고향아	1가로누운
1가로누운	#018/07*011	1가슴에	1가시덤불
1가시덤불	#018/07*012	1가로누운	1돌아온
1돌아온	#018/07*013	1가시덤불	1마음에
1마음에	#018/07*014	1돌아온	1싸늘한
1싸늘한	#018/07*015	1마음에	1바람이
1바람이	#018/07*016	1싸늘한	1분다
1분다	#018/07*017	1바람이	—
1이	#018/08*001	—	1며칠을
1며칠을	#018/08*002	1이	1미칠
1미칠	#018/08*003	1며칠을	1듯이
1듯이	#018/08*004	1미칠	1살아온
1살아온	#018/08*005	1듯이	1내게
1내게	#018/08*006	1살아온	1다시
1다시	#018/08*007	1내게	1너의
1너의	#018/08*008	1다시	1품을
1품을	#018/08*009	1너의	1떠날려는
1떠날려는	#018/08*010	1품을	1내
1내	#018/08*011	1떠날려는	1귀에
1귀에	#018/08*012	1내	1한마디

1바에	#019/01*009	1아닐	—
1지혜의	#019/02*001	—	1강에
1강에	#019/02*002	1지혜의	1단
1단	#019/02*003	1강에	1한
1한	#019/02*004	1단	1개의
1개의	#019/02*005	1한	1구슬을
1구슬을	#019/02*006	1개의	1바쳐
1바쳐	#019/02*007	1구슬을	1밤이기에
1밤이기에	#019/02*008	1바쳐	1더욱
1더욱	#019/02*009	1밤이기에	1빛나야
1빛나야	#019/02*010	1더욱	1할
1할	#019/02*011	1빛나야	1물
1물	#019/02*012	1할	1밑
1밑	#019/02*013	1물	1온갖
1온갖	#019/02*014	1밑	1바다에로
1바다에로	#019/02*015	1온갖	1새
1새	#019/02*016	1바다에로	1힘
1힘	#019/02*017	1새	1흐르고
1흐르고	#019/02*018	1힘	1흐르고
1흐르고	#019/02*019	1흐르고	—
1몇	#019/03*001	—	1천년
1천년	#019/03*002	1몇	1뒤
1뒤	#019/03*003	1천년	1내
1내	#019/03*004	1 뒤	1닮지
1닮지	#019/03*005	1내	1않은
1않은	#019/03*006	1닮지	1어느
1어느	#019/03*007	1않은	1아해의
1아해의	#019/03*008	1어느	1피에
1피에	#019/03*009	1아해의	1남을지라도
1남을지라도	#019/03*010	1피에	1그것은
1그것은	#019/03*011	1남을지라도	1헛되잖은
1헛되잖은	#019/03*012	1그것은	1이김이라
1이김이라	#019/03*013	1헛되잖은	—
1꽃향기	#019/04*001	—	1숨가쁘게

1품은	#020/01*027	1폭탄을	1젊은
1젊은	#020/01*028	1품은	1사상이
1사상이	#020/01*029	1젊은	1피에로의
1피에로의	#020/01*030	1사상이	1비가에
1비가에	#020/01*031	1피에로의	1숨어
1숨어	#020/01*032	1비가에	1와서
1와서	#020/01*033	1숨어	1유령처럼
1유령처럼	#020/01*034	1와서	1나타날
1나타날	#020/01*035	1유령처럼	1것
1것	#020/01*036	1나타날	1같고
1같고	#020/01*037	1것	1눈
1눈	#020/01*038	1같고	1우에
1우에	#020/01*039	1눈	1크다아란
1크다아란	#020/01*040	1우에	1발자옥을
1발자옥을	#020/01*041	1크다아란	1또렷이
1또렷이	#020/01*042	1발자옥을	1남겨
1남겨	#020/01*043	1또렷이	1줄
1줄	#020/01*044	1남겨	1것
1것	#020/01*045	1줄	1같다
1같다	#020/01*046	1것	1오늘
1오늘	#020/01*047	1같다	―
1옥색이랴	#021/01*001	―	1비취색
1비취색	#021/01*002	1옥색이랴	1푸르름이랴
1푸르름이랴	#021/01*003	1비취색	1우리의
1우리의	#021/01*004	1푸르름이랴	1고운
1고운	#021/01*005	1우리의	1하늘
1하늘	#021/01*006	1고운	1가장
1가장	#021/01*007	1하늘	1고운
1고운	#021/01*008	1가장	1철
1철	#021/01*009	1고운	1정말로
1정말로	#021/01*010	1철	1좋은
1좋은	#021/01*011	1정말로	1철에
1철에	#021/01*012	1좋은	1귀한
1귀한	#021/01*013	1철에	1손님

1맞은	#021/03*016	1풍년	1조합들이
1조합들이	#021/03*017	1맞은	1기다리는데
1기다리는데	#021/03*018	1조합들이	−
1산에	#021/04*001	−	1먼저
1먼저	#021/04*002	1산에	1모실가
1모실가	#021/04*003	1먼저	1물
1물	#021/04*004	1모실가	1맑은
1맑은	#021/04*005	1물	1강변에
1강변에	#021/04*006	1맑은	1먼저
1먼저	#021/04*007	1강변에	1모실가
1모실가	#021/04*008	1먼저	−
1몰다비야	#021/05*001	−	1고지의
1고지의	#021/05*002	1몰다비야	1바람
1바람	#021/05*003	1고지의	1소리도
1소리도	#021/05*004	1바람	1아름다운
1아름다운	#021/05*005	1소리도	1다뉴브의
1다뉴브의	#021/05*006	1아름다운	1흐름
1흐름	#021/05*007	1다뉴브의	1소리도
1소리도	#021/05*008	1흐름	1손님들은
1손님들은	#021/05*009	1소리도	1여기서
1여기서	#021/05*010	1손님들은	1들어
1들어	#021/05*011	1여기서	1주시리
1주시리	#021/05*012	1들어	1노래처럼
1노래처럼	#021/05*013	1주시리	1여기서
1여기서	#021/05*014	1노래처럼	1들어
1들어	#021/05*015	1여기서	1주시리
1주시리	#021/05*016	1들어	−
1붉게	#021/06*001	−	1붉게
1붉게	#021/06*002	1붉게	1하도
1하도	#021/06*003	1붉게	1붉게
1붉게	#021/06*004	1하도	1단풍이
1단풍이	#021/06*005	1붉게	1들어
1들어	#021/06*006	1단풍이	1이
1이	#021/06*007	1들어	1산

1산	#021/06*008	1이	1저
1저	#021/06*009	1산	1산
1산	#021/06*010	1저	1젊음인
1젊음인	#021/06*011	1산	1듯
1듯	#021/06*012	1젊음인	1불처럼
1불처럼	#021/06*013	1듯	1타는
1타는	#021/06*014	1불처럼	1철
1철	#021/06*015	1타는	1정말로
1정말로	#021/06*016	1철	1좋은
1좋은	#021/06*017	1정말로	1철에
1철에	#021/06*018	1좋은	1귀한
1귀한	#021/06*019	1철에	1손님
1손님	#021/06*020	1귀한	1오시네
1오시네	#021/06*021	1손님	—
1유리	#022/01*001	—	1항아리
1항아리	#022/01*002	1유리	1동글한
1동글한	#022/01*003	1항아리	1품에
1품에	#022/01*004	1동글한	1견디질
1견디질	#022/01*005	1품에	1못해
1못해	#022/01*006	1견디질	1삼삼
1삼삼	#022/01*007	1못해	1맴돌아도
1맴돌아도	#022/01*008	1삼삼	1날마다
1날마다	#022/01*009	1맴돌아도	1저녁마다
1저녁마다	#022/01*010	1날마다	1너의
1너의	#022/01*011	1저녁마다	1푸른
1푸른	#022/01*012	1너의	1소원은
1소원은	#022/01*013	1푸른	1저물어
1저물어	#022/01*014	1소원은	1간다
1간다	#022/01*015	1저물어	1숨결이
1숨결이	#022/01*016	1간다	1도롬도롬
1도롬도롬	#022/01*017	1숨결이	1방울져
1방울져	#022/01*018	1도롬도롬	1공허로웁다
1공허로웁다	#022/01*019	1방울져	—
1하얗게	#022/02*001	—	1미치고야

1미치고야	#022/02*002	1하얗게	1말
1말	#022/02*003	1미치고야	1바탕이
1바탕이	#022/02*004	1말	1진정
1진정	#022/02*005	1바탕이	1슬프다
1슬프다	#022/02*006	1진정	1바로
1바로	#022/02*007	1슬프다	1눈앞에서
1눈앞에서	#022/02*008	1바로	1오랑캐꽃은
1오랑캐꽃은	#022/02*009	1눈앞에서	1피어도
1피어도	#022/02*010	1오랑캐꽃은	1꽃수염
1꽃수염	#022/02*011	1피어도	1간지럽게
1간지럽게	#022/02*012	1꽃수염	1하늘거려도
1하늘거려도	#022/02*013	1간지럽게	1반출한
1반출한	#022/03*001	1하늘거려도	1돌기둥이
1돌기둥이	#022/03*002	1반출한	1안개에
1안개에	#022/03*003	1돌기둥이	1감기듯
1감기듯	#022/03*004	1안개에	1아물아물
1아물아물	#022/03*005	1감기듯	1사라질
1사라질	#022/03*006	1아물아물	1때면
1때면	#022/03*007	1사라질	1요사스런
1요사스런	#022/03*008	1때면	1웃음이
1웃음이	#022/03*009	1요사스런	1배암처럼
1배암처럼	#022/03*010	1웃음이	1기어들
1기어들	#022/03*011	1배암처럼	1것만
1것만	#022/03*012	1기어들	1같애
1같애	#022/03*013	1것만	1싸늘한
1싸늘한	#022/03*014	1같애	1마음에
1마음에	#022/03*015	1싸늘한	1너는
1너는	#022/03*016	1마음에	1오시러운
1오시러운	#022/03*017	1너는	1피를
1피를	#022/03*018	1오시러운	1흘린다
1흘린다	#022/03*019	1피를	—
1여덟	#023/01*001	—	1구멍
1구멍	#023/01*002	1여덟	1피리며
1피리며	#023/01*003	1구멍	1앉으랑

1참아	#023/02*015	1마시며	1어질게
1어질게	#023/02*016	1참아	1어질게
1어질게	#023/02*017	1어질게	1살아
1살아	#023/02*018	1어질게	1보리
1보리	#023/02*019	1살아	—
1안해가	#023/03*001	—	1우리의
1우리의	#023/03*002	1안해가	1첫애길
1첫애길	#023/03*003	1우리의	1보듬고
1보듬고	#023/03*004	1첫애길	1면
1면	#023/03*005	1보듬고	1길
1길	#023/03*006	1면	1돌아
1돌아	#023/03*007	1길	1오면
1오면	#023/03*008	1돌아	1내사
1내사	#023/03*009	1오면	1고운
1고운	#023/03*010	1내사	1꿈
1꿈	#023/03*011	1고운	1따라
1따라	#023/03*012	1꿈	1횃불
1횃불	#023/03*013	1따라	1밝힐가
1밝힐가	#023/03*014	1횃불	1이
1이	#023/03*015	1밝힐가	1조그마한
1조그마한	#023/03*016	1이	1방에
1방에	#023/03*017	1조그마한	1푸른
1푸른	#023/03*018	1방에	1란초랑
1란초랑	#023/03*019	1푸른	1옮겨
1옮겨	#023/03*020	1란초랑	1놓고
1놓고	#023/03*021	1옮겨	—
1나라에	#023/04*001	—	1지극히
1지극히	#023/04*002	1나라에	1복된
1복된	#023/04*003	1지극히	1기별이
1기별이	#023/04*004	1복된	1있어
1있어	#023/04*005	1기별이	1찬란한
1찬란한	#023/04*006	1있어	1밤이면
1밤이면	#023/04*007	1찬란한	1숫한
1밤마다	#023/04*008	1아니리	—

1잔디에	#024/01*003	1올라와	1조심스레
1조심스레	#024/01*004	1잔디에	1앉어
1앉어	#024/01*005	1조심스레	1뾰족뾰족
1뾰족뾰족	#024/01*006	1앉어	1올라온
1올라온	#024/01*007	1뾰족뾰족	1새싹을
1새싹을	#024/01*008	1올라온	1뜯어
1뜯어	#024/01*009	1새싹을	1씹으면서
1씹으면서	#024/01*010	1뜯어	1조곰치도
1조곰치도	#024/01*011	1씹으면서	1아까운
1아까운	#024/01*012	1조곰치도	1줄
1줄	#024/01*013	1아까운	1모르는
1모르는	#024/01*014	1줄	1주림
1주림	#024/01*015	1모르는	1지난밤
1지난밤	#024/01*016	1주림	1회파람은
1회파람은	#024/01*017	1지난밤	1돌배꽃
1돌배꽃	#024/01*018	1회파람은	1피는
1피는	#024/01*019	1돌배꽃	1동리가
1동리가	#024/01*020	1피는	1그리워
1그리워	#024/01*021	1동리가	1북으로
1북으로	#024/01*022	1그리워	1북으로
1북으로	#024/01*023	1북으로	1갔다
1갔다	#024/01*024	1북으로	1배추밭
1배추밭	#025/01*001	1갔다	1이랑을
1이랑을	#025/01*002	1배추밭	1노오란
1노오란	#025/01*003	1이랑을	1배추꽃
1배추꽃	#025/01*004	1노오란	1이랑을
1이랑을	#025/01*005	1배추꽃	1숨가쁘게
1숨가쁘게	#025/01*006	1이랑을	1마구
1마구	#025/01*007	1숨가쁘게	1웃으며
1웃으며	#025/01*008	1마구	1달리는
1달리는	#025/01*009	1웃으며	1것은
1것은	#025/01*010	1달리는	1어디서
1어디서	#025/01*011	1것은	1네가
1네가	#025/01*012	1어디서	1나직이

1향해	#026/01*019	1원수를	1사나운
1사나운	#026/01*020	1향해	1짐승처럼
1짐승처럼	#026/01*021	1사나운	1내달린
1내달린	#026/01*022	1짐승처럼	1다뷔데는
1다뷔데는	#026/01*023	1내달린	1이스라엘의
1이스라엘의	#026/01*024	1다뷔데는	1소년이었다
1소년이었다	#026/01*025	1이스라엘의	—
1나라에	#026/02*001	—	1또
1또	#026/02*002	1나라에	1슬픔이
1슬픔이	#026/02*003	1또	1있어
1있어	#026/02*004	1슬픔이	1떨리는
1떨리는	#026/02*005	1있어	1손등에
1손등에	#026/02*006	1떨리는	1볼타구니에
1볼타구니에	#026/02*007	1손등에	1이마에
1이마에	#026/02*008	1볼타구니에	1싸락눈
1싸락눈	#026/02*009	1이마에	1함부로
1함부로	#026/02*010	1싸락눈	1휘날리고
1휘날리고	#026/02*011	1함부로	1바람
1바람	#026/02*012	1휘날리고	1매짜고
1매짜고	#026/02*013	1바람	1피가
1피가	#026/02*014	1매짜고	1흘러
1흘러	#026/02*015	1피가	1숨은
1숨은	#026/02*016	1흘러	1골목
1골목	#026/02*017	1숨은	1어디선가
1어디선가	#026/02*018	1골목	1성낸
1성낸	#026/02*019	1어디선가	1사람들
1사람들	#026/02*020	1성낸	1동포끼리
1동포끼리	#026/02*021	1사람들	1옳잖은
1옳잖은	#026/02*022	1동포끼리	1피가
1피가	#026/02*023	1옳잖은	1흘러
1흘러	#026/02*024	1피가	1제마다의
1제마다의	#026/02*025	1흘러	1가슴에
1가슴에	#026/02*026	1제마다의	1또다시
1또다시	#026/02*027	1가슴에	1쏟아져

1꼬레이어의	#026/03*027	1틀림없는	1이마에
1이마에	#026/03*028	1꼬레이어의	1던지자
1던지자	#026/03*029	1이마에	−
1땀	#027/01*001	−	1마른
1마른	#027/01*002	1땀	1얼굴에
1얼굴에	#027/01*003	1마른	1소금이
1소금이	#027/01*004	1얼굴에	1싸락싸락
1싸락싸락	#027/01*005	1소금이	1돋친
1돋친	#027/01*006	1싸락싸락	1나를
1나를	#027/01*007	1돋친	1공사장
1공사장	#027/01*008	1나를	1가까운
1가까운	#027/01*009	1공사장	1숲
1숲	#027/01*010	1가까운	1속에서
1속에서	#027/01*011	1숲	1만나거던
1만나거던	#027/01*012	1속에서	1내
1내	#027/01*013	1만나거던	1손을
1손을	#027/01*014	1내	1쥐지
1쥐지	#027/01*015	1손을	1말라
1말라	#027/01*016	1쥐지	1만약
1만약	#027/01*017	1말라	1내
1내	#027/01*018	1만약	1손을
1손을	#027/01*019	1내	1쥐더라도
1쥐더라도	#027/01*020	1손을	1옛
1옛	#027/01*021	1쥐더라도	1처럼
1처럼	#027/01*022	1옛	1네
1네	#027/01*023	1처럼	1손처럼
1손처럼	#027/01*024	1네	1부드럽지
1부드럽지	#027/01*025	1손처럼	1못한
1못한	#027/01*026	1부드럽지	1리유를
1리유를	#027/01*027	1못한	1그
1그	#027/01*028	1리유를	1리유를
1리유를	#027/01*029	1그	1묻지
1묻지	#027/01*030	1리유를	1말아라
1말아라	#027/01*031	1묻지	−

1울지	#027/03*011	1만나거던	1말라
1말라	#027/03*012	1울지	1웃지도
1웃지도	#027/03*013	1말라	1말고
1말고	#027/03*014	1웃지도	1내가
1내가	#027/03*015	1말고	1자살하지
1자살하지	#027/03*016	1내가	1않는
1않는	#027/03*017	1자살하지	1리유를
1리유를	#027/03*018	1않는	1그
1그	#027/03*019	1리유를	1리유를
1리유를	#027/03*020	1그	1묻지
1묻지	#027/03*021	1리유를	1말아라
1말아라	#027/03*022	1묻지	—
1밤낮으로	#028/01*001	—	1왕거미
1왕거미	#028/01*002	1밤낮으로	1줄치기에
1줄치기에	#028/01*003	1왕거미	1분주한
1분주한	#028/01*004	1줄치기에	1집
1집	#028/01*005	1분주한	1마을에서
1마을에서	#028/01*006	1집	1흉가라고
1흉가라고	#028/01*007	1마을에서	1꺼리는
1꺼리는	#028/01*008	1흉가라고	1낡은
1낡은	#028/01*009	1꺼리는	1집
1집	#028/01*010	1낡은	1이
1이	#028/01*011	1집	1집에
1집에	#028/01*012	1이	1살았다는
1살았다는	#028/01*013	1집에	1백성들은
1백성들은	#028/01*014	1살았다는	1대대손손
1대대손손	#028/01*015	1백성들은	1물려
1물려	#028/01*016	1대대손손	1줄
1줄	#028/01*017	1물려	1은동곳도
1은동곳도	#028/01*018	1줄	1살호관자도
1살호관자도	#028/01*019	1은동곳도	1갖지
1갖지	#028/01*020	1살호관자도	1못했니라
1못했니라	#028/01*021	1갖지	—
1재를	#028/02*001	—	1넘어

1마음놓고	#028/03*013	1벌을	1뛰어
1뛰어	#028/03*014	1마음놓고	1다니던
1다니던	#028/03*015	1뛰어	1시절
1시절	#028/03*016	1다니던	1털보네
1털보네	#028/03*017	1시절	1셋째
1셋째	#028/03*018	1털보네	1아들
1아들	#028/03*019	1셋째	1나의
1나의	#028/03*020	1아들	1싸리말
1싸리말	#028/03*021	1나의	1동무는
1동무는	#028/03*022	1싸리말	1이
1이	#028/03*023	1동무는	1집
1집	#028/03*024	1이	1안방
1안방	#028/03*025	1집	1짓두광주리
1짓두광주리	#028/03*026	1안방	1곁에서
1곁에서	#028/03*027	1짓두광주리	1첫울음을
1첫울음을	#028/03*028	1곁에서	1울었단다
1울었단다	#028/03*029	1첫울음을	―
1털보네는	#028/04*001	―	1또
1또	#028/04*002	1털보네는	1아들을
1아들을	#028/04*003	1또	1봤다우
1봤다우	#028/04*004	1아들을	1송아지라두
1송아지라두	#028/04*005	1봤다우	1불었으면
1불었으면	#028/04*006	1송아지라두	1팔아나
1팔아나	#028/04*007	1불었으면	1먹지
1먹지	#028/04*008	1팔아나	1마을
1마을	#028/04*009	1먹지	1아낙네들이
1아낙네들이	#028/04*010	1마을	1정녕
1정녕	#028/04*011	1아낙네들이	1무심코
1무심코	#028/04*012	1정녕	1차가운
1차가운	#028/04*013	1무심코	1이야기를
1이야기를	#028/04*014	1차가운	1냇물에
1냇물에	#028/04*015	1이야기를	1실어
1실어	#028/04*016	1냇물에	1보냈다는
1보냈다는	#028/04*017	1실어	1그날

1울어	#028/05*022	1고양이	1울어
1울어	#028/05*023	1울어	1종시
1종시	#028/05*024	1울어	1잠들지
1잠들지	#028/05*025	1종시	1못한
1못한	#028/05*026	1잠들지	1그런
1그런	#028/05*027	1못한	1밤이면
1밤이면	#028/05*028	1그런	1어미
1어미	#028/05*029	1밤이면	1분주히
1분주히	#028/05*030	1어미	1일하는
1일하는	#028/05*031	1분주히	1방앗간
1방앗간	#028/05*032	1일하는	1한구석에서
1한구석에서	#028/05*033	1방앗간	1좁쌀겨를
1좁쌀겨를	#028/05*034	1한구석에서	1쓰고
1쓰고	#028/05*035	1좁쌀겨를	1않아
1않아	#028/05*036	1쓰고	1외론
1외론	#028/05*037	1않아	1꿈을
1꿈을	#028/05*038	1외론	1키웠다
1키웠다	#028/05*039	1꿈을	—
1그가	#028/06*001	—	1아홉
1아홉	#028/06*002	1그가	1살
1살	#028/06*003	1아홉	1되던
1되던	#028/06*004	1살	1해
1해	#028/06*005	1되던	1사냥개
1사냥개	#028/06*006	1해	1꿩을
1꿩을	#028/06*007	1사냥개	1쫓아
1쫓아	#028/06*008	1꿩을	1다니는
1다니는	#028/06*009	1쫓아	1겨울
1겨울	#028/06*010	1 다니는	1이
1이	#028/06*011	1겨울	1집에
1집에	#028/06*012	1이	1살던
1살던	#028/06*013	1집에	1일곱
1일곱	#028/06*014	1살던	1식솔이
1식솔이	#028/06*015	1일곱	1어디론가
1어디론가	#028/06*016	1식솔이	1사라진

1사라진	#028/06*017	1어디론가	1이튿날
1이튿날	#028/06*018	1사라진	1아침
1아침	#028/06*019	1이튿날	1북쪽을
1북쪽을	#028/06*020	1아침	1향한
1향한	#028/06*021	1북쪽을	1발자국만
1발자국만	#028/06*022	1향한	1눈
1눈	#028/06*023	1발자국만	1우에
1우에	#028/06*024	1눈	1떨고
1떨고	#028/06*025	1우에	1있었다
1있었다	#028/06*026	1떨고	—
1더러는	#028/07*001	—	1오랑캐령
1오랑캐령	#028/07*002	1더러는	1쪽으로
1쪽으로	#028/07*003	1오랑캐령	1갔으리라고
1갔으리라고	#028/07*004	1쪽으로	1더러는
1더러는	#028/07*005	1갔으리라고	1아라사로
1아라사로	#028/07*006	1더러는	1갔으리라고
1갔으리라고	#028/07*007	1아라사로	1이웃
1이웃	#028/07*008	1갔으리라고	1늙은이들은
1늙은이들은	#028/07*009	1이웃	1모두
1모두	#028/07*010	1늙은이들은	1멀고도
1멀고도	#028/07*011	1모두	1추운
1추운	#028/07*012	1멀고도	1고장을
1고장을	#028/07*013	1추운	1짚었다
1짚었다	#028/07*014	1고장을	—
1지금은	#028/08*001	—	1아무도
1아무도	#028/08*002	1지금은	1살지
1살지	#028/08*003	1아무도	1않는
1않는	#028/08*004	1살지	1집
1집	#028/08*005	1않는	1마을서
1마을서	#028/08*006	1집	1흉가라고
1흉가라고	#028/08*007	1마을서	1꺼리는
1꺼리는	#028/08*008	1흉가라고	1낡은
1낡은	#028/08*009	1꺼리는	1집
1집	#028/08*010	1낡은	1제철마다

1제철마다	#028/08*011	1집	1먹음직한
1먹음직한	#028/08*012	1제철마다	1열매
1열매	#028/08*013	1먹음직한	1탐스럽게
1탐스럽게	#028/08*014	1열매	1열던
1열던	#028/08*015	1탐스럽게	1살구나무도
1살구나무도	#028/08*016	1열던	1글거리만
1글거리만	#028/08*017	1살구나무도	1남았길래
1남았길래	#028/08*018	1글거리만	1꽃피는
1꽃피는	#028/08*019	1남았길래	1철이
1철이	#028/08*020	1꽃피는	1와도
1와도	#028/08*021	1철이	1가도
1가도	#028/08*022	1와도	1뒤
1뒤	#028/08*023	1가도	1울안엔
1울안엔	#028/08*024	1 뒤	1꿀벌
1꿀벌	#028/08*025	1울안엔	1하나
1하나	#028/08*026	1꿀벌	1날아
1날아	#028/08*027	1하나	1들지
1들지	#028/08*028	1날아	1않는다
1않는다	#028/08*029	1들지	—
1포플라	#029/01*001	—	1숲이
1숲이	#029/01*002	1포플라	1푸르고
1푸르고	#029/01*003	1숲이	1때는
1때는	#029/01*004	1푸르고	1봄
1봄	#029/01*005	1때는	1왜
1왜	#029/01*006	1봄	1울고
1울고	#029/01*007	1왜	1있느냐
1있느냐	#029/01*008	1울고	—
1진달래도	#029/02*001	—	1하늘을
1하늘을	#029/02*002	1진달래도	1향하여
1향하여	#029/02*003	1하늘을	1미소하거늘
1미소하거늘	#029/02*004	1향하여	1리도
1리도	#029/02*005	1미소하거늘	1면
1면	#029/02*006	1리도	1하늘을
1하늘을	#029/02*007	1면	1처다봐야

1쳐다봐야	#029/02*008	1하늘을	1되지
1되지	#029/02*009	1쳐다봐야	1않겠나
1않겠나	#029/02*010	1되지	1묵은
1묵은	#029/02*011	1않겠나	1비애의
1비애의	#029/02*012	1묵은	1철쇄를
1철쇄를	#029/02*013	1비애의	1끊어
1끊어	#029/02*014	1철쇄를	1버리자
1버리자	#029/02*015	1끊어	—
1그	#029/03*001	—	1사람이
1사람이	#029/03*002	1그	1우리
1우리	#029/03*003	1사람이	1마음
1마음	#029/03*004	1우리	1알
1알	#029/03*005	1마음	1때도
1때도	#029/03*006	1알	1이제
1이제	#029/03*007	1때도	1올
1올	#029/03*008	1이제	1것을
1것을	#029/03*009	1올	1너는
1너는	#029/03*010	1것을	1왜
1왜	#029/03*011	1너는	1울고
1울고	#029/03*012	1왜	1있느냐
1있느냐	#029/03*013	1울고	1매아미는
1매아미는	#029/03*014	1있느냐	1이슬이
1이슬이	#029/03*015	1매아미는	1말러야
1말러야	#029/03*016	1이슬이	1세상을
1세상을	#029/03*017	1말러야	1안다고
1안다고	#029/03*018	1세상을	1어서
1어서	#029/03*019	1안다고	1눈물을
1눈물을	#029/03*020	1어서	1씻어라
1씻어라	#029/03*021	1눈물을	—
1울면은	#029/04*001	—	1무엇해
1무엇해	#029/04*002	1울면은	—
1포플라숲으로	#029/05*001	—	1가자
1가자	#029/05*002	1포플라숲으로	1앓었던
1앓었던	#029/05*003	1가자	1노래를

1노래를	#029/05*004	1앓었던	1찾으려
1찾으려	#029/05*005	1노래를	−
1겨울이	#030/01*001	−	1다
1다	#030/01*002	1겨울이	1갔다고
1갔다고	#030/01*003	1다	1생각자
1생각자	#030/01*004	1갔다고	1조
1조	#030/01*005	1생각자	1들창에
1들창에	#030/01*006	1조	1봄빛
1봄빛	#030/01*007	1들창에	1다사로이
1다사로이	#030/01*008	1봄빛	1헤여
1헤여	#030/01*009	1다사로이	1들게
1들게	#030/01*010	1헤여	−
1너는	#030/02*001	−	1불
1불	#030/02*002	1너는	1꺼진
1꺼진	#030/02*003	1불	1토기화로를
1토기화로를	#030/02*004	1꺼진	1끼고
1끼고	#030/02*005	1토기화로를	1앉어
1앉어	#030/02*006	1끼고	1나는
1나는	#030/02*007	1앉어	1네
1네	#030/02*008	1나는	1잔등에
1잔등에	#030/02*009	1네	1이마를
1이마를	#030/02*010	1잔등에	1대고
1대고	#030/02*011	1이마를	1앉어
1앉어	#030/02*012	1대고	1우리는
1우리는	#030/02*013	1앉어	1봄이
1봄이	#030/02*014	1우리는	1올
1올	#030/02*015	1봄이	1것을
1것을	#030/02*016	1올	1믿었지
1믿었지	#030/02*017	1것을	1식아
1식아	#030/02*018	1믿었지	1너는
1너는	#030/02*019	1식아	1때로
1때로	#030/02*020	1너는	1피를
1피를	#030/02*021	1때로	1토하는
1토하는	#030/02*022	1피를	1슬픈

1슬픈	#030/02*023	1토하는	1동무였다
1동무였다	#030/02*024	1슬픈	—
1봄이	#030/03*001	—	1오기
1오기	#030/03*002	1봄이	1전
1전	#030/03*003	1오기	1할미
1할미	#030/03*004	1전	1집으로
1집으로	#030/03*005	1할미	1돌아가던
1돌아가던	#030/03*006	1집으로	1너는
1너는	#030/03*007	1돌아가던	1병든
1병든	#030/03*008	1너는	1얼골에
1얼골에	#030/03*009	1병든	1힘써
1힘써	#030/03*010	1얼골에	1웃음을
1웃음을	#030/03*011	1힘써	1새겼으나
1새겼으나	#030/03*012	1웃음을	1고동이
1고동이	#030/03*013	1새겼으나	1울고
1울고	#030/03*014	1고동이	1바퀴
1바퀴	#030/03*015	1울고	1돌고
1돌고	#030/03*016	1바퀴	1쥐었던
1쥐었던	#030/03*017	1돌고	1손을
1손을	#030/03*018	1쥐었던	1놓고
1놓고	#030/03*019	1손을	1서로
1서로	#030/03*020	1놓고	1머리
1머리	#030/03*021	1서로	1숙인
1숙인	#030/03*022	1머리	1채
1채	#030/03*023	1숙인	1눈과
1눈과	#030/03*024	1채	1눈이
1눈이	#030/03*025	1눈과	1마조칠
1마조칠	#030/03*026	1눈이	1복된
1복된	#030/03*027	1마조칠	1틈은
1틈은	#030/03*028	1복된	1다시
1다시	#030/03*029	1틈은	1없었다
1없었다	#030/03*030	1다시	—
1일년이	#030/04*001	—	1지나
1지나	#030/04*002	1일년이	1또

1또	#030/04*003	1지나	1겨울이
1겨울이	#030/04*004	1또	1왔다
1왔다	#030/04*005	1겨울이	1너는
1너는	#030/04*006	1왔다	1내
1내	#030/04*007	1너는	1곁에
1곁에	#030/04*008	1내	1있지
1있지	#030/04*009	1곁에	1않다
1않다	#030/04*010	1있지	1너는
1너는	#030/04*011	1않다	1세상
1세상	#030/04*012	1너는	1누구의
1누구의	#030/04*013	1세상	1곁에도
1곁에도	#030/04*014	1누구의	1있지
1있지	#030/04*015	1곁에도	1않다
1않다	#030/04*016	1있지	－
1너의	#030/05*001	－	1눈도
1눈도	#030/05*002	1너의	1귀도
1귀도	#030/05*003	1눈도	1밤나무
1밤나무	#030/05*004	1귀도	1그늘에
1그늘에	#030/05*005	1밤나무	1길이
1길이	#030/05*006	1그늘에	1잠들고
1잠들고	#030/05*007	1길이	1애꿎인
1애꿎인	#030/05*008	1잠들고	1기억의
1기억의	#030/05*009	1애꿎인	1실마리가
1실마리가	#030/05*010	1기억의	1풀리기에
1풀리기에	#030/05*011	1실마리가	1오늘도
1오늘도	#030/05*012	1풀리기에	1등신처럼
1등신처럼	#030/05*013	1오늘도	1턱을
1턱을	#030/05*014	1등신처럼	1받들고
1받들고	#030/05*015	1턱을	1앉어
1앉어	#030/05*016	1받들고	1나는
1나는	#030/05*017	1앉어	1조
1조	#030/05*018	1나는	1들창만
1들창만	#030/05*019	1조	1바라본다
1바라본다	#030/05*020	1들창만	－

1칩시다	#031/01*001	–	1정을
1정을	#031/01*002	1칩시다	1다하여
1다하여	#031/01*003	1정을	1우리
1우리	#031/01*004	1다하여	1손벽
1손벽	#031/01*005	1우리	1칩시다
1칩시다	#031/01*006	1손벽	–
1노새나	#031/02*001	–	1나귀를
1나귀를	#031/02*002	1노새나	1타고
1타고	#031/02*003	1나귀를	1방울
1방울	#031/02*004	1타고	1소리며
1소리며	#031/02*005	1방울	1갈꽃을
1갈꽃을	#031/02*006	1소리며	1새소리며
1새소리며	#031/02*007	1갈꽃을	1달무리를
1달무리를	#031/02*008	1새소리며	1즐기려
1즐기려	#031/02*009	1달무리를	1가는
1가는	#031/02*010	1즐기려	1것은
1것은	#031/02*011	1가는	1아니올시다
1아니올시다	#031/02*012	1것은	–
1청기와	#031/03*001	–	1푸른
1푸른	#031/03*002	1청기와	1등을
1등을	#031/03*003	1푸른	1밟고
1밟고	#031/03*004	1등을	1서서
1서서	#031/03*005	1밟고	1웃음
1웃음	#031/03*006	1서서	1지으십시오
1지으십시오	#031/03*007	1웃음	1아해들은
1아해들은	#031/03*008	1지으십시오	1한결같이
1한결같이	#031/03*009	1아해들은	1손을
1손을	#031/03*010	1한결같이	1저으며
1저으며	#031/03*011	1손을	1멀어지는
1멀어지는	#031/03*012	1저으며	1나의
1나의	#031/03*013	1멀어지는	1뒷모양
1뒷모양	#031/03*014	1나의	1물결치는
1물결치는	#031/03*015	1뒷모양	1어깨를
1어깨를	#031/03*016	1물결치는	1눈부시게

1눈부시게	#031/03*017	1어깨를	1바라보라요
1바라보라요	#031/03*018	1눈부시게	–
1누구나	#031/04*001	–	1한번은
1한번은	#031/04*002	1누구나	1자랑하고
1자랑하고	#031/04*003	1한번은	1싶은
1싶은	#031/04*004	1자랑하고	1모든
1모든	#031/04*005	1싶은	1사람의
1사람의	#031/04*006	1모든	1고향과
1고향과	#031/04*007	1사람의	1나의
1나의	#031/04*008	1고향과	1길은
1길은	#031/04*009	1나의	1황홀한
1황홀한	#031/04*010	1길은	1꿈
1꿈	#031/04*011	1황홀한	1속에
1속에	#031/04*012	1꿈	1요요히
1요요히	#031/04*013	1속에	1빛나는
1빛나는	#031/04*014	1요요히	1것
1것	#031/04*015	1빛나는	–
1손벽	#031/05*001	–	1칩시다
1칩시다	#031/05*002	1손벽	1정을
1정을	#031/05*003	1칩시다	1다하여
1다하여	#031/05*004	1정을	1우리
1우리	#031/05*005	1다하여	1손벽
1손벽	#031/05*006	1우리	1칩시다
1칩시다	#031/05*007	1손벽	–
1휘몰아치는	#032/01*001	–	1눈보라를
1눈보라를	#032/01*002	1휘몰아치는	1헤치고
1헤치고	#032/01*003	1눈보라를	1오히려
1오히려	#032/01*004	1헤치고	1빛나는
1빛나는	#032/01*005	1오히려	1밤을
1밤을	#032/01*006	1빛나는	1헤치고
1헤치고	#032/01*007	1밤을	1내가
1내가	#032/01*008	1헤치고	1거니는
1거니는	#032/01*009	1내가	1길은
1길은	#032/01*010	1거니는	1어느

1어느	#032/01*011	1길은	1곳에
1곳에	#032/01*012	1어느	1이를지라도
1이를지라도	#032/01*013	1곳에	1뱃머리에
1뱃머리에	#032/01*014	1이를지라도	1부딪쳐
1부딪쳐	#032/01*015	1뱃머리에	1둘로
1둘로	#032/01*016	1부딪쳐	1갈라지는
1갈라지는	#032/01*017	1둘로	1파도소리요
1파도소리요	#032/01*018	1갈라지는	1나의
1나의	#032/01*019	1파도소리요	1귓속을
1귓속을	#032/01*020	1나의	1지켜
1지켜	#032/01*021	1귓속을	1길이
1길이	#032/01*022	1지켜	1사라지지
1사라지지	#032/01*023	1길이	1않는
1않는	#032/01*024	1사라지지	1것
1것	#032/01*025	1않는	1만세요
1만세요	#032/01*026	1것	1만세소리요
1만세소리요	#032/01*027	1만세요	─
1단	#032/02*001	─	1한번
1한번	#032/02*002	1단	1정의의
1정의의	#032/02*003	1한번	1나래를
1나래를	#032/02*004	1정의의	1펴기에
1펴기에	#032/02*005	1나래를	1우리는
1우리는	#032/02*006	1펴기에	1얼마나
1얼마나	#032/02*007	1우리는	1많은
1많은	#032/02*008	1얼마나	1세월을
1세월을	#032/02*009	1많은	1참아
1참아	#032/02*010	1세월을	1왔습니까
1왔습니까	#032/02*011	1참아	─
1이제	#032/03*001	─	1오랜
1오랜	#032/03*002	1이제	1치욕과
1치욕과	#032/03*003	1오랜	1사슬은
1사슬은	#032/03*004	1치욕과	1끊어지고
1끊어지고	#032/03*005	1사슬은	1잠들었던
1잠들었던	#032/03*006	1끊어지고	1우리의

1우리의	#032/03*007	1잠들었던	1바다가
1바다가	#032/03*008	1우리의	1등을
1등을	#032/03*009	1바다가	1일으켜
1일으켜	#032/03*010	1등을	1동양의
1동양의	#032/03*011	1일으켜	1창문에
1창문에	#032/03*012	1동양의	1참다운
1참다운	#032/03*013	1창문에	1새벽이
1새벽이	#032/03*014	1참다운	1동트는
1동트는	#032/03*015	1새벽이	1것이요
1것이요	#032/03*016	1동트는	1승리요
1승리요	#032/03*017	1것이요	1적을
1적을	#032/03*018	1승리요	1향해
1향해	#032/03*019	1적을	1다만
1다만	#032/03*020	1향해	1앞을
1앞을	#032/03*021	1다만	1향해
1향해	#032/03*022	1앞을	1아세아의
1아세아의	#032/03*023	1향해	1아들들이
1아들들이	#032/03*024	1아세아의	1뭉쳐서
1뭉쳐서	#032/03*025	1아들들이	1나아가는
1나아가는	#032/03*026	1뭉쳐서	1곳
1곳	#032/03*027	1나아가는	1승리의
1승리의	#032/03*028	1곳	1길이
1길이	#032/03*029	1승리의	1있을
1있을	#032/03*030	1길이	1뿐이요
1뿐이요	#032/03*031	1있을	—
1머리	#032/04*001	—	1위
1위	#032/04*002	1머리	1어깨
1어깨	#032/04*003	1위	1위
1위	#032/04*004	1어깨	1내려서
1내려서	#032/04*005	1위	1쌓이는
1쌓이는	#032/04*006	1내려서	1하아얀
1하아얀	#032/04*007	1쌓이는	1눈을
1눈을	#032/04*008	1하아얀	1차라리
1차라리	#032/04*009	1눈을	1털지도

1털지도	#032/04*010	1차라리	1않고
1않고	#032/04*011	1털지도	1호을로
1호을로	#032/04*012	1않고	1받들기엔
1받들기엔	#032/04*013	1호을로	1너무나
1너무나	#032/04*014	1받들기엔	1무거운
1무거운	#032/04*015	1너무나	1감격을
1감격을	#032/04*016	1무거운	1나누기
1나누기	#032/04*017	1감격을	1위하여
1위하여	#032/04*018	1나누기	1누구의
1누구의	#032/04*019	1위하여	1손일지라도
1손일지라도	#032/04*020	1누구의	1나는
1나는	#032/04*021	1손일지라도	1정을
1정을	#032/04*022	1나는	1다하여
1다하여	#032/04*023	1정을	1굳게
1굳게	#032/04*024	1다하여	1쥐고
1쥐고	#032/04*025	1굳게	1싶습니다
1싶습니다	#032/04*026	1쥐고	—
1휘몰아치는	#033/01*001	—	1눈보라
1눈보라	#033/01*002	1휘몰아치는	1속
1속	#033/01*003	1눈보라	1우중충한
1우중충한	#033/01*004	1속	1술집에서
1술집에서	#033/01*005	1우중충한	1낡은
1낡은	#033/01*006	1술집에서	1장병등을
1장병등을	#033/01*007	1낡은	1위태로이
1위태로이	#033/01*008	1장병등을	1내어
1내어	#033/01*009	1위태로이	1걸고
1걸고	#033/01*010	1내어	1어디선가
1어디선가	#033/01*011	1걸고	1소리쳐
1소리쳐	#033/01*012	1어디선가	1우느
1우는	#033/01*013	1소리쳐	1아해들
1아해들	#033/01*014	1우는	—
1험난한	#033/02*001	—	1북으로의
1북으로의	#033/02*002	1험난한	1길은
1길은	#033/02*003	1북으로의	1이곳에

1약이	#033/04*006	1독한	1꽃답게
1꽃답게	#033/04*007	1약이	1흩어진
1흩어진	#033/04*008	1꽃답게	1얼음
1얼음	#033/04*009	1흩어진	1우에
1우에	#033/04*010	1얼음	1붉은
1붉은	#033/04*011	1우에	1장미가
1장미가	#033/04*012	1붉은	1피어납니다
1피어납니다	#033/04*013	1장미가	—
1눈보라	#033/05*001	—	1속
1속	#033/05*002	1눈보라	1눈보라
1눈보라	#033/05*003	1속	1속
1속	#033/05*004	1눈보라	1굳게
1굳게	#033/05*005	1속	1닫힌
1닫힌	#033/05*006	1굳게	1성문을
1성문을	#033/05*007	1닫힌	1위로
1위로	#033/05*008	1성문을	1걷는
1걷는	#033/05*009	1위로	1사슴이
1사슴이	#033/05*010	1걷는	1있어
1있어	#033/05*011	1사슴이	—
1바람이	#034/01*001	—	1거센
1거센	#034/01*002	1바람이	1밤이면
1밤이면	#034/01*003	1거센	1몇
1몇	#034/01*004	1밤이면	1번이고
1번이고	#034/01*005	1몇	1꺼지는
1꺼지는	#034/01*006	1번이고	1네모난
1네모난	#034/01*007	1꺼지는	1장명등을
1장명등을	#034/01*008	1네모난	1궤짝
1궤짝	#034/01*009	1장명등을	1밟고
1밟고	#034/01*010	1궤짝	1서서
1서서	#034/01*011	1밟고	1몇
1몇	#034/01*012	1서서	1번이고
1번이고	#034/01*013	1몇	1새로
1새로	#034/01*014	1번이고	1밝힐
1밝힐	#034/01*015	1새로	1때

1쉬고	#034/03*013	1일을	1어른처럼
1어른처럼	#034/03*014	1쉬고	1곡을
1곡을	#034/03*015	1어른처럼	1했지
1했지	#034/03*016	1곡을	−
1모든	#035/01*001	−	1기폭이
1기폭이	#035/01*002	1모든	1잠잠히
1잠잠히	#035/01*003	1기폭이	1내려
1내려	#035/01*004	1잠잠히	1앉은
1앉은	#035/01*005	1내려	1이
1이	#035/01*006	1앉은	1항구에
1항구에	#035/01*007	1이	1그래도
1그래도	#035/01*008	1항구에	1남은
1남은	#035/01*009	1그래도	1것은
1것은	#035/01*010	1남은	1사람이올시다
1사람이올시다	#035/01*011	1것은	−
1한마디의	#035/02*001	−	1말도
1말도	#035/02*002	1한마디의	1배운
1배운	#035/02*003	1말도	1적
1적	#035/02*004	1배운	1없는
1없는	#035/02*005	1적	1듯한
1듯한	#035/02*006	1없는	1많은
1많은	#035/02*007	1듯한	1사람
1사람	#035/02*008	1많은	1속으로
1속으로	#035/02*009	1사람	1어질게
1어질게	#035/02*010	1속으로	1생긴
1생긴	#035/02*011	1어질게	1이마며
1이마며	#035/02*012	1생긴	1수수한
1수수한	#035/02*013	1이마며	1입술이며
1입술이며	#035/02*014	1수수한	1그저
1그저	#035/02*015	1입술이며	1좋아서
1좋아서	#035/02*016	1그저	1나도
1나도	#035/02*017	1좋아서	1한마디의
1한마디의	#035/02*018	1나도	1말없이
1말없이	#035/02*019	1한마디의	1우줄우줄

1그리워서	#035/04*009	1고향이	1돌아
1돌아	#035/04*010	1그리워서	1온
1온	#035/04*011	1돌아	1이들이
1이들이	#035/04*012	1온	1아니겠습니까
1아니겠습니까	#035/04*013	1이들이	1하늘이
1하늘이	#035/04*014	1아니겠습니까	1너무
1너무	#035/04*015	1하늘이	1푸르러
1푸르러	#035/04*016	1너무	1갈매기는
1갈매기는	#035/04*017	1푸르러	1죽지에
1죽지에	#035/04*018	1갈매기는	1흰
1흰	#035/04*019	1죽지에	1목을
1목을	#035/04*020	1흰	1묻고
1묻고	#035/04*021	1목을	1어느
1어느	#035/04*022	1묻고	1옴쑥한
1옴쑥한	#035/04*023	1어느	1바위틈
1바위틈	#035/04*024	1옴쑥한	1같은
1같은	#035/04*025	1바위틈	1데
1데	#035/04*026	1같은	1숨어
1숨어	#035/04*027	1데	1버렸나
1버렸나	#035/04*028	1숨어	1본데
1본데	#035/04*029	1버렸나	1차라리
1차라리	#035/04*030	1본데	1누구의
1누구의	#035/04*031	1차라리	1아들도
1아들도	#035/04*032	1누구의	1아닌
1아닌	#035/04*033	1아들도	1나는
1나는	#035/04*034	1아닌	1어찌하여
1어찌하여	#035/04*035	1나는	1검붉은
1검붉은	#035/04*036	1어찌하여	1흙이
1흙이	#035/04*037	1검붉은	1자꾸만
1자꾸만	#035/04*038	1흙이	1씹고
1씹고	#035/04*039	1자꾸만	1싫습니까
1싫습니까	#035/04*040	1씹고	―
1봉선화랑	#036/01*001	―	1분꽃
1분꽃	#036/01*002	1봉선화랑	1해바라기랑

1해바라기랑	#036/01*003	1분꽃	1봄이
1봄이	#036/01*004	1해바라기랑	1오면
1오면	#036/01*005	1봄이	1샘터에
1샘터에	#036/01*006	1오면	1가득
1가득	#036/01*007	1샘터에	1심을
1심을	#036/01*008	1가득	1외논으로
1외논으로	#036/01*009	1심을	1첫쉬임
1첫쉬임	#036/01*010	1외논으로	1정말로
1정말로	#036/01*011	1첫쉬임	1즐겁게
1즐겁게	#036/01*012	1정말로	1끝났다
1끝났다	#036/01*013	1즐겁게	—
1도랑치마	#036/02*001	—	1숙희가
1숙희가	#036/02*002	1도랑치마	1엄마를
1엄마를	#036/02*003	1숙희가	1따라
1따라	#036/02*004	1엄마를	1무거운
1무거운	#036/02*005	1따라	1볏단을
1볏단을	#036/02*006	1무거운	1안아
1안아	#036/02*007	1볏단을	1섬기며
1섬기며	#036/02*008	1안아	1속으로
1속으로	#036/02*009	1섬기며	1생각하는걸
1생각하는걸	#036/02*010	1속으로	1누가
1누가	#036/02*011	1생각하는걸	1모른담
1모른담	#036/02*012	1누가	—
1엄마도	#036/03*001	—	1누나도
1누나도	#036/03*002	1엄마도	1일손
1일손	#036/03*003	1누나도	1재우
1재우	#036/03*004	1일손	1놀리며
1놀리며	#036/03*005	1재우	1거칠어진
1거칠어진	#036/03*006	1놀리며	1손등으로
1손등으로	#036/03*007	1거칠어진	1땀을
1땀을	#036/03*008	1손등으로	1씻으며
1씻으며	#036/03*009	1땀을	1속으로
1속으로	#036/03*010	1씻으며	1생각하는걸
1생각하는걸	#036/03*011	1속으로	1누가

1누가	#036/03*012	1생각하는걸	1모른담
1모른담	#036/03*013	1누가	—
1동이	#036/04*001	—	1만한
1만한	#036/04*002	1동이	1박
1박	#036/04*003	1만한	1서너
1서너	#036/04*004	1박	1개
1개	#036/04*005	1서너	1지붕에
1지붕에	#036/04*006	1개	1둔
1둔	#036/04*007	1지붕에	1채
1채	#036/04*008	1둔	1하늘엔
1하늘엔	#036/04*009	1채	1군데군데
1군데군데	#036/04*010	1하늘엔	1흰
1흰	#036/04*011	1군데군데	1구름
1구름	#036/04*012	1흰	1둔
1둔	#036/04*013	1구름	1채
1채	#036/04*014	1둔	1어디루
1어디루	#036/04*015	1채	1가는걸가
1가는걸가	#036/04*016	1어디루	1달은
1달은	#036/04*017	1가는걸가	1바삐
1바삐	#036/04*018	1달은	1달리고
1달리고	#036/04*019	1바삐	—
1칠성이는	#036/05*001	—	1어려도
1어려도	#036/05*002	1칠성이는	1사내아이
1사내아이	#036/05*003	1어려도	1기운
1기운	#036/05*004	1사내아이	1좋구나
1좋구나	#036/05*005	1기운	1발끝에
1발끝에	#036/05*006	1좋구나	1힘
1힘	#036/05*007	1발 끝에	1모두어
1모두어	#036/05*008	1힘	1탈곡기를
1탈곡기를	#036/05*009	1모두어	1밟으면서
1밟으면서	#036/05*010	1탈곡기를	1속으로
1속으로	#036/05*011	1밟으면서	1생각하는
1생각하는	#036/05*012	1속으로	1건
1건	#036/05*013	1생각하는	1오직

1오직	#036/05*014	1건	1한가지
1한가지	#036/05*015	1오직	1형이
1형이	#036/05*016	1한가지	1어서
1어서	#036/05*017	1형이	1이기게
1이기게	#036/05*018	1어서	1형이
1형이	#036/05*019	1이기게	1어서
1어서	#036/05*020	1형이	1이기게
1이기게	#036/05*021	1어서	—
1달빛	#037/01*001	—	1밟고
1밟고	#037/01*002	1달빛	1머나먼
1머나먼	#037/01*003	1밟고	1길
1길	#037/01*004	1머나먼	1오시리
1오시리	#037/01*005	1길	1두
1두	#037/01*006	1오시리	1손
1손	#037/01*007	1두	1합쳐
1합쳐	#037/01*008	1손	1세
1세	#037/01*009	1합쳐	1번
1번	#037/01*010	1세	1절하면
1절하면	#037/01*011	1번	1돌아
1돌아	#037/01*012	1절하면	1오시리
1오시리	#037/01*013	1돌아	1어머닌
1어머닌	#037/01*014	1오시리	1우시여
1우시여	#037/01*015	1어머닌	1밤내
1밤내	#037/01*016	1우시여	1우시여
1우시여	#037/01*017	1밤내	1하아얀
1하아얀	#037/01*018	1우시여	1박꽃
1박꽃	#037/01*019	1하아얀	1속에
1속에	#037/01*020	1박꽃	1이슬이
1이슬이	#037/01*021	1속에	1두어
1두어	#037/01*022	1이슬이	1방울
1방울	#037/01*023	1두어	1설룽한
1설룽한	#038/01*001	1방울	1마음
1마음	#038/01*002	1설룽한	1어느
1어느	#038/01*003	1마음	1구석엔가

1구석엔가	#038/01*004	1어느	1숱한
1숱한	#038/01*005	1구석엔가	1별들
1별들	#038/01*006	1숱한	1떨어지고
1떨어지고	#038/01*007	1별들	1쏟아져
1쏟아져	#038/01*008	1떨어지고	1내리는
1내리는	#038/01*009	1쏟아져	1빗소리에
1빗소리에	#038/01*010	1내리는	1포옥
1포옥	#038/01*011	1빗소리에	1잠겨
1잠겨	#038/01*012	1포옥	1있는
1있는	#038/01*013	1잠겨	1당신의
1당신의	#038/01*014	1있는	1소년은
1소년은	#038/01*015	1당신의	—
1아득히	#038/02*001	—	1당신을
1당신을	#038/02*002	1아득히	1그리면서
1그리면서	#038/02*003	1당신을	1개울창에
1개울창에	#038/02*004	1그리면서	1버리고
1버리고	#038/02*005	1개울창에	1온
1온	#038/02*006	1버리고	1것은
1것은	#038/02*007	1온	1갈갈이
1갈갈이	#038/02*008	1것은	1찢어진
1찢어진	#038/02*009	1갈갈이	1우산
1우산	#038/02*010	1찢어진	1나의
1나의	#038/02*011	1우산	1슬픔이
1슬픔이	#038/02*012	1나의	1아니었습니다
1아니었습니다	#038/02*013	1슬픔이	—
1당신깨로의	#038/03*001	—	1불길이
1불길이	#038/03*002	1당신깨로의	1나를
1나를	#038/03*003	1불길이	1싸고
1싸고	#038/03*004	1나를	1타올라도
1타올라도	#038/03*005	1싸고	1나의
1나의	#038/03*006	1타올라도	1길은
1길은	#038/03*007	1나의	1캄캄한
1캄캄한	#038/03*008	1길은	1채로
1채로	#038/03*009	1캄캄한	1닫힌

1와야	#038/05*005	1헤치고	1할
1할	#038/05*006	1와야	1당신의
1당신의	#038/05*007	1할	1옷자락이
1옷자락이	#038/05*008	1당신의	1휘얼
1휘얼	#038/05*009	1옷자락이	1훨
1훨	#038/05*010	1휘얼	1앞을
1앞을	#038/05*011	1훨	1흐리게
1흐리게	#038/05*012	1앞을	1합니다
1합니다	#038/05*013	1흐리게	1어디서
1어디서	#038/05*014	1합니다	1당신은
1당신은	#038/05*015	1어디서	1이처럼
1이처럼	#038/05*016	1당신은	1소년을
1소년을	#038/05*017	1이처럼	1부르십니까
1부르십니까	#038/05*018	1소년을	—
1서해에	#039/01*001	—	1막다른
1막다른	#039/01*002	1서해에	1덕치
1덕치	#039/01*003	1막다른	1마을
1마을	#039/01*004	1덕치	1선전실
1선전실	#039/01*005	1마을	1환한
1환한	#039/01*006	1선전실	1전등
1전등	#039/01*007	1환한	1밑에
1밑에	#039/01*008	1전등	1모여
1모여	#039/01*009	1밑에	1앉아
1앉아	#039/01*010	1모여	1라지오를
1라지오를	#039/01*011	1앉아	1듣고
1듣고	#039/01*012	1라지오를	1있던
1있던	#039/01*013	1듣고	1조합원들은
1조합원들은	#039/01*014	1있던	1일시에
1일시에	#039/01*015	1조합원들은	1야
1야	#039/01*016	1일시에	1하고
1하고	#039/01*017	1야	1소리를
1소리를	#039/01*018	1하고	1친다
1친다	#039/01*019	1소리를	—
1이	#039/02*001	—	1밤에

1일입니까	#039/03*014	1꿈같은	—
1나라와	#039/04*001	—	1로동자
1로동자	#039/04*002	1나라와	1동무들
1동무들	#039/04*003	1로동자	1은혜를
1은혜를	#039/04*004	1동무들	1갑자면
1갑자면	#039/04*005	1은혜를	1땅에서
1땅에서	#039/04*006	1갑자면	1소출이
1소출이	#039/04*007	1땅에서	1더
1더	#039/04*008	1소출이	1많아야
1많아야	#039/04*009	1더	1하지요
1하지요	#039/04*010	1많아야	1우리
1우리	#039/04*011	1하지요	1조합만도
1조합만도	#039/04*012	1우리	1올
1올	#039/04*013	1조합만도	1가을엔
1가을엔	#039/04*014	1올	1천
1천	#039/04*015	1가을엔	1톤쯤은
1톤쯤은	#039/04*016	1천	1쌀을
1쌀을	#039/04*017	1톤쯤은	1더
1더	#039/04*018	1쌀을	1거둘겁니다
1거둘겁니다	#039/04*019	1더	—
1위원자의	#039/05*001	—	1이야기가
1이야기가	#039/05*002	1위원자의	1끝나자
1끝나자	#039/05*003	1이야기가	1사람들은
1사람들은	#039/05*004	1끝나자	1끼리끼리
1끼리끼리	#039/05*005	1사람들은	1두런거리고
1두런거리고	#039/05*006	1끼리끼리	1누군가
1누군가	#039/05*007	1두런거리고	1나직이
1나직이	#039/05*008	1누군가	1물어
1물어	#039/05*009	1나직이	1보는
1보는	#039/05*010	1물어	1말
1말	#039/05*011	1보는	1천
1천	#039/05*012	1말	1톤이면
1톤이면	#039/05*013	1천	1얼마
1얼마	#039/05*014	1톤이면	1만큼일까요

1쓰다듬다가	#039/08*003	1구레나루를	1무릅을
1무릅을	#039/08*004	1쓰다듬다가	1탁
1탁	#039/08*005	1무릅을	1치며
1치며	#039/08*006	1탁	1껄걸
1껄걸	#039/08*007	1치며	1웃던
1웃던	#039/08*008	1껄걸	1칠보령감
1칠보령감	#039/08*009	1웃던	1산
1산	#039/08*010	1칠보령감	1없는
1없는	#039/08*011	1산	1벌판에
1벌판에	#039/08*012	1없는	1쌀
1쌀	#039/08*013	1벌판에	1산이
1산이	#039/08*014	1쌀	1생기겠군
1생기겠군	#039/08*015	1산이	－
1어찌나	#040/01*001	－	1생광스런
1생광스런	#040/01*002	1어찌나	1물이과데
1물이과데	#040/01*003	1생광스런	1모르게
1모르게	#040/01*004	1물이과데	1당두하면
1당두하면	#040/01*005	1모르게	1어떻게
1어떻게	#040/01*006	1당두하면	1한담
1한담	#040/01*007	1어떻게	1물
1물	#040/01*008	1한담	1마중도
1마중도	#040/01*009	1물	1쓰게
1쓰게	#040/01*010	1마중도	1못
1못	#040/01*011	1쓰게	1하면
1하면	#040/01*012	1못	1조합
1조합	#040/01*013	1하면	1체면은
1체면은	#040/01*014	1조합	1무엇이
1무엇이	#040/01*015	1체면은	1된담
1된담	#040/01*016	1무엇이	－
1밤도	#040/02*001	－	1이슥해
1이슥해	#040/02*002	1밤도	1마을은
1마을은	#040/02*003	1이슥해	1곤히
1곤히	#040/02*004	1마을은	1자는데
1자는데	#040/02*005	1곤히	1칠보

1그러다가	#040/04*001	—	1령감님은
1령감님은	#040/04*002	1그러다가	1말뚝잠이
1말뚝잠이	#040/04*003	1령감님은	1들었다
1들었다	#040/04*004	1말뚝잠이	1머리얹은
1머리얹은	#040/04*005	1들었다	1달빛이
1달빛이	#040/04*006	1머리얹은	1하도
1하도	#040/04*007	1달빛이	1고와서
1고와서	#040/04*008	1하도	1구수한
1구수한	#040/04*009	1고와서	1흙
1흙	#040/04*010	1구수한	1냄새에
1냄새에	#040/04*011	1흙	1그만
1그만	#040/04*012	1냄새에	1취해서
1취해서	#040/04*013	1그만	1귓전을
1귓전을	#040/05*001	1취해서	1스치는
1스치는	#040/05*002	1귓전을	1거센
1거센	#040/05*003	1스치는	1흐름
1흐름	#040/05*004	1거센	1소리에
1소리에	#040/05*005	1흐름	1놀래여
1놀래여	#040/05*006	1소리에	1선잠에서
1선잠에서	#040/05*007	1놀래여	1깨여
1깨여	#040/05*008	1선잠에서	1났을
1났을	#040/05*009	1깨여	1땐
1땐	#040/05*010	1났을	1자정이여
1자정이여	#040/05*011	1땐	1넘고
1넘고	#040/05*012	1자정이여	1삼경도
1삼경도	#040/05*013	1넘고	1지날
1지날	#040/05*014	1삼경도	1무렵
1무렵	#040/05*015	1지날	1그러나
1그러나	#040/05*016	1무렵	1수로에
1수로에	#040/05*017	1그러나	1물은
1물은	#040/05*018	1수로에	1안
1안	#040/05*019	1물은	1오고
1오고	#040/05*020	1안	1가까운
1가까운	#040/05*021	1오고	1서해에서

1끝까지	#040/07*014	1이	1어찌
1어찌	#040/07*015	1끝까지	1다
1다	#040/07*016	1어찌	1올가
1올가	#040/07*017	1다	1바닷바람이
1바닷바람이	#041/01*001	1올가	1묘지를
1묘지를	#041/01*002	1바닷바람이	1지나
1지나	#041/01*003	1묘지를	1무너지다
1무너지다	#041/01*004	1지나	1남은
1남은	#041/01*005	1무너지다	1성城
1성城	#041/01*006	1남은	1굽이를
1굽이를	#041/01*007	1성城	1돌아
1돌아	#041/01*008	1굽이를	1마을을
1마을을	#041/01*009	1돌아	1지나
1지나	#041/01*010	1마을을	1바닷바람이
1바닷바람이	#041/01*011	1지나	1어둠을
1어둠을	#041/01*012	1바닷바람이	1헤치고
1헤치고	#041/01*013	1어둠을	1달린다
1달린다	#041/01*014	1헤치고	1밤
1밤	#041/01*015	1달린다	1등잔불들은
1등잔불들은	#041/01*016	1밤	1졸음
1졸음	#041/01*017	1등잔불들은	1졸음
1졸음	#041/01*018	1졸음	1눈을
1눈을	#041/01*019	1졸음	1감았다
1감았다	#041/01*020	1눈을	—
1동무야	#041/02*001	—	1무엇을
1무엇을	#041/02*002	1동무야	1뒤돌아보는가
1뒤돌아보는가	#041/02*003	1무엇을	1너의
1너의	#041/02*004	1뒤돌아보는가	1터전에
1터전에	#041/02*005	1너의	1비둘기의
1비둘기의	#041/02*006	1터전에	1단락이
1단락이	#041/02*007	1비둘기의	1질식한
1질식한	#041/02*008	1단락이	1지
1지	#041/02*009	1질식한	1오래다
1오래다	#041/02*010	1지	1가슴을

1가슴을	#041/02*011	1오래다	1치면서
1치면서	#041/02*012	1가슴을	1부르짖어
1부르짖어	#041/02*013	1치면서	1보아라
1보아라	#041/02*014	1부르짖어	1너의
1너의	#041/02*015	1보아라	1고함은
1고함은	#041/02*016	1너의	1기울어진
1기울어진	#041/02*017	1고함은	1울타리를
1울타리를	#041/02*018	1기울어진	1멀리
1멀리	#041/02*019	1울타리를	1돌아
1돌아	#041/02*020	1멀리	1다시
1다시	#041/02*021	1돌아	1너의
1너의	#041/02*022	1다시	1귓속에서
1귓속에서	#041/02*023	1너의	1신음할
1신음할	#041/02*024	1귓속에서	1뿐
1뿐	#041/02*025	1신음할	1그
1그	#041/02*026	1뿐	1다음
1다음	#041/02*027	1그	1너는
1너는	#041/02*028	1다음	1식욕의
1식욕의	#041/02*029	1너는	1항의에
1항의에	#041/02*030	1식욕의	1꺼꾸러지고야
1꺼꾸러지고야	#041/02*031	1항의에	1만다
1만다	#041/02*032	1꺼꾸러지고야	—
1기름기	#041/03*001	—	1없는
1없는	#041/03*002	1기름기	1살림을
1살림을	#041/03*003	1없는	1보지만
1보지만	#041/03*004	1살림을	1말어도
1말어도	#041/03*005	1보지만	1토실토실
1토실토실	#041/03*006	1말어도	1살이
1살이	#041/03*007	1토실토실	1찔
1찔	#041/03*008	1살이	1것
1것	#041/03*009	1찔	1같다
1같다	#041/03*010	1것	1뻑다구만
1뻑다구만	#041/03*011	1같다	1남은
1남은	#041/03*012	1뻑다구만	1마을

1마을	#041/03*013	1남은	1여기서
1여기서	#041/03*014	1마을	1생활은
1생활은	#041/03*015	1여기서	1가장
1가장	#041/03*016	1생활은	1평범한
1평범한	#041/03*017	1가장	1인습이었다
1인습이었다	#041/03*018	1평범한	1씨원히
1씨원히	#041/03*019	1인습이었다	1떠나가자
1떠나가자	#041/03*020	1씨원히	1흘러가는
1흘러가는	#041/03*021	1떠나가자	1젊음을
1젊음을	#041/03*022	1흘러가는	1따라
1따라	#041/03*023	1젊음을	1바람처럼
1바람처럼	#041/03*024	1따라	1떠나자
1떠나자	#041/03*025	1바람처럼	—
1뚝장군의	#041/04*001	—	1전설을
1전설을	#041/04*002	1뚝장군의	1가진
1가진	#041/04*003	1전설을	1조고마한
1조고마한	#041/04*004	1가진	1늪
1늪	#041/04*005	1조고마한	1늪을
1늪을	#041/04*006	1늪	1지켜
1지켜	#041/04*007	1늪을	1숨줄이
1숨줄이	#041/04*008	1지켜	1말른
1말른	#041/04*009	1숨줄이	1썩달나무에서
1썩달나무에서	#041/04*010	1말른	1이제
1이제	#041/04*011	1썩달나무에서	1늙은
1늙은	#041/04*012	1이제	1올빼미
1올빼미	#041/04*013	1늙은	1흉몽스런
1흉몽스런	#041/04*014	1올빼미	1울음을
1울음을	#041/04*015	1흉몽스런	1꾀이려니
1꾀이려니	#041/04*016	1울음을	1마을이
1마을이	#041/04*017	1꾀이려니	1떨다
1떨다	#041/04*018	1마을이	1이
1이	#041/04*019	1떨다	1밤이
1밤이	#041/04*020	1이	1떨다
1떨다	#041/04*021	1밤이	1어서

1어서	#041/04*022	1떨다	1지팽이를
1지팽이를	#041/04*023	1어서	1옮겨
1옮겨	#041/04*024	1지팽이를	1놓아라
1놓아라	#041/04*025	1옮겨	—
1산과	#042/01*001	—	1들이
1들이	#042/01*002	1산과	1늙은
1늙은	#042/01*003	1들이	1풍경에
1풍경에	#042/01*004	1늙은	1싸여
1싸여	#042/01*005	1풍경에	1앙상한
1앙상한	#042/01*006	1싸여	1계절을
1계절을	#042/01*007	1앙상한	1시름할
1시름할	#042/01*008	1계절을	1때
1때	#042/01*009	1시름할	1나는
1나는	#042/01*010	1때	1흙을
1흙을	#042/01*011	1나는	1뚜지고
1뚜지고	#042/01*012	1흙을	1땅
1땅	#042/01*013	1뚜지고	1깊이
1깊이	#042/01*014	1땅	1들어
1들어	#042/01*015	1깊이	1왔다
1왔다	#042/01*016	1들어	1차디찬
1차디찬	#042/01*017	1왔다	1달빛을
1달빛을	#042/01*018	1차디찬	1피해
1피해	#042/01*019	1달빛을	1둥글소의
1둥글소의	#042/01*020	1피해	1앞발을
1앞발을	#042/01*021	1둥글소의	1피해
1피해	#042/01*022	1앞발을	—
1멀어진	#042/02*001	—	1태양은
1태양은	#042/02*002	1멀어진	1아직
1아직	#042/02*003	1태양은	1꺼머첩첩한
1꺼머첩첩한	#042/02*004	1아직	1의혹의
1의혹의	#042/02*005	1꺼머첩첩한	1길을
1길을	#042/02*006	1의혹의	1더듬고
1더듬고	#042/02*007	1길을	1땅
1땅	#042/02*008	1더듬고	1우엔

1우엔	#042/02*009	1땅	1미친
1미친	#042/02*010	1우엔	1듯
1듯	#042/02*011	1미친	1태풍이
1태풍이	#042/02*012	1듯	1휩쓸어
1휩쓸어	#042/02*013	1태풍이	1지친
1지친	#042/02*014	1휩쓸어	1혼백들의
1혼백들의	#042/02*015	1지친	1곡성이
1곡성이	#042/02*016	1혼백들의	1높다
1높다	#042/02*017	1곡성이	1자신의
1자신의	#042/02*018	1높다	1체온에
1체온에	#042/02*019	1자신의	1실망한
1실망한	#042/02*020	1체온에	1적이
1적이	#042/02*021	1실망한	1없다
1없다	#042/02*022	1적이	—
1숨막히는	#042/03*001	—	1어둠
1어둠	#042/03*002	1숨막히는	1속에서도
1속에서도	#042/03*003	1어둠	1빛을
1빛을	#042/03*004	1속에서도	1머금어
1머금어	#042/03*005	1빛을	1사색이
1사색이	#042/03*006	1머금어	1너그럽거니
1너그럽거니	#042/03*007	1사색이	1갖은
1갖은	#042/03*008	1너그럽거니	1학대를
1학대를	#042/03*009	1갖은	1체험한
1체험한	#042/03*010	1학대를	1나는
1나는	#042/03*011	1체험한	1날카로운
1날카로운	#042/03*012	1나는	1무기를
1무기를	#042/03*013	1날카로운	1장만하리라
1장만하리라	#042/03*014	1무기를	1아름다운
1아름다운	#042/03*015	1장만하리라	1들
1들	#042/03*016	1아름다운	1색으로
1색으로	#042/03*017	1들	1평화의
1평화의	#042/03*018	1색으로	1의상도
1의상도	#042/03*019	1평화의	1꾸민다
1꾸민다	#042/03*020	1의상도	—

1강물이	#043/01*009	1두	1마주쳐
1마주쳐	#043/01*010	1강물이	1감싸
1감싸	#043/01*011	1마주쳐	1돌며
1돌며	#043/01*012	1감싸	1대하를
1대하를	#043/01*013	1돌며	1이루는
1이루는	#043/01*014	1대하를	1위대한
1위대한	#043/01*015	1이루는	1순간
1순간	#043/01*016	1위대한	1찬연한
1찬연한	#043/01*017	1순간	1빛이
1빛이	#043/01*018	1찬연한	1중천에
1중천에	#043/01*019	1빛이	1퍼지고
1퍼지고	#043/01*020	1중천에	―
1물보다	#043/02*001	―	1먼저
1먼저	#043/02*002	1물보다	1환호를
1환호를	#043/02*003	1먼저	1올리며
1올리며	#043/02*004	1환호를	1서로
1서로	#043/02*005	1올리며	1껴안는
1껴안는	#043/02*006	1서로	1로동자
1로동자	#043/02*007	1껴안는	1농민들
1농민들	#043/02*008	1로동자	1속에서
1속에서	#043/02*009	1농민들	1처녀와
1처녀와	#043/02*010	1속에서	1총각도
1총각도	#043/02*011	1처녀와	1무심결에
1무심결에	#043/02*012	1총각도	1얼싸
1얼싸	#043/02*013	1무심결에	1안았다
1안았다	#043/02*014	1얼싸	―
1그것은	#043/03*001	―	1짧은
1짧은	#043/03*002	1그것은	1동안
1동안	#043/03*003	1짧은	1그러나
1그러나	#043/03*004	1동안	1처녀가
1처녀가	#043/03*005	1그러나	1볼을
1볼을	#043/03*006	1처녀가	1붉히며
1붉히며	#043/03*007	1볼을	1한
1한	#043/03*008	1붉히며	1걸음

1걸음	#043/03*009	1한	1물러섰을
1물러섰을	#043/03*010	1걸음	1땐
1땐	#043/03*011	1물러섰을	–
1사람들은	#043/04*001	–	1물을
1물을	#043/04*002	1사람들은	1따라
1따라	#043/04*003	1물을	1저만치
1저만치	#043/04*004	1따라	1와아
1와아	#043/04*005	1저만치	1달리고
1달리고	#043/04*006	1와아	1저기
1저기	#043/04*007	1달리고	1농사집
1농사집	#043/04*008	1저기	1빈
1빈	#043/04*009	1농사집	1뜰악에
1뜰악에	#043/04*010	1빈	1흩어졌다가
1흩어졌다가	#043/04*011	1뜰악에	1활짝
1활짝	#043/04*012	1흩어졌다가	1핀
1핀	#043/04*013	1활짝	1배추꽃
1배추꽃	#043/04*014	1핀	1이랑을
1이랑을	#043/04*015	1배추꽃	1찾아
1찾아	#043/04*016	1이랑을	1바쁘게
1바쁘게	#043/04*017	1찾아	1숨는
1숨는	#043/04*018	1바쁘게	1어린
1어린	#043/04*019	1숨는	1닭무리
1닭무리	#043/04*020	1어린	–
1물쿠는	#043/05*001	–	1더위도
1더위도	#043/05*002	1물쿠는	1몰아치는
1몰아치는	#043/05*003	1더위도	1눈보라도
1눈보라도	#043/05*004	1몰아치는	1공사의
1공사의	#043/05*005	1눈보라도	1속도를
1속도를	#043/05*006	1공사의	1늦추게는
1늦추게는	#043/05*007	1속도를	1못
1못	#043/05*008	1늦추게는	1했거니
1했거니	#043/05*009	1못	1두
1두	#043/05*010	1했거니	1강물을
1강물을	#043/05*011	1두	1한

1한	#043/05*012	1강물을	1곬으로
1곬으로	#043/05*013	1한	1흐르게
1흐르게	#043/05*014	1곬으로	1한
1한	#043/05*015	1흐르게	1오늘의
1오늘의	#043/05*016	1한	1감격을
1감격을	#043/05*017	1오늘의	1무엇에
1무엇에	#043/05*018	1감격을	1비기랴
1비기랴	#043/05*019	1무엇에	—
1무엇에	#043/06*001	—	1비기랴
1비기랴	#043/06*002	1무엇에	1어려운
1어려운	#043/06*003	1비기랴	1고비마다
1고비마다	#043/06*004	1어려운	1앞장에
1앞장에	#043/06*005	1고비마다	1나섰던
1나섰던	#043/06*006	1앞장에	1청년
1청년	#043/06*007	1나섰던	1돌격대
1돌격대	#043/06*008	1청년	1두
1두	#043/06*009	1돌격대	1젊은이의
1젊은이의	#043/06*010	1두	1가슴에
1가슴에	#043/06*011	1젊은이의	1오래
1오래	#043/06*012	1가슴에	1사무쳐
1사무쳐	#043/06*013	1오래	1다는
1다는	#043/06*014	1사무쳐	1말
1말	#043/06*015	1다는	1못
1못	#043/06*016	1말	1한
1한	#043/06*017	1못	1아름다운
1아름다운	#043/06*018	1한	1사연을
1사연을	#043/06*019	1아름다운	—
1처녀와	#043/07*001	—	1총각은
1총각은	#043/07*002	1처녀와	1가지런히
1가지런히	#043/07*003	1총각은	1앉아
1앉아	#043/07*004	1가지런히	1흐르는
1흐르는	#043/07*005	1앉아	1물에
1물에	#043/07*006	1흐르는	1발목을
1발목을	#043/07*007	1물에	1담그고

1갖지	#044/02*009	1웃음을	1않을
1않을	#044/02*010	1갖지	1네건만
1네건만	#044/02*011	1않을	－
1때로	#044/03*001	－	1불타는
1불타는	#044/03*002	1때로	1한
1한	#044/03*003	1불타는	1줄
1줄	#044/03*004	1한	1빛으로서
1빛으로서	#044/03*005	1줄	1네
1네	#044/03*006	1빛으로서	1맘은
1맘은	#044/03*007	1네	1아프고
1아프고	#044/03*008	1맘은	1이즈러짐이
1이즈러짐이	#044/03*009	1아프고	1또한
1또한	#044/03*010	1이즈러짐이	1크다
1크다	#044/03*011	1또한	－
1나는	#045/01*001	－	1죄인처럼
1죄인처럼	#045/01*002	1나는	1수그리고
1수그리고	#045/01*003	1죄인처럼	1나는
1나는	#045/01*004	1수그리고	1코끼리처럼
1코끼리처럼	#045/01*005	1나는	1말이
1말이	#045/01*006	1코끼리처럼	1없다
1없다	#045/01*007	1말이	1두만강
1두만강	#045/01*008	1없다	1너
1너	#045/01*009	1두만강	1우리의
1우리의	#045/01*010	1너	1강아
1강아	#045/01*011	1우리의	1너의
1너의	#045/01*012	1강아	1언덕을
1언덕을	#045/01*013	1너의	1달리는
1달리는	#045/01*014	1언덕을	1찻간에
1찻간에	#045/01*015	1달리는	1조그마한
1조그마한	#045/01*016	1찻간에	1자랑도
1자랑도	#045/01*017	1조그마한	1자유도
1자유도	#045/01*018	1자랑도	1없이
1없이	#045/01*019	1자유도	1앉았다
1앉았다	#045/01*020	1없이	－

1건너	#045/03*009	1강	1벌판엔
1벌판엔	#045/03*010	1건너	1나의
1나의	#045/03*011	1벌판엔	1젊은
1젊은	#045/03*012	1나의	1넋이
1넋이	#045/03*013	1젊은	1무엇인가
1무엇인가	#045/03*014	1넋이	1기다려
1기다려	#045/03*015	1무엇인가	1얼어
1얼어	#045/03*016	1기다려	1붙은
1붙은	#045/03*017	1얼어	1듯
1듯	#045/03*018	1붙은	1섰거니
1섰거니	#045/03*019	1듯	1욕된
1욕된	#045/03*020	1섰거니	1운명은
1운명은	#045/03*021	1욕된	1밤
1밤	#045/03*022	1운명은	1우에
1우에	#045/03*023	1밤	1밤을
1밤을	#045/03*024	1우에	1마련할
1마련할	#045/03*025	1밤을	1뿐
1뿐	#045/03*026	1마련할	–
1잠들지	#045/04*001	–	1말라
1말라	#045/04*002	1잠들지	1우리의
1우리의	#045/04*003	1말라	1강아
1강아	#045/04*004	1우리의	1오늘밤도
1오늘밤도	#045/04*005	1강아	1너의
1너의	#045/04*006	1오늘밤도	1가슴을
1가슴을	#045/04*007	1너의	1밟는
1밟는	#045/04*008	1가슴을	1뭇
1뭇	#045/04*009	1밟는	1슬픔이
1슬픔이	#045/04*010	1뭇	1목마르고
1목마르고	#045/04*011	1슬픔이	1얼음길은
1얼음길은	#045/04*012	1목마르고	1거칠다
1거칠다	#045/04*013	1얼음길은	1길은
1길은	#045/04*014	1거칠다	1멀다
1멀다	#045/04*015	1길은	–
1차라리	#045/05*001	–	1마음의

1뒷산에두	#046/02*001	–	1봇나무
1봇나무	#046/02*002	1뒷산에두	1앞산두
1앞산두	#046/02*003	1봇나무	1군데군데
1군데군데	#046/02*004	1앞산두	1봇나무
1봇나무	#046/02*005	1군데군데	–
1주인장은	#046/03*001	–	1매사냥을
1매사냥을	#046/03*002	1주인장은	1다니다가
1다니다가	#046/03*003	1매사냥을	1어느
1어느	#046/03*004	1다니다가	1바위틈에서
1바위틈에서	#046/03*005	1어느	1죽었다는
1죽었다는	#046/03*006	1바위틈에서	1주막집에서
1주막집에서	#046/03*007	1죽었다는	1오래오래
1오래오래	#046/03*008	1주막집에서	1옛말처럼
1옛말처럼	#046/03*009	1오래오래	1살고
1살고	#046/03*010	1옛말처럼	1싶었다
1싶었다	#046/03*011	1살고	–
1아이도	#047/01*001	–	1어른도
1어른도	#047/01*002	1아이도	1버섯을
1버섯을	#047/01*003	1어른도	1만지며
1만지며	#047/01*004	1버섯을	1히히
1히히	#047/01*005	1만지며	1웃는다
1웃는다	#047/01*006	1히히	1독한
1독한	#047/01*007	1웃는다	1버섯인
1버섯인	#047/01*008	1독한	1양
1양	#047/01*009	1버섯인	1히히
1히히	#047/01*010	1양	1웃는다
1웃는다	#047/01*011	1히히	–
1돌아	#047/02*001	–	1돌아
1돌아	#047/02*002	1돌아	1물곬
1물곬	#047/02*003	1돌아	1따라
1따라	#047/02*004	1물곬	1가면
1가면	#047/02*005	1따라	1강에
1강에	#047/02*006	1가면	1이른대
1이른대	#047/02*007	1강에	1령

1령	#047/02*008	1이른대	1넘어
1넘어	#047/02*009	1령	1여러
1여러	#047/02*010	1넘어	1령
1령	#047/02*011	1여러	1넘어
1넘어	#047/02*012	1령	1가면
1가면	#047/02*013	1넘어	1읍이
1읍이	#047/02*014	1가면	1보인대
1보인대	#047/02*015	1읍이	—
1맷돌방아	#047/03*001	—	1그늘도
1그늘도	#047/03*002	1맷돌방아	1토담
1토담	#047/03*003	1그늘도	1그늘도
1그늘도	#047/03*004	1토담	1히부옇게
1히부옇게	#047/03*005	1그늘도	1엷어지는데
1엷어지는데	#047/03*006	1히부옇게	1어디서
1어디서	#047/03*007	1엷어지는데	1꽃가루
1꽃가루	#047/03*008	1어디서	1날아
1날아	#047/03*009	1꽃가루	1오는
1오는	#047/03*010	1날아	1듯
1듯	#047/03*011	1오는	1눈
1눈	#047/03*012	1듯	1부시는
1부시는	#047/03*013	1눈	1산머리
1산머리	#047/03*014	1부시는	—
1온	#047/04*001	—	1길
1길	#047/04*002	1온	1가야
1가야	#047/04*003	1길	1할
1할	#047/04*004	1가야	1길
1길	#047/04*005	1할	1죄다
1죄다	#047/04*006	1길	1잊고
1잊고	#047/04*007	1죄다	1까맣게
1까맣게	#047/04*008	1잊고	1잠들고
1잠들고	#047/04*009	1까맣게	1싫어라
1싫어라	#047/04*010	1잠들고	—
1참나무	#048/01*001	—	1불이
1불이	#048/01*002	1참나무	1이글이글한

1이글이글한	#048/01*003	1불이	1오지화로에
1오지화로에	#048/01*004	1이글이글한	1감자
1감자	#048/01*005	1오지화로에	1두어
1두어	#048/01*006	1감자	1개
1개	#048/01*007	1두어	1묻어
1묻어	#048/01*008	1개	1놓고
1놓고	#048/01*009	1묻어	1멀어진
1멀어진	#048/01*010	1놓고	1서울을
1서울을	#048/01*011	1멀어진	1못
1못	#048/01*012	1서울을	1견디게
1견디게	#048/01*013	1못	1그리는
1그리는	#048/01*014	1견디게	1것은
1것은	#048/01*015	1그리는	1도포
1도포	#048/01*016	1것은	1걸친
1걸친	#048/01*017	1도포	1어느
1어느	#048/01*018	1걸친	1조상이
1조상이	#048/01*019	1어느	1귀양
1귀양	#048/01*020	1조상이	1와서
1와서	#048/01*021	1귀양	1일삼던
1일삼던	#048/01*022	1와서	1버릇일가
1버릇일가	#048/01*023	1일삼던	—
1돌아	#048/02*001	—	1갈
1갈	#048/02*002	1돌아	1때엔
1때엔	#048/02*003	1갈	1당나귀
1당나귀	#048/02*004	1때엔	1타고
1타고	#048/02*005	1당나귀	1싶던
1싶던	#048/02*006	1타고	1여러
1여러	#048/02*007	1싶던	1령에
1령에	#048/02*008	1여러	1눈은
1눈은	#048/02*009	1령에	1내리는데
1내리는데	#048/02*010	1눈은	1눈은
1눈은	#048/02*011	1내리는데	1내리는데
1내리는데	#048/02*012	1눈은	—
1소금토리	#049/01*001	—	1지웃거리며

1아는	#050/02*002	1에서	1이를
1이를	#050/02*003	1아는	1만나면
1만나면	#050/02*004	1이를	1숨어
1숨어	#050/02*005	1만나면	1버리지
1버리지	#050/02*006	1숨어	1숨어서
1숨어서	#050/02*007	1버리지	1휘정휘정
1휘정휘정	#050/02*008	1숨어서	1뒷길을
1뒷길을	#050/02*009	1휘정휘정	1걸을라치면
1걸을라치면	#050/02*010	1뒷길을	1지나간
1지나간	#050/02*011	1걸을라치면	1나날이
1나날이	#050/02*012	1지나간	1나를
1나를	#050/02*013	1나날이	1따라
1따라	#050/02*014	1나를	1오리라
1오리라	#050/02*015	1따라	—
1푸르른	#050/03*001	—	1새벽인들
1새벽인들	#050/03*002	1푸르른	1나에게
1나에게	#050/03*003	1새벽인들	1없었으랴
1없었으랴	#050/03*004	1나에게	1나를
1나를	#050/03*005	1없었으랴	1에워싸고
1에워싸고	#050/03*006	1나를	1웨치며
1웨치며	#050/03*007	1에워싸고	1쓰러지는
1쓰러지는	#050/03*008	1웨치며	1수없이
1수없이	#050/03*009	1쓰러지는	1많은
1많은	#050/03*010	1수없이	1나의
1나의	#050/03*011	1많은	1얼굴은
1얼굴은	#050/03*012	1나의	1파리한
1파리한	#050/03*013	1얼굴은	1이마는
1이마는	#050/03*014	1파리한	1입설은
1입설은	#050/03*015	1이마는	1잊어
1잊어	#050/03*016	1입설은	1버리고저
1버리고저	#050/03*017	1잊어	1나의
1나의	#050/03*018	1버리고저	1해바라기는
1해바라기는	#050/03*019	1나의	1어느
1어느	#050/03*020	1해바라기는	1가슴에

1봉오리	#051/01*038	1검은	—
1미끄러운	#051/02*001	—	1바위를
1바위를	#051/02*002	1미끄러운	1안고
1안고	#051/02*003	1바위를	1돌아
1돌아	#051/02*004	1안고	1몇
1몇	#051/02*005	1돌아	1굽이
1굽이	#051/02*006	1몇	1돌아봐도
1돌아봐도	#051/02*007	1굽이	1다시
1다시	#051/02*008	1돌아봐도	1산
1산	#051/02*009	1다시	1사이
1사이	#051/02*010	1산	1험한
1험한	#051/02*011	1사이	1골짜길
1골짜길	#051/02*012	1험한	1자옥마다
1자옥마다	#051/02*013	1골짜길	1위태롭다
1위태롭다	#051/02*014	1자옥마다	—
1옹골찬	#051/03*001	—	1믿음의
1믿음의	#051/03*002	1옹골찬	1불수레
1불수레	#051/03*003	1믿음의	1굴러
1굴러	#051/03*004	1불수레	1조마스런
1조마스런	#051/03*005	1굴러	1마암을
1마암을	#051/03*006	1조마스런	1막아
1막아	#051/03*007	1마암을	1보렴
1보렴	#051/03*008	1막아	1앞선
1앞선	#051/03*009	1보렴	1사람
1사람	#051/03*010	1앞선	1뒤떨어진
1뒤떨어진	#051/03*011	1사람	1벗
1벗	#051/03*012	1뒤떨어진	1모두
1모두	#051/03*013	1벗	1입
1입	#051/03*014	1모두	1다물어
1다물어	#051/03*015	1입	1잠잠
1잠잠	#051/03*016	1다물어	—
1등불이	#051/04*001	—	1보고
1보고	#051/04*002	1등불이	1싶다
1싶다	#051/04*003	1보고	1등불이

1그림자	#052/02*008	1흰	1등을
1등을	#052/02*009	1그림자	1묻어
1묻어	#052/02*010	1등을	1무거운데
1무거운데	#052/02*011	1묻어	1아모
1아모	#052/02*012	1무거운데	1은혜도
1은혜도	#052/02*013	1아모	1받들지
1받들지	#052/02*014	1은혜도	1못한
1못한	#052/02*015	1받들지	1여러
1여러	#052/02*016	1못한	1밤이
1밤이	#052/02*017	1여러	1오늘밤도
1오늘밤도	#052/02*018	1밤이	1유리창은
1유리창은	#052/02*019	1오늘밤도	1어두워
1어두워	#052/02*020	1유리창은	—
1무너진	#052/03*001	—	1하늘을
1하늘을	#052/03*002	1무너진	1헤치며
1헤치며	#052/03*003	1하늘을	1별빛
1별빛	#052/03*004	1헤치며	1흘러가고
1흘러가고	#052/03*005	1별빛	1마음의
1마음의	#052/03*006	1흘러가고	1도랑을
1도랑을	#052/03*007	1마음의	1씨들은
1씨들은	#052/03*008	1도랑을	1플잎이
1플잎이	#052/03*009	1씨들은	1저어
1저어	#052/03*010	1플잎이	1가고
1가고	#052/03*011	1저어	1나의
1나의	#052/03*012	1가고	1병실엔
1병실엔	#052/03*013	1나의	1초라한
1초라한	#052/03*014	1병실엔	1돌문이
1돌문이	#052/03*015	1초라한	1높으게
1높으게	#052/03*016	1돌문이	1솟으라선다
1솟으라선다	#052/03*017	1높으게	—
1어느	#052/04*001	—	1나라이고
1나라이고	#052/04*002	1어느	1새야
1새야	#052/04*003	1나라이고	1외로운
1외로운	#052/04*004	1새야	1새야

1나무에	#053/03*002	1나무와	1방울진
1방울진	#053/03*003	1나무에	1정렬의
1정렬의	#053/03*004	1방울진	1사도
1사도	#053/03*005	1정렬의	1너희들의
1너희들의	#053/03*006	1사도	1곁에
1곁에	#053/03*007	1너희들의	1있는
1있는	#053/03*008	1곁에	1한
1한	#053/03*009	1있는	1있기를
1있기를	#053/03*010	1한	1맹세하는
1맹세하는	#053/03*011	1있기를	1한
1한	#053/03*012	1맹세하는	1령혼의
1령혼의	#053/03*013	1한	1령토에
1령토에	#053/03*014	1령혼의	1비애가
1비애가	#053/03*015	1령토에	1침입해서는
1침입해서는	#053/03*016	1비애가	1안될
1안될	#053/03*017	1침입해서는	1것을
1것을	#053/03*018	1안될	1믿다
1믿다	#053/03*019	1것을	—
1오	#053/04*001	—	1림침나무
1림침나무	#053/04*002	1오	1회색
1회색	#053/04*003	1림침나무	1그늘
1그늘	#053/04*004	1회색	1밑에
1밑에	#053/04*005	1그늘	1창백한
1창백한	#053/04*006	1밑에	1우분의
1우분의	#053/04*007	1창백한	1매장처를
1매장처를	#053/04*008	1우분의	1가지고
1가지고	#053/04*009	1매장처를	1싫어라
1싫어라	#053/04*010	1가지고	—
1가랑비	#054/01*001	—	1활짝
1활짝	#054/01*002	1가랑비	1개인
1개인	#054/01*003	1활짝	1산등성이를
1산등성이를	#054/01*004	1개인	1날쌔게
1날쌔게	#054/01*005	1산등성이를	1우리
1우리	#054/01*006	1날쌔게	1제비가

1그	#054/04*006	1잔치는	1애가
1애가	#054/04*007	1그	1이기고
1이기고	#054/04*008	1애가	1오기
1오기	#054/04*009	1이기고	1전엔
1전엔	#054/04*010	1오기	1막무가내라는
1막무가내라는	#054/04*011	1전엔	1할머니의
1할머니의	#054/04*012	1막무가내라는	1막내는
1막내는	#054/04*013	1할머니의	1항공병
1항공병	#054/04*014	1막내는	—
1련거픈	#054/05*001	—	1공중전에서
1공중전에서	#054/05*002	1련거픈	1속시원히
1속시원히	#054/05*003	1공중전에서	1미국놈
1미국놈	#054/05*004	1속시원히	1비행기를
1비행기를	#054/05*005	1미국놈	1동강낸
1동강낸	#054/05*006	1비행기를	1공으로
1공으로	#054/05*007	1동강낸	1두
1두	#054/05*008	1공으로	1번이나
1번이나	#054/05*009	1두	1훈장을
1훈장을	#054/05*010	1번이나	1받은
1받은	#054/05*011	1훈장을	1신문
1신문	#054/05*012	1받은	1사진을
1사진을	#054/05*013	1신문	1김장군
1김장군	#054/05*014	1사진을	1초상
1초상	#054/05*015	1김장군	1밑에
1밑에	#054/05*016	1초상	1오려
1오려	#054/05*017	1밑에	1붙이고
1붙이고	#054/05*018	1오려	—
1할머니의	#054/06*001	—	1마음은
1마음은	#054/06*002	1할머니의	1아들과
1아들과	#054/06*003	1마음은	1함께
1함께	#054/06*004	1아들과	1항상
1항상	#054/06*005	1함께	1푸른
1푸른	#054/06*006	1항상	1하늘을
1하늘을	#054/06*007	1푸른	1날고

1날고	#054/06*008	1하늘을	1있다
1있다	#054/06*009	1날고	–
1어쩌자구	#055/01*001	–	1자꾸만
1자꾸만	#055/01*002	1어쩌자구	1눈앞에
1눈앞에	#055/01*003	1자꾸만	1삼삼한
1삼삼한	#055/01*004	1눈앞에	1정든
1정든	#055/01*005	1삼삼한	1사람들마저
1사람들마저	#055/01*006	1정든	1깨끗이
1깨끗이	#055/01*007	1사람들마저	1잊고저
1잊고저	#055/01*008	1깨끗이	1북에서도
1북에서도	#055/01*009	1잊고저	1북쪽까지
1북쪽까지	#055/01*010	1북에서도	1머나먼
1머나먼	#055/01*011	1북쪽까지	1곳으로
1곳으로	#055/01*012	1머나먼	1와
1와	#055/01*013	1곳으로	1버렸는데
1버렸는데	#055/01*014	1와	–
1산굽이	#055/02*001	–	1돌아
1돌아	#055/02*002	1산굽이	1돌아
1돌아	#055/02*003	1돌아	1막차
1막차	#055/02*004	1돌아	1갈
1갈	#055/02*005	1막차	1때마다
1때마다	#055/02*006	1갈	1불붙듯
1불붙듯	#055/02*007	1때마다	1그리운
1그리운	#055/02*008	1불붙듯	1사람들을
1사람들을	#055/02*009	1그리운	1그리며
1그리며	#055/02*010	1사람들을	1먼지와
1먼지와	#055/02*011	1그리며	1함께
1함께	#055/02*012	1먼지와	1들이켜는
1들이켜는	#055/02*013	1함께	1독한
1독한	#055/02*014	1들이켜는	1술
1술	#055/02*015	1독한	1너무나
1너무나	#055/02*016	1술	1차거운
1차거운	#055/02*017	1너무나	1유리잔이
1유리잔이	#055/02*018	1차거운	1나는

1나는	#055/02*019	1유리잔이	1무거워
1무거워	#055/02*020	1나는	—
1노오란	#056/01*001	—	1은행잎
1은행잎	#056/01*002	1노오란	1하나
1하나	#056/01*003	1은행잎	1호리호리
1호리호리	#056/01*004	1하나	1돌아
1돌아	#056/01*005	1호리호리	1호수에
1호수에	#056/01*006	1돌아	1떨어져
1떨어져	#056/01*007	1호수에	1소리없이
1소리없이	#056/01*008	1떨어져	1호면을
1호면을	#056/01*009	1소리없이	1미끄러진다
1미끄러진다	#056/01*010	1호면을	1또
1또	#056/01*011	1미끄러진다	1하나
1하나	#056/01*012	1또	—
1조이삭을	#056/02*001	—	1줍던
1줍던	#056/02*002	1조이삭을	1시름은
1시름은	#056/02*003	1줍던	1요지음
1요지음	#056/02*004	1시름은	1락엽
1락엽	#056/02*005	1요지음	1모으기에
1모으기에	#056/02*006	1락엽	1더욱
1더욱	#056/02*007	1모으기에	1더
1더	#056/02*008	1더욱	1해마알개
1해마알개	#056/02*009	1더	1졌고
1졌고	#056/02*010	1해마알개	—
1하늘	#056/03*001	—	1하늘을
1하늘을	#056/03*002	1하늘	1쳐다보는
1쳐다보는	#056/03*003	1하늘을	1늙은이
1늙은이	#056/03*004	1쳐다보는	1뇌리에는
1뇌리에는	#056/03*005	1늙은이	1얼어죽은
1얼어죽은	#056/03*006	1뇌리에는	1친지
1친지	#056/03*007	1얼어죽은	1그
1그	#056/03*008	1친지	1그리운
1그리운	#056/03*009	1그	1모습이
1모습이	#056/03*010	1그리운	1또렷하게

1또렷하게	#056/03*011	1모습이	1피어오른다고
1피어오른다고	#056/03*012	1또렷하게	1길다란
1길다란	#056/03*013	1피어오른다고	1담뱃대의
1담뱃대의	#056/03*014	1길다란	1뽕잎
1뽕잎	#056/03*015	1담뱃대의	1연기를
1연기를	#056/03*016	1뽕잎	1하소에
1하소에	#056/03*017	1연기를	1돌린다
1돌린다	#056/03*018	1하소에	—
1돌개바람이	#056/04*001	—	1멀지
1멀지	#056/04*002	1돌개바람이	1않어
1않어	#056/04*003	1멀지	1어린것들이
1어린것들이	#056/04*004	1않어	1털
1털	#056/04*005	1어린것들이	1고운
1고운	#056/04*006	1털	1토끼
1토끼	#056/04*007	1고운	1껍질을
1껍질을	#056/04*008	1토끼	1베껴
1베껴	#056/04*009	1껍질을	1귀걸개를
1귀걸개를	#056/04*010	1베껴	1준비할
1준비할	#056/04*011	1귀걸개를	1때
1때	#056/04*012	1준비할	—
1기름진	#056/05*001	—	1밭고랑을
1밭고랑을	#056/05*002	1기름진	1가져
1가져	#056/05*003	1밭고랑을	1못
1못	#056/05*004	1가져	1본
1본	#056/05*005	1못	1부락민
1부락민	#056/05*006	1본	1사이엔
1사이엔	#056/05*007	1부락민	1지난해처럼
1지난해처럼	#056/05*008	1사이엔	1또
1또	#056/05*009	1지난해처럼	1또
1또	#056/05*010	1또	1전해처럼
1전해처럼	#056/05*011	1또	1소름끼친
1소름끼친	#056/05*012	1전해처럼	1대화가
1대화가	#056/05*013	1소름끼친	1오도드오
1오도드오	#056/05*014	1대화가	1떤다

1떤다	#056/05*015	1오도드오	—
1진리는	#057/01*001	—	1세계의
1세계의	#057/01*002	1진리는	1량심들을
1량심들을	#057/01*003	1세계의	1일으켜
1일으켜	#057/01*004	1량심들을	1평화에로
1평화에로	#057/01*005	1일으켜	1평화에로
1평화에로	#057/01*006	1평화에로	1부르고
1부르고	#057/01*007	1평화에로	1있지
1있지	#057/01*008	1부르고	1않습니까
1않습니까	#057/01*009	1있지	1애트리에게
1애트리에게	#057/01*010	1않습니까	1가장
1가장	#057/01*011	1애트리에게	1두려운
1두려운	#057/01*012	1가장	1것은
1것은	#057/01*013	1두려운	1바로
1바로	#057/01*014	1것은	1이것입니다
1이것입니다	#057/01*015	1바로	—
1모니카	#057/02*001	—	1펠톤
1펠톤	#057/02*002	1모니카	1녀사여
1녀사여	#057/02*003	1펠톤	—
1지난날	#057/03*001	—	1당신이
1당신이	#057/03*002	1지난날	1분격에
1분격에	#057/03*003	1당신이	1싸여
1싸여	#057/03*004	1분격에	1거닐은
1거닐은	#057/03*005	1싸여	1이곳
1이곳	#057/03*006	1거닐은	1평양에
1평양에	#057/03*007	1이곳	1이미
1이미	#057/03*008	1평양에	1벽돌
1벽돌	#057/03*009	1이미	1굴뚝만
1굴뚝만	#057/03*010	1벽돌	1남아
1남아	#057/03*011	1굴뚝만	1선
1선	#057/03*012	1남아	1병원이며
1병원이며	#057/03*013	1선	1학교들에
1학교들에	#057/03*014	1병원이며	1이미
1이미	#057/03*015	1학교들에	1슬픔을

1끝끝내	#057/05*016	1도리우고	1숨거둔
1숨거둔	#057/05*017	1끝끝내	1열
1열	#057/05*018	1숨거둔	1한
1한	#057/05*019	1열	1살
1살	#057/05*020	1한	1김성애를
1김성애를	#057/05*021	1살	1대신하여
1대신하여	#057/05*022	1김성애를	–
1누가	#057/06*001	–	1엄마를
1엄마를	#057/06*002	1누가	1언니를
1언니를	#057/06*003	1엄마를	1죽였느냐고
1죽였느냐고	#057/06*004	1언니를	1당신이
1당신이	#057/06*005	1죽였느냐고	1물었을
1물었을	#057/06*006	1당신이	1때
1때	#057/06*007	1물었을	1속눈섭
1속눈섭	#057/06*008	1때	1츨츨한
1츨츨한	#057/06*009	1속눈섭	1두
1두	#057/06*010	1츨츨한	1눈
1눈	#057/06*011	1두	1부릅뜨고
1부릅뜨고	#057/06*012	1눈	1미국
1미국	#057/06*013	1부릅뜨고	1놈이라
1놈이라	#057/06*014	1미국	1치를
1치를	#057/06*015	1놈이라	1떨며
1떨며	#057/06*016	1치를	1대답한
1대답한	#057/06*017	1떨며	1아홉
1아홉	#057/06*018	1대답한	1살
1살	#057/06*019	1아홉	1박상옥이를
1박상옥이를	#057/06*020	1살	1대신하여
1대신하여	#057/06*021	1박상옥이를	–
1끔찍이	#057/07*001	–	1불행한
1불행한	#057/07*002	1끔찍이	1너무나
1너무나	#057/07*003	1불행한	1많은
1많은	#057/07*004	1너무나	1사람들을
1사람들을	#057/07*005	1많은	1대신하여
1대신하여	#057/07*006	1사람들을	1나는

1나는	#057/07*007	1대신하여	1당신에게
1당신에게	#057/07*008	1나는	1충심으로
1충심으로	#057/07*009	1당신에게	1말합니다
1말합니다	#057/07*010	1충심으로	1당신은
1당신은	#057/07*011	1말합니다	1정당합니다
1정당합니다	#057/07*012	1당신은	−
1모니카	#057/08*001	−	1펠톤
1펠톤	#057/08*002	1모니카	1녀사여
1녀사여	#057/08*003	1펠톤	−
1황토	#057/09*001	−	1구덩이에
1구덩이에	#057/09*002	1황토	1산
1산	#057/09*003	1구덩이에	1채
1채	#057/09*004	1산	1매장
1매장	#057/09*005	1채	1당한
1당한	#057/09*006	1매장	1열이나
1열이나	#057/09*007	1당한	1스물로
1스물로	#057/09*008	1열이나	1헤일
1헤일	#057/09*009	1스물로	1수
1수	#057/09*010	1헤일	1없는
1없는	#057/09*011	1수	1어린것들과
1어린것들과	#057/09*012	1없는	1백이나
1백이나	#057/09*013	1어린것들과	1이백으로
1이백으로	#057/09*014	1백이나	1헤일
1헤일	#057/09*015	1이백으로	1수
1수	#057/09*016	1헤일	1없는
1없는	#057/09*017	1수	1부녀들의
1부녀들의	#057/09*018	1없는	1큰
1큰	#057/09*019	1부녀들의	1무덤
1무덤	#057/09*020	1큰	1파헤친
1파헤친	#057/09*021	1무덤	1오월
1오월	#057/09*022	1파헤친	1한나절
1한나절	#057/09*023	1오월	1황해도
1황해도	#057/09*024	1한나절	1이름
1이름	#057/09*025	1황해도	1없는

1없는	#057/09*026	1이름	1산봉우리엔
1산봉우리엔	#057/09*027	1없는	1호르는
1호르는	#057/09*028	1산봉우리엔	1구름도
1구름도	#057/09*029	1호르는	1비껴
1비껴	#057/09*030	1구름도	1가고
1가고	#057/09*031	1비껴	1멧새도
1멧새도	#057/09*032	1가고	1차마
1차마	#057/09*033	1멧새도	1노래하지
1노래하지	#057/09*034	1차마	1못했거니
1못했거니	#057/09*035	1노래하지	—
1얼굴	#057/10*001	—	1조차
1조차	#057/10*002	1얼굴	1분간할
1분간할	#057/10*003	1조차	1수
1수	#057/10*004	1분간할	1없게
1없게	#057/10*005	1수	1된
1된	#057/10*006	1없게	1우리의
1우리의	#057/10*007	1된	1수돌이와
1수돌이와	#057/10*008	1우리의	1복남이와
1복남이와	#057/10*009	1수돌이와	1옥희들
1옥희들	#057/10*010	1복남이와	1속에서
1속에서	#057/10*011	1옥희들	1당신은
1당신은	#057/10*012	1속에서	1당신의
1당신의	#057/10*013	1당신은	1거리에서
1거리에서	#057/10*014	1당신의	1조석으로
1조석으로	#057/10*015	1거리에서	1정든
1정든	#057/10*016	1조석으로	1당신들의
1당신들의	#057/10*017	1정든	1쬬온과
1쬬온과	#057/10*018	1당신들의	1메리이들을
1메리이들을	#057/10*019	1쬬온과	1안아
1안아	#057/10*020	1메리이들을	1일으키지
1일으키지	#057/10*021	1안아	1않을
1않을	#057/10*022	1일으키지	1수
1수	#057/10*023	1않을	1있었겠습니까
1있었겠습니까	#057/10*024	1수	—

1모니카펠톤	#057/11*001	—	1녀사여
1녀사여	#057/11*002	1모니카펠톤	—
1애트리	#057/12*003	—	1도당들은
1도당들은	#057/12*004	1애트리	1당신을
1당신을	#057/12*005	1도당들은	1반역의
1반역의	#057/12*006	1당신을	1죄로서
1죄로서	#057/12*007	1반역의	1심판하려
1심판하려	#057/12*008	1죄로서	1합니다
1합니다	#057/12*009	1심판하려	1그러나
1그러나	#057/12*010	1합니다	1세계
1세계	#057/12*011	1그러나	1인민들의
1인민들의	#057/12*012	1세계	1준렬한
1준렬한	#057/12*013	1인민들의	1심판이
1심판이	#057/12*014	1준렬한	1제놈들
1제놈들	#057/12*015	1심판이	1목덜미에
1목덜미에	#057/12*016	1제놈들	1내리고야
1내리고야	#057/12*017	1목덜미에	1말리라는
1말리라는	#057/12*018	1내리고야	1것은
1것은	#057/12*019	1말리라는	1애트리의
1애트리의	#057/12*020	1것은	1발밑을
1발밑을	#057/12*021	1애트리의	1흘러
1흘러	#057/12*022	1발밑을	1내리는
1내리는	#057/12*023	1흘러	1테무스의
1테무스의	#057/12*024	1내리는	1캄캄한
1캄캄한	#057/12*025	1테무스의	1물결까지도
1물결까지도	#057/12*026	1캄캄한	1알고
1알고	#057/12*027	1물결까지도	1있습니다
1있습니다	#057/12*028	1알고	—
1평화의	#057/13*001	—	1전렬을
1전렬을	#057/13*002	1평화의	1밝혀
1밝혀	#057/13*003	1전렬을	1나선
1나선	#057/13*004	1밝혀	1진리의
1진리의	#057/13*005	1나선	1불을
1불을	#057/13*006	1진리의	1끌

1끝	#057/13*007	1붙을	1수
1수	#057/13*008	1끝	1없기
1없기	#057/13*009	1수	1때문에
1때문에	#057/13*010	1없기	1날로
1날로	#057/13*011	1 때문에	1더
1더	#057/13*012	1날로	1높아지는
1높아지는	#057/13*013	1더	1진리의
1진리의	#057/13*014	1높아지는	1함성을
1함성을	#057/13*015	1진리의	1침묵시킬
1침묵시킬	#057/13*016	1함성을	1수는
1수는	#057/13*017	1침묵시킬	1없기
1없기	#057/13*018	1수는	1때문에
1때문에	#057/13*019	1없기	─
1모니카펠톤	#057/14*001	─	1녀사여
1녀사여	#057/14*002	1모니카펠톤	1형제들의
1형제들의	#057/15*001	1녀사여	1선혈
1선혈	#057/15*002	1형제들의	1스며
1스며	#057/15*003	1선혈	1배이고
1배이고	#057/15*004	1스며	1형제들의
1형제들의	#057/15*005	1배이고	1원한
1원한	#057/15*006	1형제들의	1복수에
1복수에	#057/15*007	1원한	1타는
1타는	#057/15*008	1복수에	1이
1이	#057/15*009	1타는	1땅에서
1땅에서	#057/15*010	1이	1미제
1미제	#057/15*011	1땅에서	1침략
1침략	#057/15*012	1미제	1군대를
1군대를	#057/15*013	1침략	1마지막
1마지막	#057/15*014	1군대를	1한
1한	#057/15*015	1마지막	1놈까지
1놈까지	#057/15*016	1한	1눕히기
1눕히기	#057/15*017	1놈까지	1전엔
1전엔	#057/15*018	1눕히기	1목놓아
1목놓아	#057/15*019	1전엔	1울지도

1점점	#058/02*018	1듯	1깊어
1깊어	#058/02*019	1점점	1가는데
1가는데	#058/02*020	1깊어	1밤을
1밤을	#058/03*001	1가는데	1평화의
1평화의	#058/03*002	1밤을	1상징이라
1상징이라	#058/03*003	1평화의	1찬미한
1찬미한	#058/03*004	1상징이라	1자
1자	#058/03*005	1찬미한	1누구뇨
1누구뇨	#058/03*006	1자	1만물은
1만물은	#058/03*007	1누구뇨	1명일의
1명일의	#058/03*008	1만물은	1투쟁에
1투쟁에	#058/03*009	1명일의	1제공할
1제공할	#058/03*010	1투쟁에	1에너기를
1에너기를	#058/03*011	1제공할	1회복하기
1회복하기	#058/03*012	1에너기를	1위해서의
1위해서의	#058/03*013	1회복하기	1휴식을
1휴식을	#058/03*014	1위해서의	1취하고
1취하고	#058/03*015	1휴식을	1있음을
1있음을	#058/03*016	1취하고	—
1나는	#058/04*001	—	1하로밤의
1하로밤의	#058/04*002	1나는	1숙소
1숙소	#058/04*003	1하로밤의	1찾기를
1찾기를	#058/04*004	1숙소	1벌써
1벌써	#058/04*005	1찾기를	1단넘했다
1단넘했다	#058/04*006	1벌써	1쓰레기통에서
1쓰레기통에서	#058/04*007	1단넘했다	1나온
1나온	#058/04*008	1쓰레기통에서	1빗자루같이
1빗자루같이	#058/04*009	1나온	1보잘것없는
1보잘것없는	#058/04*010	1빗자루같이	1몸을
1몸을	#058/04*011	1보잘것없는	1반가히
1반가히	#058/04*012	1몸을	1맞아
1맞아	#058/04*013	1반가히	1줄
1줄	#058/04*014	1맞아	1사람도
1사람도	#058/04*015	1줄	1없으려니와

1자	#058/06*008	1받은	1내
1내	#058/06*009	1자	1머리속에
1머리속에	#058/06*010	1내	1새파랗게
1새파랗게	#058/06*011	1머리속에	1녹슨
1녹슨	#058/06*012	1새파랗게	1구리쇠를
1구리쇠를	#058/06*013	1녹슨	1잔뜩
1잔뜩	#058/06*014	1구리쇠를	1쓸어
1쓸어	#058/06*015	1잔뜩	1넣은
1넣은	#058/06*016	1쓸어	1듯이
1듯이	#058/06*017	1넣은	1테ㅇ
1테ㅇ	#058/06*018	1듯이	―
1정향	#058/07*001	―	1없는
1없는	#058/07*002	1정향	1무숙의
1무숙의	#058/07*003	1없는	1보조
1보조	#058/07*004	1무숙의	1사형죄수의
1사형죄수의	#058/07*005	1보조	1눈알같이
1눈알같이	#058/07*006	1사형죄수의	1흐밋한
1흐밋한	#058/07*007	1눈알같이	1가로등
1가로등	#058/07*008	1흐밋한	1밑을
1밑을	#058/07*009	1가로등	1비틀비틀
1비틀비틀	#058/07*010	1밑을	1거나린다
1거나린다	#058/07*011	1비틀비틀	1그래도
1그래도	#058/07*012	1거나린다	1빛을
1빛을	#058/07*013	1그래도	1따라간다
1따라간다	#058/07*014	1빛을	1새
1새	#058/07*015	1따라간다	1힘을
1힘을	#058/07*016	1새	1얻으려
1얻으려	#058/07*017	1힘을	―
1가슴은	#059/01*001	―	1뫼풀
1뫼풀	#059/01*002	1가슴은	1우거진
1우거진	#059/01*003	1뫼풀	1벌판을
1벌판을	#059/01*004	1우거진	1묻고
1묻고	#059/01*005	1벌판을	1가슴은
1가슴은	#059/01*006	1묻고	1어느

1어디로	#059/03*013	1너만	1가나
1가나	#059/03*014	1어디로	—
1눈을	#059/04*001	—	1감으면
1감으면	#059/04*002	1눈을	1너를
1너를	#059/04*003	1감으면	1따라
1따라	#059/04*004	1너를	1자국자국
1자국자국	#059/04*005	1따라	1꽃을
1꽃을	#059/04*006	1자국자국	1디딘다
1디딘다	#059/04*007	1꽃을	1휘휘로운
1휘휘로운	#059/04*008	1디딘다	1마음에
1마음에	#059/04*009	1휘휘로운	1꽃잎이
1꽃잎이	#059/04*010	1마음에	1흩날린다
1흩날린다	#059/04*011	1꽃잎이	—
1이	#060/01*001	—	1소는
1소는	#060/01*002	1이	1열두
1열두	#060/01*003	1소는	1삼천리에
1삼천리에	#060/01*004	1열두	1나서
1나서	#060/01*005	1삼천리에	1열두
1열두	#060/01*006	1나서	1삼천리에서
1삼천리에서	#060/01*007	1열두	1자란
1자란	#060/01*008	1삼천리에서	1둥굴소
1둥굴소	#060/01*009	1자란	—
1떡심이야	#060/02*001	—	1마을에서
1마을에서	#060/02*002	1떡심이야	1으뜸이건만
1으뜸이건만	#060/02*003	1마을에서	1발목에
1발목에	#060/02*004	1으뜸이건만	1철철
1철철	#060/02*005	1발목에	1감기는
1감기는	#060/02*006	1철철	1물이
1물이	#060/02*007	1감기는	1글쎄
1글쎄	#060/02*008	1물이	1물이
1물이	#060/02*009	1글세	1글세
1글세	#060/02*010	1물이	1무거워선가
1무거워선가	#060/02*011	1글세	1걸음을
1걸음을	#060/02*012	1무거워선가	1제대로

1안고	#061/02*003	1바람을	1어디루
1어디루	#061/02*004	1안고	1가면
1가면	#061/02*005	1어디루	1눈길을
1눈길을	#061/02*006	1가면	1밟어
1밟어	#061/02*007	1눈길을	1어디루
1어디루	#061/02*008	1밟어	1향하면
1향하면	#061/02*009	1어디루	1당신을
1당신을	#061/02*010	1향하면	1뵈올
1뵈올	#061/02*011	1당신을	1수
1수	#061/02*012	1뵈올	1있습니까
1있습니까	#061/02*013	1수	－
1성	#061/03*001	－	1굽이나
1굽이나	#061/03*002	1성	1어득꾸레한
1어득꾸레한	#061/03*003	1굽이나	1술가게나
1술가게나	#061/03*004	1어득꾸레한	1어디서나
1어디서나	#061/03*005	1술가게나	1당신을
1당신을	#061/03*006	1어디서나	1만난면
1만난면	#061/03*007	1당신을	1당신
1당신	#061/03*008	1만난면	1가슴에서
1가슴에서	#061/03*009	1당신	1나는
1나는	#061/03*010	1가슴에서	1슬프디
1슬프디	#061/03*011	1나는	1슬픈
1슬픈	#061/03*012	1슬프디	1밤을
1밤을	#061/03*013	1슬픈	1나눠
1나눠	#061/03*014	1밤을	1드리겠습니다
1드리겠습니다	#061/03*015	1나눠	－
1멀리서래두	#061/04*016	－	1손을
1손을	#061/04*017	1멀리서래두	1저어
1저어	#061/04*018	1손을	1주십시오
1주십시오	#061/04*019	1저어	－
1아편에	#061/05*001	－	1부은
1부은	#061/05*002	1아편에	1당신은
1당신은	#061/05*003	1부은	1얼음짱에
1얼음짱에	#061/05*004	1당신은	1볼을

1고개와	#061/06*017	1벌판과	1골짝을
1골짝을	#061/06*018	1고개와	1당신의
1당신의	#061/06*019	1골짝을	1모두가
1모두가	#061/06*020	1당신의	1들어
1들어	#061/06*021	1모두가	1있다는
1있다는	#061/06*022	1들어	1조그마한
1조그마한	#061/06*023	1있다는	1궤짝만
1궤짝만	#061/06*024	1조그마한	1돌아올
1돌아올	#061/06*025	1궤짝만	1때
1때	#061/06*026	1돌아올	1당신의
1당신의	#061/06*027	1때	1상여
1상여	#061/06*028	1당신의	1비인
1비인	#061/06*029	1상여	1상여가
1상여가	#061/06*030	1비인	1바닷가로
1바닷가로	#061/06*031	1상여가	1바닷가로
1바닷가로	#061/06*032	1바닷가로	1바삐
1바삐	#061/06*033	1바닷가로	1걸어갈
1걸어갈	#061/06*034	1바삐	1때
1때	#061/06*035	1걸어갈	−
1당신의	#061/07*001	−	1어머니의
1어머니의	#061/07*002	1당신의	1사랑하는
1사랑하는	#061/07*003	1어머니의	1아들이였을
1아들이였을	#061/07*004	1사랑하는	1뿐입니까
1뿐입니까	#061/07*005	1아들이였을	−
1타다	#061/08*001	1뿐입니까	−
1남은	#061/08*002	−	1나무뿌리도
1나무뿌리도	#061/08*003	1남은	1돌멩이도
1돌멩이도	#061/08*004	1나무뿌리도	1내게로
1내게로	#061/08*005	1돌멩이도	1굴러
1굴러	#061/08*006	1내게로	1옵니다
1옵니다	#061/08*007	1굴러	1없어진
1없어진	#061/08*008	1옵니다	1듯한
1듯한	#061/08*009	1없어진	1빛깔
1빛깔	#061/08*010	1듯한	1속에서

1널판자를	#062/02*004	1눕힌	1허비다도
1허비다도	#062/02*005	1널판자를	1배와
1배와	#062/02*006	1허비다도	1두
1두	#062/02*007	1배와	1다리에
1다리에	#062/02*008	1두	1징글스럽게
1징글스럽게	#062/02*009	1다리에	1감긴
1감긴	#062/02*010	1징글스럽게	1누더기를
1누더기를	#062/02*011	1감긴	1쥐여
1쥐여	#062/02*012	1누더기를	1뜯다도
1뜯다도	#062/02*013	1쥐여	1밤
1밤	#062/02*014	1뜯다도	1뛰어
1뛰어	#062/02*015	1밤	1뛰어
1뛰어	#062/02*016	1뛰어	1높은
1높은	#062/02*017	1뛰어	1재를
1재를	#062/02*018	1높은	1넘은
1넘은	#062/02*019	1재를	1어린
1어린	#062/02*020	1넘은	1사슴처럼
1사슴처럼	#062/02*021	1어린	1오솝소리
1오솝소리	#062/02*022	1사슴처럼	1맥을
1맥을	#062/02*023	1오솝소리	1버리고
1버리고	#062/02*024	1맥을	1가벼히
1가벼히	#062/02*025	1버리고	1볼을
1볼을	#062/02*026	1가벼히	1만지는
1만지는	#062/02*027	1볼을	1야윈
1야윈	#062/02*028	1만지는	1손
1손	#062/02*029	1야윈	—
1손도	#062/03*001	—	1얼골도
1얼골도	#062/03*002	1손도	1끔쯕히
1끔쯕히	#062/03*003	1얼골도	1축했으리라만
1축했으리라만	#062/03*004	1끔쯕히	1놀라지
1놀라지	#062/03*005	1축했으리라만	1말라
1말라	#062/03*006	1놀라지	1밤
1밤	#062/03*007	1말라	1곁에
1곁에	#062/03*008	1밤	1잠든

1이	#063/01*006	1걸어오는	1음침한
1음침한	#063/01*007	1이	1골목길을
1골목길을	#063/01*008	1음침한	1따라오는
1따라오는	#063/01*009	1골목길을	1이
1이	#063/01*010	1따라오는	―
1바라지	#063/02*001	―	1않는
1않는	#063/02*002	1바라지	1무거운
1무거운	#063/02*003	1않는	1손이
1손이	#063/02*004	1무거운	1어깨에
1어깨에	#063/02*005	1손이	1놓여질
1놓여질	#063/02*006	1어깨에	1것만
1것만	#063/02*007	1놓여질	1같습니다
1같습니다	#063/02*008	1것만	1붉은
1붉은	#063/02*009	1같습니다	1보재기로
1보재기로	#063/02*010	1붉은	1나의
1나의	#063/02*011	1보재기로	1눈을
1눈을	#063/02*012	1나의	1가리우고
1가리우고	#063/02*013	1눈을	1당신은
1당신은	#063/02*014	1가리우고	1눈먼
1눈먼	#063/02*015	1당신은	1사나이의
1사나이의	#063/02*016	1눈먼	1마지막을
1마지막을	#063/02*017	1사나이의	1흑흑
1흑흑	#063/02*018	1마지막을	1느끼면서
1느끼면서	#063/02*019	1흑흑	1즐길
1즐길	#063/02*020	1느끼면서	1것만
1것만	#063/02*021	1즐길	1같습니다
1같습니다	#063/02*022	1것만	―
1메레토스여	#063/03*001	―	1검은
1검은	#063/03*002	1메레토스여	1피를
1피를	#063/03*003	1검은	1받은
1받은	#063/03*004	1피를	1이
1이	#063/03*005	1받은	1밤이면
1밤이면	#063/03*006	1이	1밤마다
1밤마다	#063/03*007	1밤이면	1내

1내	#063/03*008	1밤마다	1초조로히
1초조로히	#063/03*009	1내	1돌아가는
1돌아가는	#063/03*010	1초조로히	1좁은
1좁은	#063/03*011	1돌아가는	1길이올시다
1길이올시다	#063/03*012	1좁은	－
1술잔을	#063/04*001	－	1빨면
1빨면	#063/04*002	1술잔을	1모든
1모든	#063/04*003	1빨면	1영혼을
1영혼을	#063/04*004	1모든	1가벼히
1가벼히	#063/04*005	1영혼을	1물리칠
1물리칠	#063/04*006	1가벼히	1수
1수	#063/04*007	1물리칠	1있었으나
1있었으나	#063/04*008	1수	1나종에
1나종에	#063/04*009	1있었으나	1내
1내	#063/04*010	1나종에	1돌아가는
1돌아가는	#063/04*011	1내	1곳은
1곳은	#063/04*012	1돌아가는	1허깨비의
1허깨비의	#063/04*013	1곳은	1집이올시다
1집이올시다	#063/04*014	1허깨비의	1캄캄한
1캄캄한	#063/04*015	1집이올시다	1방이올시다
1방이올시다	#063/04*016	1캄캄한	1거기
1거기	#063/04*017	1방이올시다	1당신의
1당신의	#063/04*018	1거기	1쩨우스와
1쩨우스와	#063/04*019	1당신의	1함께
1함께	#063/04*020	1쩨우스와	1가두어
1가두어	#063/04*021	1함께	1됐습니다
1됐습니다	#063/04*022	1가두어	1당신이
1당신이	#063/04*023	1됐습니다	1엿보고
1엿보고	#063/04*024	1당신이	1싶은
1싶은	#063/04*025	1엿보고	1가지가지
1가지가지	#063/04*026	1싶은	1나의
1나의	#063/04*027	1가지가지	1죄를
1죄를	#063/04*028	1나의	－
1그러나	#063/05*001	－	1어서

1어서	#063/05*002	1그러나	1물러가십시오
1물러가십시오	#063/05*003	1어서	1푸른
1푸른	#063/05*004	1물러가십시오	1정녕코
1정녕코	#063/05*005	1푸른	1푸르른
1푸르른	#063/05*006	1정녕코	1하늘이
1하늘이	#063/05*007	1푸르른	1나를
1나를	#063/05*008	1하늘이	1섬기는
1섬기는	#063/05*009	1나를	1날
1날	#063/05*010	1섬기는	1당신을
1당신을	#063/05*011	1날	1찾어
1찾어	#063/05*012	1당신을	1여러
1여러	#063/05*013	1찾어	1강물을
1강물을	#063/05*014	1여러	1건너가겠습니다
1건너가겠습니다	#063/05*015	1강물을	1자랑도
1자랑도	#063/05*016	1건너가겠습니다	1눈물도
1눈물도	#063/05*017	1자랑도	1없이
1없이	#063/05*018	1눈물도	1건너가겠습니다
1건너가겠습니다	#063/05*019	1없이	－
1누나랑	#064/01*001	－	1누이랑
1누이랑	#064/01*002	1누나랑	1뽕오디
1뽕오디	#064/01*003	1누이랑	1따라
1따라	#064/01*004	1뽕오디	1다니던
1다니던	#064/01*005	1따라	1길가엔
1길가엔	#064/01*006	1다니던	1이쁜
1이쁜	#064/01*007	1길가엔	1아가씨
1아가씨	#064/01*008	1이쁜	1목을
1목을	#064/01*009	1아가씨	1맨
1맨	#064/01*010	1목을	1버드나무
1버드나무	#064/01*011	1맨	－
1백년	#064/02*001	－	1기다리는
1기다리는	#064/02*002	1백년	1구렝이
1구렝이	#064/02*003	1기다리는	1숨었다는
1숨었다는	#064/02*004	1구렝이	1버드낡엔
1버드낡엔	#064/02*005	1숨었다는	1검은

1검은	#064/02*006	1버드낡엔	1구멍이
1구멍이	#064/02*007	1검은	1입벌리고
1입벌리고	#064/02*008	1구멍이	1있었건만
1있었건만	#064/02*009	1입벌리고	1북간도로
1북간도로	#064/02*010	1있었건만	1가는
1가는	#064/02*011	1북간도로	1남도
1남도	#064/02*012	1가는	1치들이
1치들이	#064/02*013	1남도	1타는
1타는	#064/02*014	1치들이	1듯한
1듯한	#064/02*015	1타는	1산길을
1산길을	#064/02*016	1듯한	1바라보구선
1바라보구선	#064/02*017	1산길을	1그만
1그만	#064/02*018	1바라보구선	1맥이
1맥이	#064/02*019	1그만	1풀려
1풀려	#064/02*020	1맥이	1코올콜
1코올콜	#064/02*021	1풀려	1낮잠
1낮잠	#064/02*022	1코올콜	1자던
1자던	#064/02*023	1낮잠	1버드나무
1버드나무	#064/02*024	1자던	1그늘
1그늘	#064/02*025	1버드나무	−
1돌배개	#064/03*001	−	1딩구는
1딩구는	#064/03*002	1돌배개	1버드나무
1버드나무	#064/03*003	1딩구는	1그늘에
1그늘에	#064/03*004	1버드나무	1서면
1서면	#064/03*005	1그늘에	−
1사시사철	#064/04*001	−	1하아얗게
1하아얗게	#064/04*002	1사시사철	1바라뵈는
1바라뵈는	#064/04*003	1하아얗게	1머언
1머언	#064/04*004	1바라뵈는	1봉우리
1봉우리	#064/04*005	1머언	1구름을
1구름을	#064/04*006	1봉우리	1부르고
1부르고	#064/04*007	1구름을	1마을에선
1마을에선	#064/04*008	1부르고	1평화로운
1평화로운	#064/04*009	1마을에선	1듯

1듯	#064/04*010	1평화로운	1밤마다
1밤마다	#064/04*011	1듯	1등불을
1등불을	#064/04*012	1밤마다	1밝혔다
1밝혔다	#064/04*013	1등불을	–
1몇	#065/01*001	–	1천년
1천년	#065/01*002	1몇	1지난
1지난	#065/01*003	1천년	1뒤
1뒤	#065/01*004	1지난	1깨여
1깨여	#065/01*005	1 뒤	1났음이뇨
1났음이뇨	#065/01*006	1깨여	1나의
1나의	#065/01*007	1났음이뇨	1밑
1밑	#065/01*008	1나의	1다시
1다시	#065/01*009	1밑	1나의
1나의	#065/01*010	1다시	1밑
1밑	#065/01*011	1나의	1잠자는
1잠자는	#065/01*012	1밑	1혼을
1혼을	#065/01*013	1잠자는	1밟고
1밟고	#065/01*014	1혼을	1새로이
1새로이	#065/01*015	1밟고	1어깨를
1어깨를	#065/01*016	1새로이	1일으키는
1일으키는	#065/01*017	1어깨를	1것
1것	#065/01*018	1일으키는	1나요
1나요	#065/01*019	1것	1불ㅅ길이요
1불ㅅ길이요	#065/01*020	1나요	–
1쌓여	#065/02*001	–	1쌓여서
1쌓여서	#065/02*002	1쌓여	1훈훈히
1훈훈히	#065/02*003	1쌓여서	1썩은
1썩은	#065/02*004	1훈훈히	1나뭇잎을
1나뭇잎을	#065/02*005	1썩은	1헤치며
1헤치며	#065/02*006	1나뭇잎을	1저리
1저리	#065/02*007	1헤치며	1환하게
1환하게	#065/02*008	1저리	1열린
1열린	#065/02*009	1환하게	1곳을
1곳을	#065/02*010	1열린	1뜻함은

1길을	#065/04*013	1하나에의	1헤쳐
1헤쳐	#065/04*014	1길을	1가는
1가는	#065/04*015	1헤쳐	1것
1것	#065/04*016	1가는	1나요
1나요	#065/04*017	1것	1끝나지
1끝나지	#065/04*018	1나요	1않는
1않는	#065/04*019	1끝나지	1세월이요
1세월이요	#065/04*020	1않는	—
1고향선	#066/01*001	—	1월계랑
1월계랑	#066/01*002	1고향선	1붉게두
1붉게두	#066/01*003	1월계랑	1피나
1피나	#066/01*004	1붉게두	1보다
1보다	#066/01*005	1피나	1내사
1내사	#066/01*006	1보다	1아무렇게
1아무렇게	#066/01*007	1내사	1불러도
1불러도	#066/01*008	1아무렇게	1즐거운
1즐거운	#066/01*009	1불러도	1이름
1이름	#066/01*010	1즐거운	—
1어디서	#066/02*001	—	1멎는
1멎는	#066/02*002	1어디서	1것일까
1것일까	#066/02*003	1멎는	1달리는
1달리는	#066/02*004	1것일까	1뿔사슴과
1뿔사슴과	#066/02*005	1달리는	1말발굽
1말발굽	#066/02*006	1뿔사슴과	1소리와
1소리와	#066/02*007	1말발굽	1밤중에
1밤중에	#066/02*008	1소리와	1부불울
1부불울	#066/02*009	1밤중에	1치어
1치어	#066/02*010	1부불울	1든
1든	#066/02*011	1치어	1새의
1새의	#066/02*012	1든	1무리와
1무리와	#066/02*013	1새의	—
1슬라브의	#066/03*001	—	1딸아
1딸아	#066/03*002	1슬라브의	1벨로우니카
1벨로우니카	#066/03*003	1딸아	1우리

1머물지	#067/02*003	1피에도	1못한
1못한	#067/02*004	1머물지	1나의
1나의	#067/02*005	1못한	1영혼은
1영혼은	#067/02*006	1나의	1탄타로스여
1탄타로스여	#067/02*007	1영혼은	1너의
1너의	#067/02*008	1탄타로스여	1못가에서
1못가에서	#067/02*009	1너의	1길이
1길이	#067/02*010	1못가에서	1목마르고
1목마르고	#067/02*011	1길이	—
1별	#067/03*001	—	1아래
1아래	#067/03*002	1별	1숱한
1숱한	#067/03*003	1아래	1별
1별	#067/03*004	1숱한	1아래
1아래	#067/03*005	1별	—
1웃어	#067/04*001	—	1보아라
1보아라	#067/04*002	1웃어	1이제
1이제	#067/04*003	1보아라	1헛되이
1헛되이	#067/04*004	1이제	1웃음지어도
1웃음지어도	#067/04*005	1헛되이	1밤마다
1밤마다	#067/04*006	1웃음지어도	1붉은
1붉은	#067/04*007	1밤마다	1얼굴엔
1얼굴엔	#067/04*008	1붉은	1바다와
1바다와	#067/04*009	1얼굴엔	1바다가
1바다가	#067/04*010	1바다와	1물결치리라
1물결치리라	#067/04*011	1바다가	—
1말	#068/01*001	—	1아닌
1아닌	#068/01*002	1말	1말로
1말로	#068/01*003	1아닌	1병실의
1병실의	#068/01*004	1말로	1전설을
1전설을	#068/01*005	1병실의	1주받는
1주받는	#068/01*006	1전설을	1흰
1흰	#068/01*007	1주받는	1벽과
1벽과	#068/01*008	1흰	1하아얀
1하아얀	#068/01*009	1벽과	1하얀

1떨어진	#068/03*014	1뚜욱	1황혼은
1황혼은	#068/03*015	1떨어진	1미치려나
1미치려나	#068/03*016	1황혼은	1폭풍이
1폭풍이	#068/03*017	1미치려나	1헤여드는
1헤여드는	#068/03*018	1폭풍이	1내
1내	#068/03*019	1헤여드는	1눈앞에서
1눈앞에서	#068/03*020	1내	1미치려드는가
1미치려드는가	#068/03*021	1눈앞에서	1너는
1너는	#068/03*022	1미치려드는가	—
1시퍼런	#068/04*001	—	1핏줄에
1핏줄에	#068/04*002	1시퍼런	1손가락을
1손가락을	#068/04*003	1핏줄에	1얹어보는
1얹어보는	#068/04*004	1손가락을	1마음
1마음	#068/04*005	1얹어보는	1손끝에
1손끝에	#068/04*006	1마음	1다앟는
1다앟는	#068/04*007	1손 끝에	1적은
1적은	#068/04*008	1다앟는	1움즉임
1움즉임	#068/04*009	1적은	1오오
1오오	#068/04*010	1움즉임	1살아
1살아	#068/04*011	1오오	1있다
1있다	#068/04*012	1살아	1나는
1나는	#068/04*013	1있다	1확실히
1확실히	#068/04*014	1나는	1살아
1살아	#068/04*015	1확실히	1있다
1있다	#068/04*016	1살아	—
1산기슭에	#069/01*001	—	1띠엄띠엄
1띠엄띠엄	#069/01*002	1산기슭에	1새로
1새로	#069/01*003	1띠엄띠엄	1자리잡은
1자리잡은	#069/01*004	1새로	1집마다
1집마다	#069/01*005	1자리잡은	1송진내
1송진내	#069/01*006	1집마다	1상기
1상기	#069/01*007	1송진내	1가시지
1가시지	#069/01*008	1상기	1않은
1않은	#069/01*009	1가시지	1문을

1걸음	#069/03*009	1바쁜	1멈춘
1멈춘	#069/03*010	1걸음	1곳은
1곳은	#069/03*011	1멈춘	1춘관
1춘관	#069/03*012	1곳은	1로인네
1로인네	#069/03*013	1춘관	1보리밭머리
1보리밭머리	#069/03*014	1로인네	—
1농사에사	#069/04*001	—	
1옛날	#069/04*002	1농사에사	1법이
1제일이라	#069/04*004	1법이	1고집만
1고집만	#069/04*005	1제일이라	1부리던
1부리던	#069/04*006	1고집만	1영감님도
1영감님도	#069/04*007	1부리던	1정례의
1정례의	#069/04*008	1영감님도	1극잔한
1극잔한	#069/04*009	1정례의	1정성에
1정성에	#069/04*010	1극잔한	1웃음
1웃음	#069/04*011	1정성에	1지으며
1지으며	#069/04*012	1웃음	1보름이나
1보름이나	#069/04*013	1지으며	1일찍
1일찍	#069/04*014	1보름이나	1뿌린
1뿌린	#069/04*015	1일찍	1봄보리가
1봄보리가	#069/04*016	1뿌린	1줄지어
1줄지어	#069/04*017	1봄보리가	1돋았다
1돋았다	#069/04*018	1줄지어	—
1정례는	#069/05*001	—	1문득
1문득	#069/05*002	1정례는	1생각났다
1생각났다	#069/05*003	1문득	1선
1선	#069/05*004	1생각났다	1참으로
1참으로	#069/05*005	1선	1이
1이	#069/05*006	1참으로	1밭을
1밭을	#069/05*007	1이	1갈아
1갈아	#069/05*008	1밭을	1제낄
1제낄	#069/05*009	1갈아	1때
1때	#069/05*010	1제낄	1품앗이
1품앗이	#069/05*011	1때	1동무들이

1속삭이는	#069/07*008	1나직이	1소리
1소리	#069/07*009	1속삭이는	1기다리라요
1기다리라요	#069/07*010	1소리	1기다리라요
1기다리라요	#069/07*011	1기다리라요	–
1혹시나	#069/08*001	–	1누가
1누가	#069/08*002	1혹시나	1누가
1누가	#069/08*003	1누가	1볼세라
1볼세라	#069/08*004	1누가	1저도
1저도	#069/08*005	1볼세라	1모르게
1모르게	#069/08*006	1저도	1볼을
1볼을	#069/08*007	1모르게	1붉히며
1붉히며	#069/08*008	1볼을	1정례는
1정례는	#069/08*009	1붉히며	1당황해서
1당황해서	#069/08*010	1정례는	1소를
1소를	#069/08*011	1당황해서	1몬다
1몬다	#069/08*012	소를	–
1그러나	#069/09*001	–	1누가
1누가	#069/09*002	1그러나	1모르랴
1모르랴	#069/09*003	1누가	–
1동부	#069/10*001	–	1전선에
1전선에	#069/10*002	1동부	1용맹
1용맹	#069/10*003	1전선에	1떨친
1떨친	#069/10*004	1용맹	1중기
1중기	#069/10*005	1떨친	1사수
1사수	#069/10*006	1중기	1윤모가
1윤모가	#069/10*007	1사수	1이윽고
1이윽고	#069/10*008	1윤모가	1돌아
1돌아	#069/10*009	1이윽고	1올
1올	#069/10*010	1돌아	1꽃다운
1꽃다운	#069/10*011	1올	1날엔
1날엔	#069/10*012	1꽃다운	1정례는
1정례는	#069/10*013	1날엔	1춘관
1춘관	#069/10*014	1정례는	1로인네
1로인네	#069/10*015	1춘관	1둘째

1햇살이	#069/12*019	1바라보니	1솟는다
1솟는다	#069/12*020	1햇살이	−
1물개고리소리	#070/01*001	−	1땅
1땅	#070/01*002	1물개고리소리	1깊히
1깊히	#070/01*003	1땅	1파묻은
1파묻은	#070/01*004	1깊히	1뒤
1뒤	#070/01*005	1파묻은	1이슬
1이슬	#070/01*006	1뒤	1맞은
1맞은	#070/01*007	1이슬	1성돌이
1성돌이	#070/01*008	1맞은	1차듸찬
1차듸찬	#070/01*009	1성돌이	1사색에
1사색에	#070/01*010	1차듸찬	1눌리기
1눌리기	#070/01*011	1사색에	1시작하면
1시작하면	#070/01*012	1눌리기	−
1록색의	#070/02*001	−	1미소를
1미소를	#070/02*002	1록색의	1잃은
1잃은	#070/02*003	1미소를	1포푸라
1포푸라	#070/02*004	1잃은	1잎들
1잎들	#070/02*005	1포푸라	1가보지
1가보지	#070/02*006	1잎들	1못한
1못한	#070/02*007	1가보지	1남국을
1남국을	#070/02*008	1못한	1동경하는데
1동경하는데	#070/02*009	1남국을	−
1멀구알이	#070/03*001	−	1씨들어갈
1씨들어갈	#070/03*002	1멀구알이	1때
1때	#070/03*003	1씨들어갈	1북국
1북국	#070/03*004	1때	1아가씨는
1아가씨는	#070/03*005	1북국	1차라리
1차라리	#070/03*006	1아가씨는	1고독한
1고독한	#070/03*007	1차라리	1길손되기를
1길손되기를	#070/03*008	1고독한	1소원한다
1소원한다	#070/03*009	1길손되기를	−
1북쪽은	#071/01*001	−	1고향
1고향	#071/01*002	1북쪽은	1그

1부비는	#072/01*041	1볼을	1것이
1것이	#072/01*042	1부비는	1아니요
1아니요	#072/01*043	1것이	1안개
1안개	#072/01*044	1아니요	1속
1속	#072/01*045	1안개	1다만
1다만	#072/01*046	1속	1반짝이는
1반짝이는	#072/01*047	1다만	1비늘
1비늘	#072/01*048	1반짝이는	1하나
1하나	#072/01*049	1비늘	1모든
1모든	#072/01*050	1하나	1사람이
1사람이	#072/01*051	1모든	1밟고
1밟고	#072/01*052	1사람이	1지나간
1지나간	#072/01*053	1밟고	1비늘
1비늘	#072/01*054	1지나간	1하나
1하나	#072/01*055	1비늘	–
1줄기찬	#073/01*001	–	1빗발
1빗발	#073/01*002	1줄기찬	1속
1속	#073/01*003	1빗발	1대회는
1대회는	#073/01*004	1속	1끝났다
1끝났다	#073/01*005	1대회는	1그러나
1그러나	#073/01*006	1끝났다	1흩어지는
1흩어지는	#073/01*007	1그러나	1게
1게	#073/01*008	1흩어지는	1아니다
1아니다	#073/01*009	1게	–
1문화	#073/02*001	–	1공작대로
1공작대로	#073/02*002	1문화	1갔다가
1갔다가	#073/02*003	1공작대로	1춘천에서
1춘천에서	#073/02*004	1갔다가	1강능서
1강능서	#073/02*005	1춘천에서	1테로단의
1테로단의	#073/02*006	1강능서	1돌팔매를
1돌팔매를	#073/02*007	1테로단의	1맞고
1맞고	#073/02*008	1돌팔매를	1온
1온	#073/02*009	1맞고	1젊은
1젊은	#073/02*010	1온	1시인들도

1어깨마다	#073/03*017	1어깨들은	1피에
1피에	#073/03*018	1어깨마다	1저른
1저른	#073/03*019	1피에	1채찍을
1채찍을	#073/03*020	1저른	1이기여
1이기여	#073/03*021	1채찍을	1왔거니
1왔거니	#073/03*022	1이기여	—
1모두다	#073/04*001	—	1강철
1강철	#073/04*002	1모두다	1같은
1같은	#073/04*003	1강철	1동무들
1동무들	#073/04*004	1같은	1속에서
1속에서	#073/04*005	1동무들	1자유를
1자유를	#073/04*006	1속에서	1부르짖는
1부르짖는	#073/04*007	1자유를	1고함
1고함	#073/04*008	1부르짖는	1소리와
1소리와	#073/04*009	1고함	1한결같이
1한결같이	#073/04*010	1소리와	1일어
1일어	#073/04*011	1한결같이	1나는
1나는	#073/04*012	1일어	1박수
1박수	#073/04*013	1나는	1속에서
1속에서	#073/04*014	1박수	1몇
1몇	#073/04*015	1속에서	1번이고
1번이고	#073/04*016	1몇	1눈시울이
1눈시울이	#073/04*017	1번이고	1뜨거웠을
1뜨거웠을	#073/04*018	1눈시울이	1안해는
1안해는	#073/04*019	1뜨거웠을	1젖먹이를
1젖먹이를	#073/04*020	1안해는	1업고
1업고	#073/04*021	1젖먹이를	1지금쯤
1지금쯤	#073/04*022	1업고	1어디로
1어디로	#073/04*023	1지금쯤	1해서
1해서	#073/04*024	1어디로	1개무리를
1개무리를	#073/04*025	1해서	1피해
1피해	#073/04*026	1개무리를	1산길을
1산길을	#073/04*027	1피해	1내려
1내려	#073/04*028	1산길을	1가는

1가는	#073/04*029	1내려	1것일가
1것일가	#073/04*030	1가는	–
1줄기찬	#073/05*001	–	1빗발
1빗발	#073/05*002	1줄기찬	1속
1속	#073/05*003	1빗발	1대회는
1대회는	#073/05*004	1속	1끝났다
1끝났다	#073/05*005	1대회는	1승리가
1승리가	#073/05*006	1끝났다	1약속된
1약속된	#073/05*007	1승리가	1저마다의
1저마다의	#073/05*008	1약속된	1가슴에서
1가슴에서	#073/05*009	1저마다의	1언제까지나
1언제까지나	#073/05*010	1가슴에서	1끓어
1끓어	#073/05*011	1언제까지나	1번지는
1번지는	#073/05*012	1끓어	1노래
1노래	#073/05*013	1번지는	1싸움의
1싸움의	#073/05*014	1노래	1노래를
1노래를	#073/05*015	1싸움의	1남기고
1남기고	#073/05*016	1노래를	–
1두셋씩	#074/01*001	–	1먼
1먼	#074/01*002	1두셋씩	1바다에
1바다에	#074/01*003	1먼	1떨어져
1떨어져	#074/01*004	1바다에	1산호의
1산호의	#074/01*005	1떨어져	1꿈
1꿈	#074/01*006	1산호의	1깨우러
1깨우러	#074/01*007	1꿈	1간
1간	#074/01*008	1깨우러	1새벽별
1새벽별	#074/01*009	1간	–
1크작게	#074/02*001	–	1파도치는
1파도치는	#074/02*002	1크작게	1모래불엔
1모래불엔	#074/02*003	1파도치는	1투명한
1투명한	#074/02*004	1모래불엔	1동화를
1동화를	#074/02*005	1투명한	1기억하는
1기억하는	#074/02*006	1동화를	1함박조개
1함박조개	#074/02*007	1기억하는	1껍지들

1껍지들	#074/02*008	1함박조개	1고도의
1고도의	#074/02*009	1껍지들	1일화예보를
1일화예보를	#074/02*010	1고도의	1받은
1받은	#074/02*011	1일화예보를	1갈매기
1갈매기	#074/02*012	1받은	1하나
1하나	#074/02*013	1갈매기	1활기로운
1활기로운	#074/02*014	1하나	1날개
1날개	#074/02*015	1활기로운	−
1물결처럼	#074/03*001	−	1날리는
1날리는	#074/03*002	1물결처럼	1그물
1그물	#074/03*003	1날리는	1밑에서
1밑에서	#074/03*004	1그물	1애비의
1애비의	#074/03*005	1밑에서	1근로를
1근로를	#074/03*006	1애비의	1준비하는
1준비하는	#074/03*007	1근로를	1어부의
1어부의	#074/03*008	1준비하는	1아들
1아들	#074/03*009	1어부의	1딸
1딸	#074/03*010	1아들	1이가
1이가	#075/01*050	1딸	1시리다
1시리다	#075/01*051	1이가	1이가
1이가	#075/01*052	1시리다	1시리다
1시리다	#075/01*053	1이가	−
1두	#075/02*001	−	1발
1발	#075/02*002	1두	1모두어
1모두어	#075/02*003	1발	1서
1서	#075/02*004	1모두어	1있는
1있는	#075/02*005	1서	1이
1이	#075/02*006	1있는	1자리가
1자리가	#075/02*007	1이	1이대로
1이대로	#075/02*008	1자리가	1나의
1나의	#075/02*009	1이대로	1조국이거든
1조국이거든	#075/02*010	1나의	−
1설이사	#075/03*001	−	1와도
1와도	#075/03*002	1설이사	1그만

1영광을	#076/02*003	1우러러	1드리리
1드리리	#076/02*004	1영광을	1나의
1나의	#076/02*005	1드리리	1생명은
1생명은	#076/02*006	1나의	1지층
1지층	#076/02*007	1생명은	1속에서
1속에서	#076/02*008	1지층	1다져졌으나
1다져졌으나	#076/02*009	1속에서	1처음에
1처음에	#076/02*010	1다져졌으나	1눈부신
1눈부신	#076/02*011	1처음에	1그것은
1그것은	#076/02*012	1눈부신	1햇빛에서
1햇빛에서	#076/02*013	1그것은	1받았기에
1받았기에	#076/02*014	1햇빛에서	—
1불타리라	#076/03*001	—	1불타리라
1불타리라	#076/03*002	1불타리라	1확확
1확확	#076/03*003	1불타리라	1불타리라
1불타리라	#076/03*004	1확확	—
1봉우리마다	#076/04*001	—	1청춘인
1청춘인	#076/04*002	1봉우리마다	1산맥들을
1산맥들을	#076/04*003	1청춘인	1흔들며
1흔들며	#076/04*004	1산맥들을	1꽃보라를
1꽃보라를	#076/04*005	1흔들며	1흩날리며
1흩날리며	#076/04*006	1꽃보라를	1내닫는
1내닫는	#076/04*007	1흩날리며	1기관차의
1기관차의	#076/04*008	1내닫는	1심장에
1심장에	#076/04*009	1기관차의	1쇳돌
1쇳돌	#076/04*010	1심장에	1녹여
1녹여	#076/04*011	1쇳돌	1번지는
1번지는	#076/04*012	1녹여	1용광로에
1용광로에	#076/04*013	1번지는	1더욱
1더욱	#076/04*014	1용광로에	1세찬
1세찬	#076/04*015	1더욱	1정열을
1정열을	#076/04*016	1세찬	1부어
1부어	#076/04*017	1정열을	1주리니
1주리니	#076/04*018	1부어	—

1위대한	#076/05*001	—	1시대의
1시대의	#076/05*002	1위대한	1꿈으로
1꿈으로	#076/05*003	1시대의	1하여
1하여	#076/05*004	1꿈으로	1별빛
1별빛	#076/05*005	1하여	1가득찬
1가득찬	#076/05*006!	1별빛	1너의
1너의	#076/05*007	1가득찬	1눈에서
1눈에서	#076/05*008	1너의	1젊은
1젊은	#076/05*009	1눈에서	1탄부여
1탄부여	#076/05*010	1젊은	1나는
1나는	#076/05*011	1탄부여	1본다
1본다	#076/05*012	1나는	—
1세월이	#076/06*001	—	1그
1그	#076/06*002	1세월이	1얼마를
1얼마를	#076/06*003	1그	1가고
1가고	#076/06*004	1얼마를	1또
1또	#076/06*005	1가고	1가도
1가도	#076/06*006	1또	1거기에
1거기에	#076/06*007	1가도	1나의
1나의	#076/06*008	1거기에	1보람
1보람	#076/06*009	1나의	1불타고
1불타고	#076/06*010	1보람	1있을
1있을	#076/06*011	1불타고	1불굴한
1불굴한	#076/06*012	1있을	1사람들의
1사람들의	#076/06*013	1불굴한	1나라
1나라	#076/06*014	1사람들의	1전진하는
1전진하는	#076/06*015	1나라	1새
1새	#076/06*016	1전진하는	1조선의
1조선의	#076/06*017	1새	1아름다운
1아름다운	#076/06*018	1조선의	1앞날을
1앞날을	#076/06*019	1아름다운	—
1나라여	#077/01*001	—	1어서
1어서	#077/01*002	1나라여	1서라
1서라	#077/01*003	1어서	1우리

1우리	#077/01*004	1서라	1큰놈이
1큰놈이	#077/01*005	1우리	1늘
1늘	#077/01*006	1큰놈이	1보구픈
1보구픈	#077/01*007	1늘	1아저씨
1아저씨	#077/01*008	1보구픈	1류성이도
1류성이도	#077/01*009	1아저씨	1나와서
1나와서	#077/01*010	1류성이도	1토장국
1토장국	#077/01*011	1나와서	1나눠
1나눠	#077/01*012	1토장국	1마시게
1마시게	#077/01*013	1나눠	1나라여
1나라여	#077/01*014	1마시게	1어서
1어서	#077/01*015	1나라여	1서라
1서라	#077/01*016	1어서	1꿈치가
1꿈치가	#077/01*017	1서라	1드러난
1드러난	#077/01*018	1꿈치가	1채
1채	#077/01*019	1드러난	1휘정휘정
1휘정휘정	#077/01*020	1채	1다니다도
1다니다도	#077/01*021	1휘정휘정	1밤마다
1밤마다	#077/01*022	1다니다도	1잠자리발
1잠자리발	#077/01*023	1밤마다	1가없는
1가없는	#077/01*024	1잠자리발	1가난한
1가난한	#077/01*025	1가없는	1시인
1시인	#077/01*026	1가난한	1산운山雲이도
1산운山雲이도	#077/01*027	1시인	1맘놓고
1맘놓고	#077/01*028	1산운山雲이도	1좋은
1좋은	#077/01*029	1맘놓고	1글
1글	#077/01*030	1좋은	1쓸
1쓸	#077/01*031	1글	1수
1수	#077/01*032	1쓸	1있게
1있게	#077/01*033	1수	1나라여
1나라여	#077/01*034	1있게	1어서
1어서	#077/01*035	1나라여	1서라
1서라	#077/01*036	1어서	1그리운
1그리운	#077/01*037	1서라	1이들

1듯	#078/02*011	1흙인	1어두워지면
1어두워지면	#078/02*012	1듯	1나의
1나의	#078/02*013	1어두워지면	1가슴엔
1가슴엔	#078/02*014	1나의	1설레이는
1설레이는	#078/02*015	1가슴엔	1구름도
1구름도	#078/02*016	1설레이는	1구름을
1구름을	#078/02*017	1구름도	1헤치고
1헤치고	#078/02*018	1구름을	1솟으려는
1솟으려는	#078/02*019	1헤치고	1소리개도
1소리개도	#078/02*020	1솟으려는	1없으리
1없으리	#078/02*021	1소리개도	−
1멀리	#078/03*001	−	1가차히
1가차히	#078/03*002	1멀리	1사람은
1사람은	#078/03*003	1가차히	1사람마다
1사람마다	#078/03*004	1사람은	1비틀거리고
1비틀거리고	#078/03*005	1사람마다	1나의
1나의	#078/03*006	1비틀거리고	1쎈트헤레나는
1쎈트헤레나는	#078/03*007	1나의	1술에
1술에	#078/03*008	1쎈트헤레나는	1잠겨
1잠겨	#078/03*009	1술에	1나어린
1나어린	#078/03*010	1잠겨	1병정이
1병정이	#078/03*011	1나어린	1머리
1머리	#078/03*012	1병정이	1숙이고
1숙이고	#078/03*013	1머리	1쑥스러히
1쑥스러히	#078/03*014	1숙이고	1옆을
1옆을	#078/03*015	1쑥스러히	1스친다
1스친다	#078/03*016	1옆을	−
1다시	#079/01*001	−	1만나면
1만나면	#079/01*002	1다시	1알아
1알아	#079/01*003	1만나면	1못
1못	#079/01*004	1알아	1볼
1볼	#079/01*005	1못	1사람들끼리
1사람들끼리	#079/01*006	1볼	1비웃이
1비웃이	#079/01*007	1사람들끼리	1타는

1타는	#079/01*008	1비웃이	1데서
1데서	#079/01*009	1타는	1타래곱과
1타래곱과	#079/01*010	1데서	1도루모기와
1도루모기와	#079/01*011	1타래곱과	1피
1피	#079/01*012	1도루모기와	1터진
1터진	#079/01*013	1피	1닭의
1닭의	#079/01*014	1터진	1볏
1볏	#079/01*015	1닭의	1찌르르
1찌르르	#079/01*016	1볏	1타는
1타는	#079/01*017	1찌르르	1아스라한
1아스라한	#079/01*018	1타는	1연기
1연기	#079/01*019	1아스라한	1속에서
1속에서	#079/01*020	1연기	1목이랑
1목이랑	#079/01*021	1속에서	1껴안고
1껴안고	#079/01*022	1목이랑	1웃음으로
1웃음으로	#079/01*023	1껴안고	1웃음으로
1웃음으로	#079/01*024	1웃음으로	1헤어져야
1헤어져야	#079/01*025	1웃음으로	1마음
1마음	#079/01*026	1헤어져야	1펀쿠나
1펀쿠나	#079/01*027	1마음	1슬픈
1슬픈	#079/01*028	1펀쿠나	1사람들끼리
1사람들끼리	#079/01*029	1슬픈	—
1캄캄한	#080/01*001	—	1다릿목에서
1다릿목에서	#080/01*002	1캄캄한	1너를야
1너를야	#080/01*003	1다릿목에서	1기다릴까
1기다릴까	#080/01*004	1너를야	—
1모두	#080/02*001	—	1어질게
1어질게	#080/02*002	1모두	1사는
1사는	#080/02*003	1어질게	1나라래서
1나라래서	#080/02*004	1사는	1슬픈
1슬픈	#080/02*005	1나라래서	1일
1일	#080/02*006	1슬픈	1많으면
1많으면	#080/02*007	1일	1부끄러운
1부끄러운	#080/02*008	1많으면	1부끄러운

1부끄러운	#080/02*009	1부끄러운	1나라래서
1나라래서	#080/02*010	1부끄러운	1휘정휘정
1휘정휘정	#080/02*011	1나라래서	1물러갈
1물러갈	#080/02*012	1휘정휘정	1곳
1곳	#080/02*013	1물러갈	1있어야겠구나
1있어야겠구나	#080/02*014	1곳	스사로의
1스사로의	#080/02*015	1있어야겠구나	1냄새에
1냄새에	#080/02*016	1스사로의	1취해
1취해	#080/02*017	1냄새에	1꺼꾸러지려는
1꺼꾸러지려는	#080/02*018	1취해	어두목
1어두목	#080/02*019	1꺼꾸러지려는	1괴이한
1괴이한	#080/02*020	1어두목	1썩달나무엔
1썩달나무엔	#080/02*021	1괴이한	1까마귀
1까마귀	#080/02*022	1썩달나무엔	1까치
1까치	#080/02*023	1까마귀	1떼
1떼	#080/02*024	1까치	1울지도
1울지도	#080/02*025	1떼	1않고
1않고	#080/02*026	1울지도	1날러
1날러	#080/02*027	1않고	1든다
1든다	#080/02*028	1날러	—
1이제	#080/03*001	—	1험한
1험한	#080/03*002	1이제	1산빨이
1산빨이	#080/03*003	1험한	1등을
1등을	#080/03*004	1산빨이	1일으키리라
1일으키리라	#080/03*005	1등을	1보리밭
1보리밭	#080/03*006	1일으키리라	1사이
1사이	#080/03*007	1보리밭	1노랑꽃
1노랑꽃	#080/03*008	1사이	1노랑꽃
1노랑꽃	#080/03*009	1노랑꽃	1배추밭
1배추밭	#080/03*010	1노랑꽃	1사잇길로
1사잇길로	#080/03*011	1배추밭	1사뿟이
1사뿟이	#080/03*012	1사잇길로	1오너라
1오너라	#080/03*013	1사뿟이	1나의
1나의	#080/03*014	1오너라	1사람아

1사람아	#080/03*015	1나의	—
1내게	#080/04*001	—	1밟힌
1밟힌	#080/04*002	1내게	1것은
1것은	#080/04*003	1밟힌	1벌레들
1벌레들	#080/04*004	1것은	1고운
1고운	#080/04*005	1벌레들	1나빈들
1나빈들	#080/04*006	1고운	1오래
1오래	#080/04*007	1나빈들	1서서
1서서	#080/04*008	1오래	1너를야
1너를야	#080/04*009	1서서	1기대릴까
1기대릴까	#080/04*010	1너를야	—
1귀	#081/01*001	—	1맞춰
1맞춰	#081/01*002	1귀	1접은
1접은	#081/01*003	1맞춰	1방석을
1방석을	#081/01*004	1접은	1베고
1베고	#081/01*005	1방석을	1젖가슴
1젖가슴	#081/01*006	1베고	1헤친
1헤친	#081/01*007	1젖가슴	1채로
1채로	#081/01*008	1헤친	1젖가슴
1젖가슴	#081/01*009	1채로	1헤친
1헤친	#081/01*010	1젖가슴	1채로
1채로	#081/01*011	1헤친	1잠든
1잠든	#081/01*012	1채로	1에미네며
1에미네며	#081/01*013	1잠든	1딸년이랑
1딸년이랑	#081/01*014	1에미네며	1모두들
1모두들	#081/01*015	1딸년이랑	1실상
1실상	#081/01*016	1모두들	1이쁜데
1이쁜데	#081/01*017	1실상	1요란스레
1요란스레	#081/01*018	1이쁜데	1달리는
1달리는	#081/01*019	1요란스레	1마자막
1마자막	#081/01*020	1달리는	1차엔
1차엔	#081/01*021	1마자막	1무엇을
1무엇을	#081/01*022	1차엔	1실어
1실어	#081/01*023	1무엇을	1보내고

1보내고	#081/01*024	1실어	1당황히
1당황히	#081/01*025	1보내고	1손을
1손을	#081/01*026	1당황히	1들어야
1들어야	#081/01*027	1손을	1하는
1하는	#081/01*028	1들어야	1것일까
1것일까	#081/01*029	1하는	—
1몇	#081/02*001	—	1마디의
1마디의	#081/02*002	1몇	1서양말과
1서양말과	#081/02*003	1마디의	1글짓는
1글짓는	#081/02*004	1서양말과	1재주와
1재주와	#081/02*005	1글짓는	1그러한
1그러한	#081/02*006	1재주와	1것은
1것은	#081/02*007	1그러한	1자랑삼기에
1자랑삼기에	#081/02*008	1것은	1욕되었도다
1욕되었도다	#081/02*009	1자랑삼기에	—
1흘러내리는	#081/03*001	—	1머리칼도
1머리칼도	#081/03*002	1흘러내리는	1목덜미에
1목덜미에	#081/03*003	1머리칼도	1점점이
1점점이	#081/03*004	1목덜미에	1쩍혀
1쩍혀	#081/03*005	1점점이	1되려
1되려	#081/03*006	1쩍혀	1복스럽던
1복스럽던	#081/03*007	1되려	1검은
1검은	#081/03*008	1복스럽던	1기미도
1기미도	#081/03*009	1검은	1언젠가
1언젠가	#081/03*010	1기미도	1쫓기듯
1쫓기듯	#081/03*011	1언젠가	1숨어서
1숨어서	#081/03*012	1쫓기듯	1시골로
1시골로	#081/03*013	1숨어서	1돌아온
1돌아온	#081/03*014	1시골로	1시골사람
1시골사람	#081/03*015	1돌아온	1이
1이	#081/03*016	1시골사람	1녀석
1녀석	#081/03*017	1이	1속눈썹
1속눈썹	#081/03*018	1녀석	1츨츨히
1츨츨히	#081/03*019	1속눈썹	1길다란

1없다	#082/01*006	1것이	1나의
1나의	#082/01*007	1없다	1령토는
1령토는	#082/01*008	1나의	1나의
1나의	#082/01*009	1령토는	1쌍두마차가
1쌍두마차가	#082/01*010	1나의	1굴러
1굴러	#082/01*011	1쌍두마차가	1갈
1갈	#082/01*012	1굴러	1그
1그	#082/01*013	1갈	1구원한
1구원한	#082/01*014	1그	1시간인가
1시간인가	#082/01*015	1구원한	—
1나의	#082/02*001	—	1쌍두마차가
1쌍두마차가	#082/02*002	1나의	1헤치고
1헤치고	#082/02*003	1쌍두마차가	1나가는
1나가는	#082/02*004	1헤치고	1우거진
1우거진	#082/02*005	1나가는	1풀
1풀	#082/02*006	1우거진	1섶에서
1섶에서	#082/02*007	1풀	1나는
1나는	#082/02*008	1섶에서	1푸르른
1푸르른	#082/02*009	1나는	1진리를
1진리를	#082/02*010	1푸르른	1본다
1본다	#082/02*011	1진리를	1산협을
1산협을	#082/02*012	1본다	1굽어
1굽어	#082/02*013	1산협을	1보며
1보며	#082/02*014	1굽어	1구불구불
1구불구불	#082/02*015	1보며	1넘는
1넘는	#082/02*016	1구불구불	1령에서
1령에서	#082/02*017	1넘는	1줄기차게
1줄기차게	#082/02*018	1령에서	1숨쉬는
1숨쉬는	#082/02*019	1줄기차게	1사상을
1사상을	#082/02*020	1숨쉬는	1만난다
1만난다	#082/02*021	1사상을	—
1열기를	#082/03*001	—	1토하면서
1토하면서	#082/03*002	1열기를	1나의
1나의	#082/03*003	1토하면서	1쌍두마차가

1쌍두마차가	#082/03*004	1나의	1적도
1적도	#082/03*005	1쌍두마차가	1선을
1선을	#082/03*006	1적도	1돌파할
1돌파할	#082/03*007	1선을	1때
1때	#082/03*008	1돌파할	1거기엔
1거기엔	#082/03*009	1때	1억센
1억센	#082/03*010	1거기엔	1심장의
1심장의	#082/03*011	1억센	1위엄이
1위엄이	#082/03*012	1심장의	1있고
1있고	#082/03*013	1위엄이	1계절풍과
1계절풍과	#082/03*014	1있고	1싸우면서
1싸우면서	#082/03*015	1계절풍과	1동토
1동토	#082/03*016	1싸우면서	1대를
1대를	#082/03*017	1동토	1지나
1지나	#082/03*018	1대를	1북으로
1북으로	#082/03*019	1지나	1북으로
1북으로	#082/03*020	1북으로	1돌진할
1돌진할	#082/03*021	1북으로	1때
1때	#082/03*022	1돌진할	1거기선
1거기선	#082/03*023	1때	1확확
1확확	#082/03*024	1거기선	1타오르는
1타오르는	#082/03*025	1확확	1삶의
1삶의	#082/03*026	1타오르는	1힘을
1힘을	#082/03*027	1삶의	1발견한다
1발견한다	#082/03*028	1힘을	−
1나는	#082/04*001	−	1항상
1항상	#082/04*002	1나는	1나를
1나를	#082/04*003	1항상	1모험한다
1모험한다	#082/04*004	1나를	1그러나
1그러나	#082/04*005	1모험한다	1자기의
1자기의	#082/04*006	1그러나	1천성을
1천성을	#082/04*007	1자기의	1슬퍼도
1슬퍼도	#082/04*008	1천성을	1하지
1하지	#082/04*009	1슬퍼도	1않고

1않고	#082/04*010	1하지	1기약
1기약	#082/04*011	1않고	1없는
1없는	#082/04*012	1기약	1려로를
1려로를	#082/04*013	1없는	1의심치도
1의심치도	#082/04*014	1려로를	1않는다
1않는다	#082/04*015	1의심치도	―
1래일의	#082/05*001	―	1새로운
1새로운	#082/05*002	1래일의	1지구가
1지구가	#082/05*003	1새로운	1나를
1나를	#082/05*004	1지구가	1부르고
1부르고	#082/05*005	1나를	1오직
1오직	#082/05*006	1부르고	1나는
1나는	#082/05*007	1오직	1그것만을
1그것만을	#082/05*008	1나는	1믿길래
1믿길래	#082/05*009	1그것만을	1나의
1나의	#082/05*010	1믿길래	1쌍두마차는
1쌍두마차는	#082/05*011	1나의	1쉴새없이
1쉴새없이	#082/05*012	1쌍두마차는	1굴러
1굴러	#082/05*013	1쉴새없이	1간다
1간다	#082/05*014	1굴러	1날마다
1날마다	#082/05*015	1간다	1새로운
1새로운	#082/05*016	1날마다	1려정을
1려정을	#082/05*017	1새로운	1탐구한다
1탐구한다	#082/05*018	1려정을	―
1어느	#083/01*001	―	1땅에
1땅에	#083/01*002	1어느	1뿌리를
1뿌리를	#083/01*003	1땅에	1내렸거나
1내렸거나	#083/01*004	1뿌리를	1태양을
1태양을	#083/01*005	1내렸거나	1향해
1향해	#083/01*006	1태양을	1모든
1모든	#083/01*007	1향해	1수목들이
1수목들이	#083/01*008	1모든	1가지를
1가지를	#083/01*009	1수목들이	1펴듯
1펴듯	#083/01*010	1가지를	1모든

1모든	#083/01*011	1펴듯	1풀잎들이
1풀잎들이	#083/01*012	1모든	1싱싱한
1싱싱한	#083/01*013	1풀잎들이	1빛깔을
1빛깔을	#083/01*014	1싱싱한	1띠듯
1띠듯	#083/01*015	1빛깔을	—
1언제나	#083/02*001	—	1어디서나
1어디서나	#083/02*002	1언제나	1우리는
1우리는	#083/02*003	1어디서나	1한결같이
1한결같이	#083/02*004	1우리는	1영원한
1영원한	#083/02*005	1한결같이	1청춘의
1청춘의	#083/02*006	1영원한	1나라
1나라	#083/02*007	1청춘의	1쏘베트를
1쏘베트를	#083/02*008	1나라	1우러러
1우러러	#083/02*009	1쏘베트를	1샘솟는
1샘솟는	#083/02*010	1우러러	1희망을
1희망을	#083/02*011	1샘솟는	1가득히
1가득히	#083/02*012	1희망을	1안는다
1안는다	#083/02*013	1가득히	—
1어깨를	#083/03*001	—	1짓누르던
1짓누르던	#083/03*002	1어깨를	1먹장구름도
1먹장구름도	#083/03*003	1짓누르던	1걸음마다
1걸음마다	#083/03*004	1먹장구름도	1뒤따르던
1뒤따르던	#083/03*005	1걸음마다	1주림과
1주림과	#083/03*006	1뒤따르던	1총검도
1총검도	#083/03*007	1주림과	1다시는
1다시는	#083/03*008	1총검도	1우리에게
1우리에게	#083/03*009	1다시는	1다가
1다가	#083/03*010	1우리에게	1오지
1오지	#083/03*011	1다가	1못하게
1못하게	#083/03*012	1오지	1형제여
1형제여	#083/03*013	1못하게	1위대한
1위대한	#083/03*014	1형제여	1전우여
1전우여	#083/03*015	1위대한	1그대들은
1그대들은	#083/03*016	1전우여	1죽음보다

1죽음보다	#083/03*017	1그대들은	1더한
1더한	#083/03*018	1죽음보다	1압제에서
1압제에서	#083/03*019	1더한	1우리를
1우리를	#083/03*020	1압제에서	1해방했거니
1해방했거니	#083/03*021	1우리를	1피로써
1피로써	#083/03*022	1해방했거니	1그대들이
1그대들이	#083/03*023	1피로써	1열어
1열어	#083/03*024	1그대들이	1주었고
1주었고	#083/03*025	1열어	1피로써
1피로써	#083/03*026	1주었고	1우리가
1우리가	#083/03*027	1피로써	1지켜
1지켜	#083/03*028	1우리가	1낸
1낸	#083/03*029	1지켜	1그
1그	#083/03*030	1낸	1걸
1걸	#083/03*031	1그	1자유와
1자유와	#083/03*032	1걸	1행복과
1행복과	#083/03*033	1자유와	1평화의
1평화의	#083/03*034	1행복과	1길을
1길을	#083/03*035	1평화의	1우리는
1우리는	#083/03*036	1길을	1날마다
1날마다	#083/03*037	1우리는	1넓혀
1넓혀	#083/03*038	1날마다	1나간다
1나간다	#083/03*039	1넓혀	—
1윙윙	#083/04*001	—	1우는
1우는	#083/04*002	1윙윙	1고압선과
1고압선과	#083/04*003	1우는	1발돋움하여
1발돋움하여	#083/04*004	1고압선과	1일으키는
1일으키는	#083/04*005	1발돋움하여	1강철
1강철	#083/04*006	1일으키는	1기둥을
1기둥을	#083/04*007	1강철	1즐거운
1즐거운	#083/04*008	1기둥을	1벼포기
1벼포기	#083/04*009	1즐거운	1보리포기
1보리포기	#083/04*010	1벼포기	1밝은
1밝은	#083/04*011	1보리포기	1창문들

1소원이	#084/01*011	1채로	1발가락
1발가락	#084/01*012	1소원이	1안
1안	#084/01*013	1발가락	1나가는
1나가는	#084/01*014	1안	1신발이요
1신발이요	#084/01*015	1나가는	1소원이
1소원이	#084/01*016	1신발이요	1털모자인
1털모자인	#084/01*017	1소원이	1창이란
1창이란	#084/01*018	1털모자인	1놈도
1놈도	#084/01*019	1창이란	1입은
1입은	#084/01*020	1놈도	1채로
1채로	#084/01*021	1입은	1잠이
1잠이	#084/01*022	1채로	1들었다
1들었다	#084/01*023	1잠이	—
1겨울엔	#084/02*001	—	1역시
1역시	#084/02*002	1겨울엔	1엉덩이가
1엉덩이가	#084/02*003	1역시	1뜨뜻해야
1뜨뜻해야	#084/02*004	1엉덩이가	1제일이니
1제일이니	#084/02*005	1뜨뜻해야	1뭐니
1뭐니	#084/02*006	1제일이니	1하다가도
1하다가도	#084/02*007	1뭐니	1옥에
1옥에	#084/02*008	1하다가도	1갇힌
1갇힌	#084/02*009	1옥에	1네게
1네게	#084/02*010	1갇힌	1비기면
1비기면	#084/02*011	1네게	1못
1못	#084/02*012	1비기면	1견딜게
1견딜게	#084/02*013	1못	1있느냐고
1있느냐고	#084/02*014	1견딜게	1하면서
1하면서	#084/02*015	1있느냐고	1너에게
1너에게	#084/02*016	1하면서	1차입할
1차입할	#084/02*017	1너에게	1것을
1것을	#084/02*018	1차입할	1늦도록
1늦도록	#084/02*019	1것을	1손질하던
1손질하던	#084/02*020	1늦도록	1안해도
1안해도	#084/02*021	1손질하던	1인젠

1어디서	#084/04*008	1조심스러운데	1컹컹
1컹컹	#084/04*009	1어디서	1개가
1개가	#084/04*010	1컹컹	1짖는데
1짖는데	#084/04*011	1개가	—
1이윽고	#084/05*001	—	1통행
1통행	#084/05*002	1이윽고	1금지
1금지	#084/05*003	1통행	1시간이
1시간이	#084/05*004	1금지	1지나면
1지나면	#084/05*005	1시간이	1창이
1창이	#084/05*006	1지나면	1어미는
1어미는	#084/05*007	1창이	1이
1이	#084/05*008	1어미는	1내복
1내복	#084/05*009	1이	1꾸레미를
1꾸레미를	#084/05*010	1내복	1안고
1안고	#084/05*011	1꾸레미를	1남몰래
1남몰래	#084/05*012	1안고	1나서야
1나서야	#084/05*013	1남몰래	1한다
1한다	#084/05*014	1나서야	1네가
1네가	#084/05*015	1한다	1있는
1있는	#084/05*016	1네가	1서대문
1서대문	#084/05*017	1있는	1밖으로
1밖으로	#084/05*018	1서대문	1바람을
1바람을	#084/05*019	1밖으로	1뚫고
1뚫고	#084/05*020	1바람을	1바람을
1바람을	#084/05*021	1뚫고	1뚫고
1뚫고	#084/05*022	1바람을	1나가야
1나가야	#084/05*023	1뚫고	1한다
1한다	#084/05*024	1나가야	—
1냇물이	#085/01*001	—	1맑으면
1맑으면	#085/01*002	1냇물이	1맑은
1맑은	#085/01*003	1맑으면	1물밑엔
1물밑엔	#085/01*004	1맑은	1조약돌도
1조약돌도	#085/01*005	1물밑엔	1디려다
1디려다	#085/01*006	1조약돌도	1보이리라

1대숲으로	#085/03*015	1앉은	1들어가자
1들어가자	#085/03*016	1대숲으로	−
1꿩의	#085/04*001	−	1전설이
1전설이	#085/04*002	1꿩의	1늙어가는
1늙어가는	#085/04*003	1전설이	1옛
1옛	#085/04*004	1늙어가는	1성
1성	#085/04*005	1옛	1그
1그	#085/04*006	1성	1성밖
1성밖	#085/04*007	1그	1우리
1우리	#085/04*008	1성밖	1집
1집	#085/04*009	1우리	1지붕엔
1지붕엔	#085/04*010	1집	1박이
1박이	#085/04*011	1지붕엔	1시름처럼
1시름처럼	#085/04*012	1박이	1큰단다
1큰단다	#085/04*013	1시름처럼	−
1구름이	#085/05*001	−	1희면
1희면	#085/05*002	1구름이	1흰
1흰	#085/05*003	1희면	1구름
1구름	#085/05*004	1흰	1북으로
1북으로	#085/05*005	1구름	1북으로도
1북으로도	#085/05*006	1북으로	1가리라
1가리라	#085/05*007	1북으로도	1아이야
1아이야	#085/05*008	1가리라	1사랑으로
1사랑으로	#085/05*009	1아이야	1너를
1너를	#085/05*010	1사랑으로	1안았으니
1안았으니	#085/05*011	1너를	1대잎사귀
1대잎사귀	#085/05*012	1안았으니	1새이새이로
1새이새이로	#085/05*013	1대잎사귀	1먼
1먼	#085/05*014	1새이새이로	1하늘을
1하늘을	#085/05*015	1먼	1내다보자
1내다보자	#085/05*016	1하늘을	−
1봉사꽃	#085/06*001	−	1유달리
1유달리	#085/06*002	1봉사꽃	1고운
1고운	#085/06*003	1유달리	1북쪽

1외마디소리	#086/01*002	1톡톡	1단말마의
1단말마의	#086/01*003	1외마디소리	1호흡
1호흡	#086/01*004	1단말마의	1아직도
1아직도	#086/01*005	1호흡	1나를
1나를	#086/01*006	1아직도	1못
1못	#086/01*007	1나를	1믿어
1믿어	#086/01*008	1못	1하니
1하니	#086/01*009	1믿어	1어떻게
1어떻게	#086/01*010	1하니	1하란
1하란	#086/01*011	1어떻게	1말이냐
1말이냐	#086/01*012	1하란	—
1화석	#086/02*001	—	1된
1된	#086/02*002	1화석	1요귀와도
1요귀와도	#086/02*003	1된	1같은
1같은	#086/02*004	1요귀와도	1무거운
1무거운	#086/02*005	1같은	1침묵을
1침묵을	#086/02*006	1무거운	1지켜
1지켜	#086/02*007	1침묵을	1온
1온	#086/02*008	1지켜	1지도
1지도	#086/02*009	1온	1이미
1이미	#086/02*010	1지도	13년
13년	#086/02*011	1이미	1내
1내	#086/02*012	13년	1머리
1머리	#086/02*013	1내	1우에는
1우에는	#086/02*014	1머리	1무르녹이는
1무르녹이는	#086/02*015	1우에는	1회기선의
1회기선의	#086/02*016	1무르녹이는	1태양도
1태양도	#086/02*017	1회기선의	1있었고
1있었고	#086/02*018	1태양도	1살을
1살을	#086/02*019	1있었고	1에이는
1에이는	#086/02*020	1살을	1광야의
1광야의	#086/02*021	1에이는	1태풍도
1태풍도	#086/02*022	1광야의	1아우성쳤거늘
1아우성쳤거늘	#086/02*023	1태풍도	

1창공에	#086/04*016	1심장이	1피를
1피를	#086/04*017	1창공에	1뿜고다
1뿜고다	#086/04*018	1피를	1토한
1토한	#086/04*019	1뿜고다	1뒤
1뒤	#086/04*020	1토한	1내
1내	#086/04*021	1뒤	1가슴속은
1가슴속은	#086/04*022	1내	1까만
1까만	#086/04*023	1가슴속은	1숯덩이로
1숯덩이로	#086/04*024	1까만	1변하리라
1변하리라	#086/04*025	1숯덩이로	1영영
1영영	#086/04*026	1변하리라	1못
1못	#086/04*027	1영영	1믿을
1믿을	#086/04*028	1못	1것이면
1것이면	#086/04*029	1믿을	1차라리
1차라리	#086/04*030	1것이면	1죽여라도
1죽여라도	#086/04*031	1차라리	1다고
1다고	#086/04*032	1죽여라도	1빨리
1빨리	#086/04*033	1다고	—
1죽은	#086/05*001	—	1뒤에나
1뒤에나	#086/05*002	1죽은	1해당화
1해당화	#086/05*003	1뒤에나	1피는
1피는	#086/05*004	1해당화	1동해안에
1동해안에	#086/05*005	1피는	1묻어
1묻어	#086/05*006	1동해안에	1주렴
1주렴	#086/05*007	1묻어	1그렇게도
1그렇게도	#086/05*008	1주렴	1못하겠으면
1못하겠으면	#086/05*009	1그렇게도	1백양나무
1백양나무	#086/05*010	1못하겠으면	1빨간
1빨간	#086/05*011	1백양나무	1불에
1불에	#086/05*012	1빨간	1화장해서
1화장해서	#086/05*013	1불에	1보기
1보기	#086/05*014	1화장해서	1싫은
1싫은	#086/05*015	1보기	1기억의
1기억의	#086/05*016	1싫은	1해골을

1있기에	#087/02*006	1주둥이	1곱게
1곱게	#087/02*007	1있기에	1늙는
1늙는	#087/02*008	1곱게	1발톱이
1발톱이	#087/02*009	1늙는	1한뉘
1한뉘	#087/02*010	1발톱이	1흙을
1흙을	#087/02*011	1한뉘	1긁어
1긁어	#087/02*012	1흙을	1보지
1보지	#087/02*013	1긁어	1못한다
1못한다	#087/02*014	1보지	—
1네	#087/03*001	—	1헛된
1헛된	#087/03*002	1네	1꿈을
1꿈을	#087/03*003	1헛된	1섬기어
1섬기어	#087/03*004	1꿈을	1무서운
1무서운	#087/03*005	1섬기어	1낭에
1낭에	#087/03*006	1무서운	1떨어질
1떨어질	#087/03*007	1낭에	1텐데
1텐데	#087/03*008	1떨어질	1그래도
1그래도	#087/03*009	1텐데	1너는
1너는	#087/03*010	1그래도	1두
1두	#087/03*011	1너는	1눈을
1눈을	#087/03*012	1두	1똑바로
1똑바로	#087/03*013	1눈을	1뜨고만
1뜨고만	#087/03*014	1똑바로	1있다
1있다	#087/03*015	1뜨고만	—
1번개	#088/01*001	—	1친다
1친다	#088/01*002	1번개	1번개
1번개	#088/01*003	1친다	1친다
1친다	#088/01*004	1번개	1느릅봉을
1느릅봉을	#088/01*005	1친다	1감아
1감아	#088/01*006	1느릅봉을	1싼
1싼	#088/01*007	1감아	1먹구름
1먹구름	#088/01*008	1싼	1속에서
1속에서	#088/01*009	1먹구름	1먹장구름
1먹장구름	#088/01*010	1속에서	1타래

1좌상님	#088/03*021	1어로반	—
1묵직한	#088/04*001	—	1그물을
1그물을	#088/04*002	1묵직한	1가볍게
1가볍게	#088/04*003	1그물을	1둘러
1둘러	#088/04*004	1가볍게	1멘
1멘	#088/04*005	1둘러	1채
1채	#088/04*006	1멘	1멈춰
1멈춰	#088/04*007	1채	1선
1선	#088/04*008	1멈춰	1로인님
1로인님	#088/04*009	1선	1빙그레
1빙그레	#088/04*010	1로인님	1웃으며
1웃으며	#088/04*011	1빙그레	1애들아
1애들아	#088/04*012	1웃으며	1애들아
1애들아	#088/04*013	1애들아	1어서
1어서	#088/04*014	1애들아	1내려
1내려	#088/04*015	1어서	1와
1와	#088/04*016	1내려	—
1으하하	#088/05*001	—	1할아바이
1할아바이	#088/05*002	1으하하	1넘려
1넘려	#088/05*003	1할아바이	1말아요
1말아요	#088/05*004	1넘려	1뽕나무
1뽕나무	#088/05*005	1말아요	1우에선
1우에선	#088/05*006	1뽕나무	1멀미
1멀미	#088/05*007	1우에선	1안나요
1안나요	#088/05*008	1멀미	
1소낙비가	#088/06*001	—	1당장
1당장	#088/06*002	1소낙비가	1이다
1이다	#088/06*003	1당장	1어서어서
1어서어서	#088/06*004	1이다	1내려
1내려	#088/06*005	1어서어서	1와
1와	#088/06*006	1내려	—
1으하하	#088/07*001	—	1할아바이
1할아바이	#088/07*002	1으하하	1넘려
1넘려	#088/07*003	1할아바이	1발아요

1웃으며	#088/09*011	1껄껄걸	1가고
1가고	#088/09*012	1웃으며	1머언
1머언	#088/09*013	1가고	1원산
1원산	#088/09*014	1머언	1쪽만
1쪽만	#088/09*015	1원산	1환하게
1환하게	#088/09*016	1쪽만	1개였구나
1개였구나	#088/09*017	1환하게	—
1바다	#089/01*001	—	1저쪽
1저쪽	#089/01*002	1바다	1모롱이도
1모롱이도	#089/01*003	1저쪽	1누우렇구나
1누우렇구나	#089/01*004	1모롱이도	1동디
1동디	#089/01*005	1누우렇구나	1마을
1마을	#089/01*006	1동디	1언덕목도
1언덕목도	#089/01*007	1마을	1싯누렇구나
1싯누렇구나	#089/01*008	1언덕목도	1하지만
1하지만	#089/01*009	1싯누렇구나	1올해에사
1올해에사	#089/01*010	1하지만	1어림없지
1어림없지	#089/01*011	1올해에사	1우리
1우리	#089/01*012	1어림없지	1조합
1조합	#089/01*013	1우리	1보리가
1보리가	#089/01*014	1조합	1상의
1상의	#089/01*015	1보리가	1상이지
1상이지	#089/01*016	1상의	—
1덥단	#089/02*001	—	1말
1말	#089/02*002	1덥단	1말자
1말자	#089/02*003	1말	1덥단
1덥단	#089/02*004	1말자	1말
1말	#089/02*005	1덥단	1말자
1말자	#089/02*006	1말	1단오는
1단오는	#089/02*007	1말자	1불
1불	#089/02*008	1단오는	1단오래야
1단오래야	#089/02*009	1불	1풍년이
1풍년이	#089/02*010	1단오래야	1든단다
1든단다	#089/02*011	1풍년이	—

1만큼	#089/03*001	−	1비구름
1비구름	#089/03*002	1만큼	1몰려
1몰려	#089/03*003	1비구름	1오면
1오면	#089/03*004	1몰려	1어떻게
1어떻게	#089/03*005	1오면	1하니
1하니	#089/03*006	1어떻게	1령마루가
1령마루가	#089/03*012	1하니	1시름에
1시름에	#089/03*013	1령마루가	1잠길
1잠길	#089/03*014	1시름에	1만큼
1만큼	#089/03*015	1잠길	1구름이
1구름이	#089/03*016	1만큼	1밀려
1밀려	#089/03*017	1구름이	1오면
1오면	#089/03*018	1밀려	1어떻게
1어떻게	#089/03*019	1오면	1하니
1하니	#089/03*020	1어떻게	1앞섬도
1앞섬도	#089/03*021	1하니	1갈마끝도
1갈마끝도	#089/03*022	1앞섬도	1보이지
1보이지	#089/03*023	1갈마끝도	−
1조합	#089/04*001	−	1무어
1무어	#089/04*002	1조합	1첫
1첫	#089/04*003	1무어	1농사
1농사	#089/04*004	1첫	1첫
1첫	#089/04*005	1농사	1번째
1번째	#089/04*006	1첫	1낫질
1낫질	#089/04*007	1번째	1한
1한	#089/04*008	1낫질	1이삭
1이삭	#089/04*009	1한	1한
1한	#089/04*010	1이삭	1알인들
1알인들	#089/04*011	1한	1어찌
1어찌	#089/04*012	1알인들	1버릴가
1버릴가	#089/04*013	1어찌	1달포
1달포	#089/04*014	1버릴가	1넘은
1넘은	#089/04*015	1달포	1장마에
1장마에	#089/04*016	1넘은	1햇볕

1햇볕	#089/04*017	1장마에	1그립던
1그립던	#089/04*018	1햇볕	1지난해의
1지난해의	#089/04*019	1그립던	1보리고개
1보리고개	#089/04*020	1지난해의	1어찌
1어찌	#089/04*021	1보리고개	1잊을가
1잊을가	#089/04*022	1어찌	―
1덥단	#089/05*001	―	1말
1말	#089/05*002	1덥단	1말자
1말자	#089/05*003	1말	1덥단
1덥단	#089/05*004	1말자	1말
1말	#089/05*005	1덥단	1말자
1말자	#089/05*006	1말	1단오는
1단오는	#089/05*007	1말자	1불
1불	#089/05*008	1단오는	1단오래야
1단오래야	#089/05*009	1불	1풍년이
1풍년이	#089/05*010	1단오래야	1든단다
1든단다	#089/05*011	1풍년이	―
1썩	#089/06*001	―	1한번
1한번	#089/06*002	1썩	1소매를
1소매를	#089/06*003	1한번	1더
1더	#089/06*004	1소매를	1걷어
1걷어	#089/06*005	1더	1올리지
1올리지	#089/06*006	1걷어	1이번
1이번	#089/06*007	1올리지	1이랑
1이랑	#089/06*008	1이번	1다
1다	#089/06*009	1이랑	1메군
1메군	#089/06*010	1다	1잠간만
1잠간만	#089/06*011	1메군	1쉬지
1쉬지	#089/06*012	1잠간만	1돌배나무
1돌배나무	#089/06*013	1쉬지	1그늘에서
1그늘에서	#089/06*014	1돌배나무	1적삼
1적삼	#089/06*015	1그늘에서	1벗으면
1벗으면	#089/06*016	1적삼	1안겨
1안겨	#089/06*017	1벗으면	1오는

1할머니	#090/03*009	1떠났다는	1무릎에서
1무릎에서	#090/03*010	1할머니	1무릎에
1무릎에	#090/03*011	1무릎에서	1놓인
1놓인	#090/03*012	1무릎에	1연두색
1연두색	#090/03*013	1놓인	1봇짐에서
1봇짐에서	#090/03*014	1연두색	1자꾸만
1자꾸만	#090/03*015	1봇짐에서	1풍기는
1풍기는	#090/03*016	1자꾸만	1미역
1미역	#090/03*017	1풍기는	1냄새
1냄새	#090/03*018	1미역	1미역
1미역	#090/03*019	1냄새	1내음새
1내음새	#090/03*020	1미역	—
1늘그막에	#090/04*001	—	1첫손자니
1첫손자니	#090/04*002	1늘그막에	1령감이야
1령감이야	#090/04*003	1첫손자니	1당신이
1당신이	#090/04*004	1령감이야	1떠난다고
1떠난다고	#090/04*005	1당신이	1서둘렀지만
1서둘렀지만	#090/04*006	1떠난다고	1명태가
1명태가	#090/04*007	1서둘렀지만	1한창인
1한창인	#090/04*008	1명태가	1요즘
1요즘	#090/04*009	1한창인	1철에
1철에	#090/04*010	1요즘	1바다를
1바다를	#090/04*011	1철에	1비울
1비울	#090/04*012	1바다를	1짬이
1짬이	#090/04*013	1비울	1어디
1어디	#090/04*014	1짬이	1있나요
1있나요	#090/04*015	1어디	—
1백말을	#090/05*001	—	1이고도
1이고도	#090/05*002	1백말을	1정정한
1정정한	#090/05*003	1이고도	1할머니의
1할머니의	#090/05*004	1정정한	1기쁨이
1기쁨이	#090/05*005	1할머니의	1제
1제	#090/05*006	1기쁨이	1일처럼
1일처럼	#090/05*007	1제	1그저

1부랴부랴	#090/07*010	1바쁘게	1전에
1전에	#090/07*011	1부랴부랴	1일하던
1일하던	#090/07*012	1전에	1저기로
1저기로	#090/07*013	1일하던	1가더니
1가더니	#090/07*014	1저기로	1글세
1글세	#090/07*015	1가더니	1봤군요
1봤군요	#090/07*016	1글세	1아들을
1아들을	#090/07*016	1봤군요	−
1자애로운	#090/08*001	−	1손을
1손을	#090/08*002	1자애로운	1들어
1들어	#090/08*003	1손을	1햇빛을
1햇빛을	#090/08*004	1들어	1가리며
1가리며	#090/08*005	1햇빛을	1할머니가
1할머니가	#090/08*006	1가리며	1자랑스레
1자랑스레	#090/08*007	1할머니가	1바라보는
1바라보는	#090/08*008	1자랑스레	1저기
1저기	#090/08*009	1바라보는	1우뚝
1우뚝	#090/08*010	1저기	1솟은
1솟은	#090/08*011	1우뚝	1굴뚝이
1굴뚝이	#090/08*012	1솟은	1세차게
1세차게	#090/08*013	1굴뚝이	1연기
1연기	#090/08*014	1세차게	1뿜는
1뿜는	#090/08*015	1연기	1저기는
1저기는	#090/08*016	1뿜는	1바로
1바로	#090/08*017	1저기는	1문평
1문평	#090/08*018	1바로	1재련소
1재련소	#090/08*019	1문평	−
1하늘도	#090/09*001	−	1바다인가
1바다인가	#090/09*002	1하늘도	1아름다운
1아름다운	#090/09*003	1바다인가	1한나절
1한나절	#090/09*004	1아름다운	−
1읍으로	#090/10*001	−	1통한
1통한	#090/10*002	1읍으로	1넓다란
1넓다란	#090/10*003	1통한	1신작로가

1퐁퐁	#091/03*005	1첫배가	1연기를
1연기를	#091/03*006	1퐁퐁	1토하며
1토하며	#091/03*007	1연기를	1잔교를
1잔교를	#091/03*008	1토하며	1떠난다
1떠난다	#091/03*009	1잔교를	1물
1물	#091/03*010	1떠난다	1좋은
1좋은	#091/03*011	1물	1생선을
1생선을	#091/03*012	1좋은	1가득히
1가득히	#091/03*013	1생선을	1싣고
1싣고	#091/03*014	1가득히	1백설에
1백설에	#091/03*015	1싣고	1덮인
1덮인	#091/03*016	1백설에	1반도에서
1반도에서	#091/03*017	1덮인	1떠난다
1떠난다	#091/03*018	1반도에서	—
1간물에	#091/04*001	—	1흠뻑
1흠뻑	#091/04*002	1간물에	1젖은
1젖은	#091/04*003	1흠뻑	1로뿌를
1로뿌를	#091/04*004	1젖은	1재우재우
1재우재우	#091/04*005	1로뿌를	1끌어
1끌어	#091/04*006	1재우재우	1올린
1올린	#091/04*007	1끌어	1다음
1다음	#091/04*008	1올린	1두툼한
1두툼한	#091/04*009	1다음	1덧저고리
1덧저고리	#091/04*010	1두툼한	1깊숙한
1깊숙한	#091/04*011	1덧저고리	1옆채기에
1옆채기에	#091/04*012	1깊숙한	1량손
1량손	#091/04*013	1옆채기에	1찔러
1찔러	#091/04*014	1량손	1넣고
1넣고	#091/04*015	1찔러	1갑판에
1갑판에	#091/04*016	1넣고	1선
1선	#091/04*017	1갑판에	1소년의
1소년의	#091/04*018	1선	1아버지
1아버지	#091/04*019	1소년의	—
1그는	#091/05*001	—	1보았다

1그러니	#091/06*021	1어째서	—
1요전번에	#091/07*001	—	1약속한
1약속한	#091/07*002	1요전번에	1소설책
1소설책	#091/07*003	1약속한	1그
1그	#091/07*004	1소설책	1책을
1책을	#091/07*005	1그	1잊지
1잊지	#091/07*006	1책을	1마세요
1마세요	#091/07*007	1잊지	1이번엔
1이번엔	#091/07*008	1마세요	1걱정
1걱정	#091/07*009	1이번엔	1마라
1마라	#091/07*010	1걱정	1아동
1아동	#091/07*011	1마라	1혁명단이지
1혁명단이지	#091/07*012	1아동	1차차루
1차차루	#091/07*013	1혁명단이지	1멀어지는
1멀어지는	#091/07*014	1차차루	1발동선에서
1발동선에서	#091/07*015	1멀어지는	1힘찬
1힘찬	#091/07*016	1발동선에서	1노래와도
1노래와도	#091/07*017	1힘찬	1같이
1같이	#091/07*018	1노래와도	1들려
1들려	#091/07*019	1같이	1오는
1오는	#091/07*020	1들려	1아버지의
1아버지의	#091/07*021	1오는	1목소리
1목소리	#091/07*022	1아버지의	1소년은
1소년은	#091/07*023	1목소리	1옳다고
1옳다고	#091/07*024	1소년은	1손을
1손을	#091/07*025	1옳다고	1젖는다
1젖는다	#091/07*026	1손을	—
1무수한	#091/08*001	—	1새들이
1새들이	#091/08*002	1무수한	1죽지를
1죽지를	#091/08*003	1새들이	1털며
1털며	#091/08*004	1죽지를	1일제히
1일제히	#091/08*005	1털며	1날아나듯
1날아나듯	#091/08*006	1일제히	1춤추는
1춤추는	#091/08*007	1날아나듯	1바다

1바다	#091/08*008	1춤추는	1끝없이
1끝없이	#091/08*009	1바다	1밀려오는
1밀려오는	#091/08*010	1끝없이	1검푸른
1검푸른	#091/08*011	1밀려오는	1파도
1파도	#091/08*012	1검푸른	—
1모두	#092/01*001	—	1벼슬
1벼슬	#092/01*002	1모두	1없는
1없는	#092/01*003	1벼슬	1이웃이래서
1이웃이래서	#092/01*004	1없는	1은쟁반
1은쟁반	#092/01*005	1이웃이래서	1아닌
1아닌	#092/01*006	1은쟁반	1아무렇게나
1아무렇게나	#092/01*007	1아닌	1생긴
1생긴	#092/01*008	1아무렇게나	1그릇이
1그릇이	#092/01*009	1생긴	1되려
1되려	#092/01*010	1그릇이	1머루며
1머루며	#092/01*011	1되려	1다래랑
1다래랑	#092/01*012	1머루며	1나눠
1나눠	#092/01*013	1다래랑	1먹기에
1먹기에	#092/01*014	1나눠	1정다웁건만
1정다웁건만	#092/01*015	1먹기에	—
1서울	#092/02*001	—	1살다
1살다	#092/02*002	1서울	1온
1온	#092/02*003	1살다	1사나이
1사나이	#092/02*004	1온	1나는
1나는	#092/02*005	1사나이	1그저
1그저	#092/02*006	1나는	1앞이
1앞이	#092/02*007	1그저	1어두워
1어두워	#092/02*008	1앞이	—
1멀리서	#092/03*001	—	1들려
1들려	#092/03*002	1멀리서	1오는
1오는	#092/03*003	1들려	1파도
1파도	#092/03*004	1오는	1소리와
1소리와	#092/03*005	1파도	1함께
1함께	#092/03*006	1소리와	1몰래

1몰래	#092/03*007	1함께	1울고
1울고	#092/03*008	1몰래	1싶은
1싶은	#092/03*009	1울고	1이러한
1이러한	#092/03*010	1싶은	1밤엔
1밤엔	#092/03*011	1이러한	1돋우어도
1돋우어도	#092/03*012	1밤엔	1돋우어도
1돋우어도	#092/03*013	1돋우어도	1밝지
1밝지	#092/03*014	1돋우어도	1않는
1않는	#092/03*015	1밝지	1등잔밑
1등잔밑	#092/03*016	1않는	1한
1한	#092/03*017	1등잔밑	1치
1치	#092/03*018	1한	1앞이
1앞이	#092/03*019	1치	1어두워
1어두워	#092/03*020	1앞이	1마음은
1마음은	#093/01*015	1어두워	1피어
1피어	#093/01*016	1마음은	1포기포기
1포기포기	#093/01*017	1피어	1어둠에
1어둠에	#093/01*018	1포기포기	1젖어
1젖어	#093/01*019	1어둠에	—
1이	#093/02*001	—	1밤
1밤	#093/02*002	1이	1호올로
1호올로	#093/02*003	1밤	1타는
1타는	#093/02*004	1호올로	1촛불을
1촛불을	#093/02*005	1타는	1거느리고
1거느리고	#093/02*006	1촛불을	—
1어느	#093/03*001	—	1벌판에로
1벌판에로	#093/03*002	1어느	1가리
1가리	#093/03*003	1벌판에로	1어른거리는
1어른거리는	#093/03*004	1가리	1모습마다
1모습마다	#093/03*005	1어른거리는	1검은
1검은	#093/03*006	1모습마다	1머리
1머리	#093/03*007	1검은	1향그러히
1향그러히	#093/03*008	1머리	1검은
1검은	#093/03*009	1향그러히	1머리

1머리	#093/03*010	1검은	1가슴을
1가슴을	#093/03*011	1머리	1덮고
1덮고	#093/03*012	1가슴을	1숨고
1숨고	#093/03*013	1덮고	1마는데
1마는데	#093/03*014	1숨고	–
1병들어	#093/04*001	–	1벗도
1벗도	#093/04*002	1병들어	1없는
1없는	#093/04*003	1벗도	1고을에
1고을에	#093/04*004	1없는	1눈은
1눈은	#093/04*005	1고을에	1내리고
1내리고	#093/04*006	1눈은	1멀리서
1멀리서	#093/04*007	1내리고	1철길이
1철길이	#093/04*008	1멀리서	1운다
1운다	#093/04*009	1철길이	–
1큰	#094/01*001	–	1섬을
1섬을	#094/01*002	1큰	1지나
1지나	#094/01*003	1섬을	1작은
1작은	#094/01*004	1지나	1섬
1섬	#094/01*005	1작은	1굽이
1굽이	#094/01*006	1섬	1앉으랑
1앉으랑	#094/01*007	1굽이	1소나무를
1소나무를	#094/01*008	1앉으랑	1우산처럼
1우산처럼	#094/01*009	1소나무를	1펼쳐
1펼쳐	#094/01*010	1우산처럼	1쓴
1쓴	#094/01*011	1펼쳐	1선바위를
1선바위를	#094/01*012	1쓴	1바삐
1바삐	#094/01*013	1선바위를	1지나
1지나	#094/01*014	1바삐	1항구로
1항구로	#094/01*015	1지나	1항구로
1항구로	#094/01*016	1항구로	1들어
1들어	#094/01*017	1항구로	1오논
1오논	#094/01*018	1들어	1배
1배	#094/01*019	1오논	–
1민청호다	#094/02*001	–	1민청호다

1민청호다	#094/02*002	1민청호다	1누군가
1누군가	#094/02*003	1민청호다	1웨치는
1웨치는	#094/02*004	1누군가	1반가운
1반가운	#094/02*005	1웨치는	1소리에
1소리에	#094/02*006	1반가운	1일손
1일손	#094/02*007	1소리에	1멈춘
1멈춘	#094/02*008	1일손	1순희의
1순희의	#094/02*009	1멈춘	1가슴에선
1가슴에선	#094/02*010	1순희의	1파도가
1파도가	#094/02*011	1가슴에선	1출렁
1출렁	#094/02*012	1파도가	−
1바다를	#094/03*001	−	1휩쓸어
1휩쓸어	#094/03*002	1바다를	1울부짖는
1울부짖는	#094/03*003	1휩쓸어	1폭풍에도
1폭풍에도	#094/03*004	1울부짖는	1어제밤
1어제밤	#094/03*005	1폭풍에도	1돌아
1돌아	#094/03*006	1어제밤	1오지
1오지	#094/03*007	1돌아	1않은
1않은	#094/03*008	1오지	1단
1단	#094/03*009	1않은	1한
1한	#094/03*010	1단	1척
1척	#094/03*011	1한	1기다리던
1기다리던	#094/03*012	1척	1배가
1배가	#094/03*013	1기다리던	1풍어기를
1풍어기를	#094/03*014	1배가	1날리며
1날리며	#094/03*015	1풍어기를	1들어
1들어	#094/03*016	1날리며	1온다
1온다	#094/03*017	1들어	−
1밤내	#094/04*001	−	1서성거리며
1서성거리며	#094/04*002	1밤내	1시름겨웁던
1시름겨웁던	#094/04*003	1서성거리며	1숫한
1숫한	#094/04*004	1시름겨웁던	1가슴들이
1가슴들이	#094/04*005	1숫한	1탁
1탁	#094/04*006	1가슴들이	1트인다

1차린다는	#094/06*010	1잔치	1저
1저	#094/06*011	1차린다는	1친군
1친군	#094/06*012	1저	1성미부터
1성미부터	#094/06*013	1친군	1괄괄한
1괄괄한	#094/06*014	1성미부터	1바다의
1바다의	#094/06*015	1괄괄한	1사내
1사내	#094/06*016	1바다의	—
1꼼배아의	#094/07*001	—	1발동은
1발동은	#094/07*002	1꼼배아의	1그만하면
1그만하면	#094/07*003	1발동은	1됐으니
1됐으니	#094/07*004	1그만하면	1순희야
1순희야	#094/07*005	1됐으니	1손
1손	#094/07*006	1순희야	1한번
1한번	#094/07*007	1손	1저어
1저어	#094/07*008	1한번	1주려마
1주려마	#094/07*009	1저어	1방수복에
1방수복에	#094/07*010	1주려마	1번쩍이는
1번쩍이는	#094/07*011	1방수복에	1고기
1고기	#094/07*012	1번쩍이는	1비늘이
1비늘이	#094/07*013	1고기	1비단천
1비단천	#094/07*014	1비늘이	1무늬보다
1무늬보다	#094/07*015	1비단천	1오히려
1오히려	#094/07*016	1무늬보다	1곱다
1곱다	#094/07*017	1오히려	—
1평생	#094/08*001	—	1봐도
1봐도	#094/08*002	1평생	1좋은
1좋은	#094/08*003	1봐도	1바다
1바다	#094/08*004	1좋은	1한결
1한결	#094/08*005	1바다	1더
1더	#094/08*006	1한결	1푸르네
1푸르네	#094/08*007	1더	—
1뱃전을	#094/09*001	—	1스쳐
1스쳐	#094/09*002	1뱃전을	1기폭을
1기폭을	#094/09*003	1스쳐	1스쳐

1잔잔한	#095/02*021	1연못	1가슴엔
1가슴엔	#095/02*022	1잔잔한	1내만
1내만	#095/02*023	1가슴엔	1아는
1아는	#095/02*024	1내만	1근심이
1근심이	#095/02*025	1아는	1소스라쳐
1소스라쳐	#095/02*026	1근심이	1붐비다
1붐비다	#095/02*027	1소스라쳐	—
1깊이	#095/03*001	—	1물밑에
1물밑에	#095/03*002	1깊이	1자리잡은
1자리잡은	#095/03*003	1물밑에	1푸른
1푸른	#095/03*004	1자리잡은	1하늘
1하늘	#095/03*005	1푸른	1얼골은
1얼골은	#095/03*006	1하늘	1어제보담
1어제보담	#095/03*007	1얼골은	1희고
1희고	#095/03*008	1어제보담	1어쩐지
1어쩐지	#095/03*009	1희고	1어쩐지
1어쩐지	#095/03*010	1어쩐지	1못미더운
1못미더운	#095/03*011	1어쩐지	1날
1날	#095/03*012	1못미더운	—
1둘레둘레	#096/01*001	—	1어깨
1어깨	#096/01*002	1둘레둘레	1겯고
1겯고	#096/01*003	1어깨	1산들도
1산들도	#096/01*004	1겯고	1노래하는가
1노래하는가	#096/01*005	1산들도	1니연니연
1니연니연	#096/01*006	1노래하는가	1물결치는
1물결치는	#096/01*007	1니연니연	1호수를
1호수를	#096/01*008	1물결치는	1가득
1가득	#096/01*009	1호수를	1안고
1안고	#096/01*010	1가득	1우리
1우리	#096/01*011	1안고	1시대의
1시대의	#096/01*012	1우리	1자랑을
1자랑을	#096/01*013	1시대의	1노래하는가
1노래하는가	#096/01*014	1자랑을	—
1집	#096/02*001	—	1잃은

1잃은	#096/02*002	1집	1멧새들은
1멧새들은	#096/02*003	1잃은	1우우
1우우	#096/02*004	1멧새들은	1떼지어
1떼지어	#096/02*005	1우우	1떼를
1떼를	#096/02*006	1떼지어	1지어
1지어	#096/02*007	1떼를	1봉우리에
1봉우리에	#096/02*008	1지어	1날아
1날아	#096/02*009	1봉우리에	1오른다
1오른다	#096/02*010	1날아	—
1오늘에야	#096/03*001	—	1쉰짬
1쉰짬	#096/03*002	1오늘에야	1얻은
1얻은	#096/03*003	1쉰짬	1베르트
1베르트	#096/03*004	1얻은	1꼼베아를
1꼼베아를	#096/03*005	1베르트	1키다리
1키다리	#096/03*006	1꼼베아를	1기중기를
1기중기를	#096/03*007	1키다리	1배불뚝이
1배불뚝이	#096/03*008	1기중기를	1미끼샤를
1미끼샤를	#096/03*009	1배불뚝이	1위로하듯
1위로하듯	#096/03*010	1미끼샤를	1살뜰히
1살뜰히	#096/03*011	1위로하듯	1어루만지는
1어루만지는	#096/03*012	1살뜰히	1어제의
1어제의	#096/03*013	1어루만지는	1경쟁자
1경쟁자	#096/03*014	1어제의	1미더운
1미더운	#096/03*015	1경쟁자	1친구들아
1친구들아	#096/03*016	1미더운	1우리는
1우리는	#096/03*017	1친구들아	1당의
1당의	#096/03*018	1우리는	1아들
1아들	#096/03*019	1당의	1사회주의
1사회주의	#096/03*020	1아들	1건설자
1건설자	#096/03*021	1사회주의	—
1유구한	#096/04*001	—	1세월을
1세월을	#096/04*002	1유구한	1외면하고
1외면하고	#096/04*003	1세월을	1따로
1따로	#096/04*004	1외면하고	1섰다가

1섰다가	#096/04*005	1따로	1우리의
1우리의	#096/04*006	1섰다가	1날에
1날에	#096/04*007	1우리의	1와서
1와서	#096/04*008	1날에	1굳건히도
1굳건히도	#096/04*009	1와서	1손잡은
1손잡은	#096/04*010	1굳건히도	1초마산과
1초마산과	#096/04*011	1손잡은	1수리개
1수리개	#096/04*012	1초마산과	1비탈이
1비탈이	#096/04*013	1수리개	1뛰는
1뛰는	#096/04*014	1비탈이	1맥박으로
1맥박으로	#096/04*015	1뛰는	1서로
1서로	#096/04*016	1맥박으로	1반기는
1반기는	#096/04*017	1서로	1건
1건	#096/04*018	1반기는	1회오리
1회오리	#096/04*019	1건	1설한풍
1설한풍	#096/04*020	1회오리	1속에서도
1속에서도	#096/04*021	1설한풍	1오히려
1오히려	#096/04*022	1속에서도	1가슴
1가슴	#096/04*023	1오히려	1더웁게
1더웁게	#096/04*024	1가슴	1우리의
1우리의	#096/04*025	1더웁게	1힘이
1힘이	#096/04*026	1우리의	1흔들고
1흔들고	#096/04*027	1힘이	1흔들어
1흔들어	#096/04*028	1흔들고	1깨워
1깨워	#096/04*029	1흔들어	1준
1준	#096/04*030	1깨워	1보람
1보람	#096/04*031	1준	—
1스물이랴	#096/05*001	—	1서른이랴
1서른이랴	#096/05*002	1스물이랴	1아흔
1아흔	#096/05*003	1서른이랴	1아홉
1아홉	#096/05*004	1아흔	1굽이랴
1굽이랴	#096/05*005	1아홉	1태고부터
1태고부터	#096/05*006	1굽이랴	1그늘졌던
1그늘졌던	#096/05*007	1태고부터	1골짝골짝에

1숫하게	#096/07*015	1비쳐	1숫하게
1숫하게	#096/07*016	1숫하게	1정답게도
1정답게도	#096/07*017	1숫하게	1다가
1다가	#096/07*018	1정답게도	1온다
1온다	#096/07*019	1다가	1열두
1열두	#097/01*056	1온다	1개의
1개의	#097/01*057	1열두	1층층계를
1층층계를	#097/01*058	1개의	1올라와
1올라와	#097/01*059	1층층계를	1옛으로
1옛으로	#097/01*060	1올라와	1다시
1다시	#097/01*061	1옛으로	1새
1새	#097/01*062	1다시	1날로
1날로	#097/01*063	1새	1통하는
1통하는	#097/01*064	1날로	1열두
1열두	#097/01*065	1통하는	1개의
1개의	#097/01*066	1열두	1층층계를
1층층계를	#097/01*067	1개의	1양볼
1양볼	#097/01*068	1층층계를	1붉히고
1붉히고	#097/01*069	1양볼	1올라와
1올라와	#097/01*070	1붉히고	1누구의
1누구의	#097/01*071	1올라와	1입김이
1입김이	#097/01*072	1누구의	1함부로
1함부로	#097/01*073	1입김이	1이마를
1이마를	#097/01*074	1함부로	1스칩니까
1스칩니까	#097/01*075	1이마를	1약이요
1약이요	#097/01*076	1스칩니까	1네
1네	#097/01*077	1약이요	1벽에
1벽에	#097/01*078	1네	1층층이
1층층이	#097/01*079	1벽에	1쌓여
1쌓여	#097/01*080	1층층이	1있는
1있는	#097/01*081	1쌓여	1것
1것	#097/01*082	1있는	1어느
1어느	#097/01*083	1것	1쪽을
1쪽을	#097/01*084	1어느	1무너트려도

1무너트려도	#097/01*085	1쪽을	1나의
1나의	#097/01*086	1무너트려도	1책들은
1책들은	#097/01*087	1나의	1아니올시다
1아니올시다	#097/01*088	1책들은	1약상자뿐이요
1약상자뿐이요	#097/01*089	1아니올시다	오래
1오래	#097/01*090	1약상자뿐이요	1묵은
1묵은	#097/01*091	1오래	1약병들이요
1약병들이요	#097/01*092	1묵은	─
1청춘을	#097/02*001	─	1드리리다
1드리리다	#097/02*002	1청춘을	1물러
1물러	#097/02*003	1드리리다	1가시렵니까
1가시렵니까	#097/02*004	1물러	1내
1내	#097/02*005	1가시렵니까	1숨쉬는
1숨쉬는	#097/02*006	1내	1곳곳에
1곳곳에	#097/02*007	1숨쉬는	1숨어서
1숨어서	#097/02*008	1곳곳에	1부르는
1부르는	#097/02*009	1숨어서	1이
1이	#097/02*010	1부르는	1모두
1모두	#097/02*011	1이	1다
1다	#097/02*012	1모두	1멀리로
1멀리로	#097/02*013	1다	1떠나
1떠나	#097/02*014	1멀리로	1보내고
1보내고	#097/02*015	1떠나	1어둠과
1어둠과	#097/02*016	1보내고	1어둠이
1어둠이	#097/02*017	1어둠과	1마조쳐
1마조쳐	#097/02*018	1어둠이	1찬란히
1찬란히	#097/02*019	1마조쳐	1빛나는
1빛나는	#097/02*020	1찬란히	1곳
1곳	#097/02*021	1빛나는	1땅을
1땅을	#097/02*022	1곳	1향해
1향해	#097/02*023	1땅을	1흔들리는
1흔들리는	#097/02*024	1향해	1열두
1열두	#097/02*025	1흔들리는	1개의
1개의	#097/02*026	1열두	1층층계를

1층층계를	#097/02*027	1개의	1영영
1영영	#097/02*028	1층층계를	1내려가야
1내려가야	#097/02*029	1영영	1하겠습니다
1하겠습니다	#097/02*030	1내려가야	－
1황토색	#098/01*001	－	1나무재기풀만
1나무재기풀만	#098/01*002	1황토색	1해풍에
1해풍에	#098/01*003	1나무재기풀만	1나붓기는
1나붓기는	#098/01*004	1해풍에	1넓고
1넓고	#098/01*005	1나붓기는	1넓은
1넓은	#098/01*006	1넓고	1간석지를
1간석지를	#098/01*007	1넓은	1탐스레
1탐스레	#098/01*008	1간석지를	1바라보며
1바라보며	#098/01*009	1탐스레	1욕심쟁이
1욕심쟁이	#098/01*010	1바라보며	1열두
1열두	#098/01*011	1욕심쟁이	1부자가
1부자가	#098/01*012	1열두	1의논했단다
1의논했단다	#098/01*013	1부자가	1이
1이	#098/01*014	1의논했단다	1개펄에
1개펄에	#098/01*015	1이	1동둑을
1동둑을	#098/01*016	1개펄에	1쌓아
1쌓아	#098/01*017	1동둑을	1조수를
1조수를	#098/01*018	1쌓아	1막자
1막자	#098/01*019	1조수를	1물만
1물만	#098/01*020	1막자	1흔해지면
1흔해지면	#098/01*021	1물만	1저절로
1저절로	#098/01*022	1흔해지면	1옥답이
1옥답이	#098/01*023	1저절로	1되지
1되지	#098/01*024	1옥답이	1그러면
1그러면	#098/01*025	1되지	1많은
1많은	#098/01*026	1그러면	1돈이
1돈이	#098/01*027	1많은	1제
1제	#098/01*028	1돈이	1발로
1발로	#098/01*029	1제	1굴러
1굴러	#098/01*030	1발로	1오지

1바닥난	#098/03*016	1털어	1열두
1열두	#098/03*017	1바닥난	1부자는
1부자는	#098/03*018	1열두	1찡그린
1찡그린	#098/03*019	1부자는	1낯짝을
1낯짝을	#098/03*020	1찡그린	1어기까랑
1어기까랑	#098/03*021	1낯짝을	1쥐여
1쥐여	#098/03*022	1어기까랑	1뜯다가
1뜯다가	#098/03*023	1쥐여	1끝끝내는
1끝끝내는	#098/03*024	1뜯다가	1개펄에
1개펄에	#098/03*025	1끝끝내는	1코를
1코를	#098/03*026	1개펄에	1처박았단다
1처박았단다	#098/03*027	1코를	1뺏을
1뺏을	#098/04*001	—	—
1대로	#098/04*002	1뺏을	1빼앗고도
1빼앗고도	#098/04*003	1대로	1그것으론
1그것으론	#098/04*004	1빼앗고도	1모자라
1모자라	#098/04*005	1그것으론	1열두
1열두	#098/04*006	1모자라	1삼천리
1삼천리	#098/04*007	1열두	1무연한
1무연한	#098/04*008	1삼천리	1벌에서
1벌에서	#098/04*009	1무연한	1산더미로
1산더미로	#098/04*010	1벌에서	1쏟아질
1쏟아질	#098/04*011	1산더미로	1백옥
1백옥	#098/04*012	1쏟아질	1같은
1같은	#098/04*013	1백옥	1흰쌀을
1흰쌀을	#098/04*014	1같은	1노리던
1노리던	#098/04*015	1흰쌀을	1일제놈들
1일제놈들	#098/04*016	1노리던	1수십년
1수십년	#098/04*017	1일제놈들	1허덕이고도
1허덕이고도	#098/04*018	1수십년	1물만은
1물만은	#098/04*019	1허덕이고도	1끌지
1끌지	#098/04*020	1물만은	1못한
1못한	#098/04*021	1끌지	1채
1채	#098/04*022	1못한	1패망한

1부자동이라	#098/06*014	1열두	1비웃던
1비웃던	#098/06*015	1부자동이라	1바로
1바로	#098/06*016	1비웃던	1그
1그	#098/06*017	1바로	1자리에
1자리에	#098/06*018	1그	1이
1이	#098/06*019	1자리에	1고장
1고장	#098/06*020	1이	1청년들이
1청년들이	#098/06*021	1고장	1쌓아
1쌓아	#098/06*022	1청년들이	1올린
1올린	#098/06*023	1쌓아	1길고
1길고	#098/06*024	1올린	1긴
1긴	#098/06*025	1길고	1동둑
1동둑	#098/06*026	1긴	—
1조수의	#098/07*001	—	1침습을
1침습을	#098/07*002	1조수의	1영원히
1영원히	#098/07*003	1침습을	1막아
1막아	#098/07*004	1영원히	1거인처럼
1거인처럼	#098/07*005	1막아	1팔을
1팔을	#098/07*006	1거인처럼	1벌린
1벌린	#098/07*007	1팔을	1동둑에
1동둑에	#098/07*008	1벌린	1올라
1올라	#098/07*009	1동둑에	1서면
1서면	#098/07*010	1올라	1망망한
1망망한	#098/07*011	1서면	1바다가
1바다가	#098/07*012	1망망한	1발
1발	#098/07*013	1바다가	1아래
1아래	#098/07*014	1발	1출렁이고
1출렁이고	#098/07*015	1아래	1나무재기풀만
1나무재기풀만	#098/07*016	1출렁이고	1무성하던
1무성하던	#098/07*017	1나무재기풀만	1어제의
1어제의	#098/07*018	1무성하던	1간석지에
1간석지에	#098/07*019	1어제의	1푸른
1푸른	#098/07*020	1간석지에	1벼포기로
1벼포기로	#098/07*021	1푸른	1새옷을

1치떨리는	#099/02*013	1속은	1신화를
1신화를	#099/02*014	1치떨리는	1부르려니
1부르려니	#099/02*015	1신화를	1왼
1왼	#099/02*016	1부르려니	1몸에
1몸에	#099/02*017	1왼	1쏟아지는
1쏟아지는	#099/02*018	1몸에	1찬땀
1찬땀	#099/02*019	1쏟아지는	1마음은
1마음은	#099/02*020	1찬땀	1공허와의
1공허와의	#099/02*021	1마음은	1지경을
1지경을	#099/02*022	1공허와의	1맴돈다
1맴돈다	#099/02*023	1지경을	—
1너의	#099/03*001	—	1입술이
1입술이	#099/03*002	1너의	1파르르으
1파르르으	#099/03*003	1입술이	1떨고
1떨고	#099/03*004	1파르르으	1어어둑한
1어어둑한	#099/03*005	1떨고	1바위틈을
1바위틈을	#099/03*006	1어어둑한	1물러설
1물러설	#099/03*007	1바위틈을	1때마다
1때마다	#099/03*008	1물러설	1너의
1너의	#099/03*009	1때마다	1눈동자는
1눈동자는	#099/03*010	1너의	1사로잡힌다
1사로잡힌다	#099/03*011	1눈동자는	1즘생
1즘생	#099/03*012	1사로잡힌다	1보담
1보담	#099/03*013	1즘생	1무서운
1무서운	#099/03*014	1보담	1그
1그	#099/03*015	1무서운	1무서운
1무서운	#099/03*016	1그	1무서운
1무서운	#099/03*017	1무서운	1도끼를
1도끼를	#099/03*018	1무서운	1멘
1멘	#099/03*019	1도끼를	1초부의
1초부의	#099/03*020	1멘	1환영에
1환영에	#099/03*021	1초부의	—
1일연감색으로	#099/04*001	—	1물든
1물든	#099/04*002	1일연감색으로	1서천을

1서천을	#099/04*003	1물든	1보도
1보도	#099/04*004	1서천을	1못하고
1못하고	#099/04*005	1보도	1날은
1날은	#099/04*006	1못하고	1저물고
1저물고	#099/04*007	1날은	1어둠이
1어둠이	#099/04*008	1저물고	1든다
1치밀어	#099/04*009	1든다	1여인아
1든다	#099/04*009	1어둠이	1치밀어
1여인아	#099/04*010	1치밀어	1너의
1너의	#099/04*011	1여인아	1노래를
1노래를	#099/04*012	1너의	1불러
1불러	#099/04*013	1노래를	1다오
1다오	#099/04*014	1불러	1찌르레기
1찌르레기	#099/04*015	1다오	1소리
1소리	#099/04*016	1찌르레기	1너의
1너의	#099/04*017	1소리	1전부를
1전부를	#099/04*018	1너의	1점령하기
1점령하기	#099/04*019	1전부를	1전에
1전에	#099/04*020	1점령하기	1그렇게
1그렇게	#099/04*021	1전에	1명랑하던
1명랑하던	#099/04*022	1그렇게	1너의
1너의	#099/04*023	1명랑하던	1노래를
1노래를	#099/04*024	1너의	1불러
1불러	#099/04*025	1노래를	1다오
1다오	#099/04*026	1불러	—
1나는	#099/05*001	—	1너를
1너를	#099/05*002	1나는	1믿고
1믿고	#099/05*003	1너를	1너도
1너도	#099/05*004	1믿고	1나를
1나를	#099/05*005	1너도	1믿으나
1믿으나	#099/05*006	1나를	1영은
1영은	#099/05*007	1믿으나	1높다
1높다	#099/05*008	1영은	1구름보다
1구름보다	#099/05*009	1높다	1영은

1영은	#099/05*010	1구름보다	—
1높다	#099/05*011	1영은	1가로수의
1가로수의	#100/01*001	—	1수면시간이
1수면시간이	#100/01*002	1가로수의	1아즉
1아즉	#100/01*003	1수면시간이	1고요한
1고요한	#100/01*004	1아즉	1어둠을
1어둠을	#100/01*005	1고요한	1숨쉬고
1숨쉬고	#100/01*006	1어둠을	1있다
1있다	#100/01*007	1숨쉬고	1지난밤
1지난밤	#100/02*001	1있다	1단골방에서
1단골방에서	#100/02*002	1지난밤	1그린
1그린	#100/02*003	1단골방에서	1향기롭던
1향기롭던	#100/02*004	1그린	1명일의
1명일의	#100/02*005	1향기롭던	1화판은
1화판은	#100/02*006	1명일의	1지금
1지금	#100/02*007	1화판은	1이
1이	#100/02*008	1지금	1길을
1길을	#100/02*009	1이	1걸으며
1걸으며	#100/02*010	1길을	1한
1한	#100/02*011	1걸으며	1걸음
1걸음	#100/02*012	1한	1한
1한	#100/02*013	1걸음	1발짝이
1발짝이	#100/02*014	1한	1엄청
1엄청	#100/02*015	1발짝이	1무거워짐을
1무거워짐을	#100/02*016	1엄청	—
1느낀다	#100/02*017	1무거워짐을	1오늘
1오늘	#100/03*001	—	1씹어야
1씹어야	#100/03*002	1오늘	1할
1할	#100/03*003	1씹어야	1하로
1하로	#100/03*004	1할	1종일이
1종일이	#100/03*005	1하로	1씨네마의
1씨네마의	#100/03*006	1종일이	1기억처럼
1기억처럼	#100/03*007	1씨네마의	1듸려다보이는
1듸려다보이는	#100/03*008	1기억처럼	권태

1내밈	#100/05*014	1이빨을	1채
1채	#100/05*015	1내밈	1말러
1말러	#100/05*016	1채	1빠진
1빠진	#100/05*017	1말러	1즘생처럼
1즘생처럼	#100/05*018	1빠진	1방바닥에
1방바닥에	#100/05*019	1즘생처럼	1늘어진다
1늘어진다	#100/05*020	1방바닥에	—
1어제와	#100/06*001	—	1같은
1같은	#100/06*002	1어제와	1필림을
1필림을	#100/06*003	1같은	1풀러
1풀러	#100/06*004	1필림을	1오늘도
1오늘도	#100/06*005	1풀러	1어제와
1어제와	#100/06*006	1오늘도	1같은
1같은	#100/06*007	1어제와	1이
1이	#100/06*008	1같은	1길을
1길을	#100/06*009	1이	1걸어가는
1걸어가는	#100/06*010	1길을	1권태
1권태	#100/06*011	1걸어가는	—
1짜작돌을	#100/07*001	—	1쓸어넣은
1쓸어넣은	#100/07*002	1짜작돌을	1듯
1듯	#100/07*003	1쓸어넣은	1흐리터분한
1흐리터분한	#100/07*004	1듯	1머리에
1머리에	#100/07*005	1흐리터분한	1새벽은
1새벽은	#100/07*006	1머리에	1한없이
1한없이	#100/07*007	1새벽은	1스산하고
1스산하고	#100/07*008	1한없이	1가슴엔
1가슴엔	#100/07*009	1스산하고	1무륵무륵
1무륵무륵	#100/07*010	1가슴엔	1자라나는
1자라나는	#100/07*011	1무륵무륵	1불만
1불만	#100/07*012	1자라나는	—
1아낙도	#101/01*001	—	1우두머리도
1우두머리도	#101/01*002	1아낙도	1돌볼
1돌볼	#101/01*003	1우두머리도	1새
1새	#101/01*004	1돌볼	1없이

1방울	#101/03*005	1한	1받지
1받지	#101/03*006	1방울	1않았건만
1않았건만	#101/03*007	1받지	1오랑캐꽃
1오랑캐꽃	#101/03*008	1않았건만	1너는
1너는	#101/03*009	1오랑캐꽃	1돌가마도
1돌가마도	#101/03*010	1너는	1럴메투리도
1럴메투리도	#101/03*011	1돌가마도	1모르는
1모르는	#101/03*012	1럴메투리도	1오랑캐꽃
1오랑캐꽃	#101/03*013	1모르는	1두
1두	#101/03*014	1오랑캐꽃	1팔로
1팔로	#101/03*015	1두	1햇빛을
1햇빛을	#101/03*016	1팔로	1막아
1막아	#101/03*017	1햇빛을	1줄게
1줄게	#101/03*018	1막아	1울어
1울어	#101/03*019	1줄게	1보렴
1보렴	#101/03*020	1울어	1목놓아
1목놓아	#101/03*021	1보렴	1울어나
1울어나	#101/03*022	1목놓아	1보렴
1보렴	#101/03*023	1울어나	1오랑캐꽃
1오랑캐꽃	#101/03*024	1보렴	―
1머르다	#102/01*001	―	1종다리
1종다리	#102/01*002	1머르다	1새
1새	#102/01*003	1종다리	1삶을
1삶을	#102/01*004	1새	1즐겨하는
1즐겨하는	#102/01*005	1삶을	1곳
1곳	#102/01*006	1즐겨하는	1내
1내	#102/01*007	1곳	1바라보는
1바라보는	#102/01*008	1내	1곳
1곳	#102/01*009	1바라보는	―
1처녀의	#102/02*001	―	1젖꼭지처럼
1젖꼭지처럼	#102/02*002	1처녀의	1파묻혀서
1파묻혀서	#102/02*003	1젖꼭지처럼	1여러
1여러	#102/02*004	1파묻혀서	1봄을
1봄을	#102/02*005	1여러	1어드웁게

1넘쳐흐르는	#102/03*016	1지평에	1록색을
1록색을	#102/03*017	1넘쳐흐르는	1오로지
1오로지	#102/03*018	1록색을	1소유할
1소유할	#102/03*019	1오로지	1수
1수	#102/03*020	1소유할	1있는
1있는	#102/03*021	1수	1나
1나	#102/03*022	1있는	—
1나는	#102/04*001	—	1오월의
1오월의	#102/04*002	1나는	1수염없는
1수염없는	#102/04*003	1오월의	1입술을
1입술을	#102/04*004	1수염없는	1녀인의
1녀인의	#102/04*005	1입술을	1기약보다도
1기약보다도	#102/04*006	1녀인의	1더
1더	#102/04*007	1기약보다도	1살틀히
1살틀히	#102/04*008	1더	1간직해
1간직해	#102/04*009	1살틀히	1주려니
1주려니	#102/04*010	1간직해	1오월은
1오월은	#102/04*011	1주려니	1내
1내	#102/04*012	1오월은	1품에
1품에	#102/04*013	1내	1영원하여라
1영원하여라	#102/04*014	1품에	—
1흙냄새	#103/01*001	—	1잃은
1잃은	#103/01*002	1흙냄새	1포도에
1포도에	#103/01*003	1잃은	1백서의
1백서의	#103/01*004	1포도에	1침욱이
1침욱이	#103/01*005	1백서의	1그림자를
1그림자를	#103/01*006	1침욱이	1밟고
1밟고	#103/01*007	1그림자를	1지나간다
1지나간다	#103/01*008	1밟고	—
1피우던	#103/02*001	—	1담배꽁다리를
1담배꽁다리를	#103/02*002	1피우던	아스팔트등에
1아스팔트등에	#103/02*003	1담배꽁다리를	1뿌려
1뿌려	#103/02*004	1아스팔트등에	1던지고
1던지고	#103/02*005	1뿌려	1발꾸락이

1발꾸락이	#103/02*006	1던지고	1나간
1나간	#103/02*007	1발꾸락이	1구두로
1구두로	#103/02*008	1나간	1꼭
1꼭	#103/02*009	1구두로	1드딘
1드딘	#103/02*010	1꼭	1채
1채	#103/02*011	1드딘	1걸음을
1걸음을	#103/02*012	1채	1멈추었나니
1멈추었나니	#103/02*013	1걸음을	–
1내	#103/03*001	–	1생활에
1생활에	#103/03*002	1내	1언제부터
1언제부터	#103/03*003	1생활에	1복잡한
1복잡한	#103/03*004	1언제부터	1선이
1선이	#103/03*005	1복잡한	1침입했노하고
1침입했노하고	#103/03*006	1선이	부질없는
1부질없는	#103/03*007	1침입했노하고	1마음의
1마음의	#103/03*008	1부질없는	1잔편을
1잔편을	#103/03*009	1마음의	1깨물어
1깨물어	#103/03*010	1잔편을	1버리고저
1버리고저	#103/03*011	1깨물어	1할
1할	#103/03*012	1버리고저	1때
1때	#103/03*013	1할	–
1오정을	#103/04*001	–	1고하는
1고하는	#103/04*002	1오정을	1싸이렌소리
1싸이렌소리	#103/04*003	1고하는	1도시
1도시	#103/04*004	1싸이렌소리	1골목골목을
1골목골목을	#103/04*005	1도시	1나즉히
1나즉히	#103/04*006	1골목골목을	1배회하다
1배회하다	#103/04*007	1나즉히	–
1잠잠히	#104/01*001	–	1흘러
1흘러	#104/01*002	1잠잠히	1내리는
1내리는	#104/01*003	1흘러	1개울을
1개울을	#104/01*004	1내리는	1따라
1따라	#104/01*005	1개울을	1마음
1마음	#104/01*006	1따라	1섧도록

1섧도록	#104/01*007	1마음	1추잡한
1추잡한	#104/01*008	1섧도록	1거리로
1거리로	#104/01*009	1추잡한	1가리
1가리	#104/01*010	1거리로	1날이
1날이	#104/01*011	1가리	1갈수록
1갈수록	#104/01*012	1날이	1새로이
1새로이	#104/01*013	1갈수록	1닫히는
1닫히는	#104/01*014	1새로이	1무거운
1무거운	#104/01*015	1닫히는	1문들을
1문들을	#104/01*016	1무거운	1밀어
1밀어	#104/01*017	1문들을	1제치고
1제치고	#104/01*018	1밀어	—
1조그마한	#104/02*001	—	1자랑을
1자랑을	#104/02*002	1조그마한	1만날지라도
1만날지라도	#104/02*003	1자랑을	1함부로
1함부로	#104/02*004	1만날지라도	1푸른
1푸른	#104/02*005	1함부로	1하늘을
1하늘을	#104/02*006	1푸른	1대할지라도
1대할지라도	#104/02*007	1하늘을	1내사
1내사	#104/02*008	1대할지라도	1모자를
1모자를	#104/02*009	1내사	1벗어
1벗어	#104/02*010	1모자를	1반갑게
1반갑게	#104/02*011	1벗어	1흔들어
1흔들어	#104/02*012	1반갑게	1주리라
1주리라	#104/02*013	1흔들어	—
1숫한	#104/03*001	—	1꽃씨가
1꽃씨가	#104/03*002	1숫한	1가슴에서
1가슴에서	#104/03*003	1꽃씨가	1튀여나는
1튀여나는	#104/03*004	1가슴에서	1깊은
1깊은	#104/03*005	1튀여나는	1밤이면
1밤이면	#104/03*006	1깊은	1정든
1정든	#104/03*007	1밤이면	1목소리들
1목소리들	#104/03*008	1정든	1귀에
1귀에	#104/03*009	1목소리들	1쟁쟁

1쟁쟁	#104/03*010	1귀에	1되사
1되사	#104/03*011	1쟁쟁	1누나
1누나	#104/03*012	1되사	1멀어진
1멀어진	#104/03*013	1누나	1모든
1모든	#104/03*014	1멀어진	1사람의
1사람의	#104/03*015	1모든	1이름을
1이름을	#104/03*016	1사람의	1부르며
1부르며	#104/03*017	1이름을	1호을로
1호을로	#104/03*018	1부르며	1거리로
1거리로	#104/03*019	1호을로	1가리
1가리	#104/03*020	1거리로	—
1욕된	#104/04*001	—	1나날이
1나날이	#104/04*002	1욕된	1정녕
1정녕	#104/04*003	1나날이	1숨가쁜
1숨가쁜	#104/04*004	1정녕	1곱새는
1곱새는	#104/04*005	1숨가쁜	1등곱새는
1등곱새는	#104/04*006	1곱새는	1엎디여
1엎디여	#104/04*007	1등곱새는	1이마를
1이마를	#104/04*008	1엎디여	1적실
1적실	#104/04*009	1이마를	1샘물도
1샘물도	#104/04*010	1적실	1없이
1없이	#104/04*011	1샘물도	—
1삽살개	#105/01*001	—	1짖는
1짖는	#105/01*002	1삽살개	1소리
1소리	#105/01*003	1짖는	1눈보라에
1눈보라에	#105/01*004	1소리	1얼어
1얼어	#105/01*005	1눈보라에	1붙은
1붙은	#105/01*006	1얼어	1섣달
1섣달	#105/01*007	1붙은	1그믐
1그믐	#105/01*008	1섣달	1밤은
1밤은	#105/01*009	1그믐	1얄궂은
1얄궂은	#105/01*010	1밤은	1손을
1손을	#105/01*011	1얄궂은	1하도
1하도	#105/01*012	1손을	1곱게

1곱게	#105/01*013	1하도	1흔들길래
1흔들길래	#105/01*014	1곱게	1술을
1술을	#105/01*015	1흔들길래	1마시여
1마시여	#105/01*016	1술을	1불타는
1불타는	#105/01*017	1마시여	1소원이
1소원이	#105/01*018	1불타는	1이
1이	#105/01*019	1소원이	1부두로
1부두로	#105/01*020	1이	1왔다
1왔다	#105/01*021	1부두로	―
1걸어	#105/02*001	―	1온
1온	#105/02*002	1걸어	1길가에
1길가에	#105/02*003	1온	1찔레
1찔레	#105/02*004	1길가에	1한
1한	#105/02*005	1찔레	1송이
1송이	#105/02*006	1한	1없었대도
1없었대도	#105/02*007	1송이	1간고한
1간고한	#105/02*008	1없었대도	1자국자국을
1자국자국을	#105/02*009	1간고한	1뉘우치지
1뉘우치지	#105/02*010	1자국자국을	1않으리라
1않으리라	#105/02*011	1뉘우치지	1어깨에
1어깨에	#105/02*012	1않으리라	1쌓여
1쌓여	#105/02*013	1어깨에	1쌓여도
1쌓여도	#105/02*014	1쌓여	1한얀
1한얀	#105/02*015	1쌓여도	1눈이
1눈이	#105/02*016	1한얀	1무겁지
1무겁지	#105/02*017	1눈이	1않구나
1않구나	#105/02*018	1무겁지	―
1철없는	#105/03*001	―	1누이의
1누이의	#105/03*002	1철없는	1고수머릴랑
1고수머릴랑	#105/03*003	1누이의	1어루만지며
1어루만지며	#105/03*004	1고수머릴랑	1우라지오의
1우라지오의	#105/03*005	1어루만지며	1이야길
1이야길	#105/03*006	1우라지오의	1캐고
1캐고	#105/03*007	1이야길	1싶던

1싶던	#105/03*008	1캐고	1밤이면
1밤이면	#105/03*009	1싶던	1어머니는
1어머니는	#105/03*010	1밤이면	1서투른
1서투른	#105/03*011	1어머니는	1아라사
1아라사	#105/03*012	1서투른	1말도
1말도	#105/03*013	1아라사	1들려
1들려	#105/03*014	1말도	1주셨지
1주셨지	#105/03*015	1들려	1졸음졸음
1졸음졸음	#105/03*016	1주셨지	1귀
1귀	#105/03*017	1졸음졸음	1밝히는
1밝히는	#105/03*018	1귀	1누이동생
1누이동생	#105/03*019	1밝히는	1잠들
1잠들	#105/03*020	1누이동생	1때꺼정
1때꺼정	#105/03*021	1잠들	1등불이
1등불이	#105/03*022	1때꺼정	1깜박
1깜박	#105/03*023	1등불이	1저절로
1저절로	#105/03*024	1깜박	1눈감을
1눈감을	#105/03*025	1저절로	1때거정
1때거정	#105/03*026	1눈감을	—
1어머니의	#105/04*001	—	1어진
1어진	#105/04*002	1어머니의	1입김
1입김	#105/04*003	1어진	1아직도
1아직도	#105/04*004	1입김	1나의
1나의	#105/04*005	1아직도	1볼에
1볼에	#105/04*006	1나의	1뜨겁구나
1뜨겁구나	#105/04*007	1볼에	1사랑스런
1사랑스런	#105/04*008	1뜨겁구나	1추억의
1추억의	#105/04*009	1사랑스런	1새야
1새야	#105/04*010	1추억의	1작은
1작은	#105/04*011	1새야	1날개를
1날개를	#105/04*012	1작은	1마음의
1마음의	#105/04*013	1날개를	1은줄에
1은줄에	#105/04*014	1마음의	1다시
1다시	#105/04*015	1은줄에	1한번

1한번	#105/04*016	1다시	1털어라
1털어라	#105/04*017	1한번	−
1드나드는	#105/05*001	−	1배
1배	#105/05*002	1드나드는	1한
1한	#105/05*003	1배	1척
1척	#105/05*004	1한	1없는
1없는	#105/05*005	1척	1지금
1지금	#105/05*006	1없는	1부두에
1부두에	#105/05*007	1지금	1홀로
1홀로	#105/05*008	1부두에	1선
1선	#105/05*009	1홀로	1나는
1나는	#105/05*010	1선	1갈매기
1갈매기	#105/05*011	1나는	1아니건만
1아니건만	#105/05*012	1갈매기	1날고
1날고	#105/05*013	1아니건만	1싶어
1싶어	#105/05*014	1날고	1날고
1날고	#105/05*015	1싶어	1싶어
1싶어	#105/05*016	1날고	1머리에
1머리에	#105/05*017	1싶어	1어슴프레
1어슴프레	#105/05*018	1머리에	1그려진
1그려진	#105/05*019	1어슴프레	1그곳
1그곳	#105/05*020	1그려진	1우라지오의
1우라지오의	#105/05*021	1그곳	1바다
1바다	#105/05*022	1우라지오의	1이역의
1이역의	#105/05*023	1바다	1항구로
1항구로	#105/05*024	1이역의	−
1저기	#105/06*001	−	1섬
1섬	#105/06*002	1저기	1기슭
1기슭	#105/06*003	1섬	1지켜
1지켜	#105/06*004	1기슭	1선
1선	#105/06*005	1지켜	1등대와
1등대와	#105/06*006	1선	1나는
1나는	#105/06*007	1등대와	1서로
1서로	#105/06*008	1나는	1속삭일

1쓰러졌다	#106/01*018	1숫하게	—
1찢고	#106/02*001	—	1물어
1물어	#106/02*002	1찢고	1뜯고
1뜯고	#106/02*003	1물어	1갈갈이
1갈갈이	#106/02*004	1뜯고	1찢고
1찢고	#106/02*005	1갈갈이	1물어
1물어	#106/02*006	1찢고	1뜯어도
1뜯어도	#106/02*007	1물어	1풀리지
1풀리지	#106/02*008	1뜯어도	1않을
1않을	#106/02*009	1풀리지	1원쑤
1원쑤	#106/02*010	1않을	1원쑤의
1원쑤의	#106/02*011	1원쑤	1가슴팍에
1가슴팍에	#106/02*012	1원쑤의	1땅크를
1땅크를	#106/02*013	1가슴팍에	1굴리자
1굴리자	#106/02*014	1땅크를	—
1패주하는	#106/03*001	—	1야수들의
1야수들의	#106/03*002	1패주하는	1잔악한
1잔악한	#106/03*003	1야수들의	1발톱은
1발톱은	#106/03*004	1잔악한	1얼마나
1얼마나	#106/03*005	1발톱은	1많은
1많은	#106/03*006	1얼마나	1애국자들을
1애국자들을	#106/03*007	1많은	1해쳤느냐
1해쳤느냐	#106/03*008	1애국자들을	1수원에서
1수원에서	#106/03*009	1해쳤느냐	1인천서
1인천서	#106/03*010	1수원에서	1천안과
1천안과	#106/03*011	1인천서	1원주
1원주	#106/03*012	1천안과	1평택과
1평택과	#106/03*013	1원주	1안성에서
1안성에서	#106/03*014	1평택과	—
1가도가도	#106/04*001	—	1아름다운
1아름다운	#106/04*002	1가도가도	1산기슭과
1산기슭과	#106/04*003	1아름다운	1들길을
1들길을	#106/04*004	1산기슭과	1맑고
1맑고	#106/04*005	1들길을	1맑은

1하늘엔	#106/05*019	1하여	1먹장구름
1먹장구름	#106/05*020	1하늘엔	1몸부림치는데
1몸부림치는데	#106/05*021	1먹장구름	
1오늘도	#106/06*001	–	1우리의
1우리의	#106/06*002	1오늘도	1수도
1수도	#106/06*003	1우리의	1서울은
1서울은	#106/06*004	1수도	1야수들의
1야수들의	#106/06*005	1서울은	1폭격을
1폭격을	#106/06*006	1야수들의	1받았다
1받았다	#106/06*007	1폭격을	–
1미제를	#106/07*001	–	1무찔러
1무찔러	#106/07*002	1미제를	1살인귀를
1살인귀를	#106/07*003	1무찔러	1무찔러
1무찔러	#106/07*004	1살인귀를	1남으로
1남으로	#106/07*005	1무찔러	1남으로
1남으로	#106/07*006	1남으로	1번개같이
1번개같이	#106/07*007	1남으로	1내닫는
1내닫는	#106/07*008	1번개같이	1형제여
1형제여	#106/07*009	1내닫는	1강철의
1강철의	#106/07*010	1형제여	1대오여
1대오여	#106/07*011	1강철의	1최후의
1최후의	#106/07*012	1대오여	1한
1한	#106/07*013	1최후의	1놈까지
1놈까지	#106/07*014	1한	1원쑤의
1원쑤의	#106/07*015	1놈까지	1가슴팍에
1가슴팍에	#106/07*016	1원쑤의	1땅크를
1땅크를	#106/07*017	1가슴팍에	1굴리자
1굴리자	#106/07*018	1땅크를	–
1숨가삐	#107/01*001	–	1쳐다보는
1쳐다보는	#107/01*002	1숨가삐	1하늘에
1하늘에	#107/01*003	1쳐다보는	1먹구름
1먹구름	#107/01*004	1하늘에	1뭉게치는
1뭉게치는	#107/01*005	1먹구름	1그러한
1그러한	#107/01*006	1뭉게치는	1때에도

1휘정휘정	#107/03*006	1손이었던가	1지나쳐
1지나쳐	#107/03*007	1휘정휘정	1버린
1버린	#107/03*008	1지나쳐	1어느
1어느	#107/03*009	1버린	1골목엔가
1골목엔가	#107/03*010	1어느	1월계는
1월계는	#107/03*011	1골목엔가	1피어
1피어	#107/03*012	1월계는	−
1변하고	#108/01*001	−	1또
1또	#108/01*002	1변하고	1변하자
1변하자	#108/01*003	1또	1아름다운
1아름다운	#108/01*004	1변하자	1강산이여
1강산이여	#108/01*005	1아름다운	−
1전진하는	#108/02*001	−	1청춘의
1청춘의	#108/02*002	1전진하는	1나라
1나라	#108/02*003	1청춘의	1영광스러운
1영광스러운	#108/02*004	1나라	1조국의
1조국의	#108/02*005	1영광스러운	1나날과
1나날과	#108/02*006	1조국의	1더불어
1더불어	#108/02*007	1나날과	1한층
1한층	#108/02*008	1더불어	1더
1더	#108/02*009	1한층	1아름답기
1아름답기	#108/02*010	1더	1위해선
1위해선	#108/02*011	1아름답기	1강산이여
1강산이여	#108/02*012	1위해선	1변하자
1변하자	#108/02*013	1강산이여	−
1천추를	#108/03*001	−	1꿰뚫어
1꿰뚫어	#108/03*002	1천추를	1광명을
1광명을	#108/03*003	1꿰뚫어	1내다보는
1내다보는	#108/03*004	1광명을	1지혜와
1지혜와	#108/03*005	1내다보는	1새로움의
1새로움의	#108/03*006	1지혜와	1상상봉
1상상봉	#108/03*007	1새로움의	1불패의
1불패의	#108/03*008	1상상봉	1당이
1당이	#108/03*009	1불패의	1다함없는

1연도	#109/01*009	1선혜란	1입은
1입은	#109/01*010	1연도	1채로
1채로	#109/01*011	1입은	1소원이
1소원이	#109/01*012	1채로	1발가락
1발가락	#109/01*013	1소원이	1안
1안	#109/01*014	1발가락	1나가는
1나가는	#109/01*015	1안	1신발이요
1신발이요	#109/01*016	1나가는	1소원이
1소원이	#109/01*017	1신발이요	1털모자인
1털모자인	#109/01*018	1소원이	1창이란
1창이란	#109/01*019	1털모자인	1놈도
1놈도	#109/01*020	1창이란	1입은
1입은	#109/01*021	1놈도	1채로
1채로	#109/01*022	1입은	1잠이
1잠이	#109/01*023	1채로	1들었다
1들었다	#109/01*024	1잠이	—
1겨울엔	#109/02*001	—	1역시
1역시	#109/02*002	1겨울엔	1엉뎅이가
1엉뎅이가	#109/02*003	1역시	1뜨뜻해야
1뜨뜻해야	#109/02*004	1엉뎅이가	1제일이니
1제일이니	#109/02*005	1뜨뜻해야	1뭐니
1뭐니	#109/02*006	1제일이니	1하다가도
1하다가도	#109/02*007	1뭐니	1옥에
1옥에	#109/02*008	1하다가도	1같인
1같인	#109/02*009!	1옥에	1네게
1네게	#109/02*010	1같인	1비기면
1비기면	#109/02*011	1네게	1못
1못	#109/02*012	1비기면	1견딜
1견딜	#109/02*013	1못	1게
1게	#109/02*014	1견딜	1있느냐고
1있느냐고	#109/02*015	1게	1하면서
1하면서	#109/02*016	1있느냐고	1너에게
1너에게	#109/02*017	1하면서	1차입할
1차입할	#109/02*018	1너에게	1것을

1것을	#109/02*019	1차입할	1늦도록
1늦도록	#109/02*020	1것을	1손질하던
1손질하던	#109/02*021	1늦도록	1안해도
1안해도	#109/02*022	1손질하던	1인젠
1인젠	#109/02*023	1안해도	1잠이
1잠이	#109/02*024	1인젠	1들었다
1들었다	#109/02*025	1잠이	—
1머리맡에	#109/03*001	—	1접어놓은
1접어놓은	#109/03*002	1머리맡에	1군대
1군대	#109/03*003	1접어놓은	1담요와
1담요와	#109/03*004	1군대	1되도록
1되도록	#109/03*005	1담요와	1크게
1크게	#109/03*006	1되도록	1말은
1말은	#109/03*007	1크게	1솜버선이며
1솜버선이며	#109/03*008	1말은	1고리짝을
1고리짝을	#109/03*009	1솜버선이며	1뒤저거렸자
1뒤저거렸자	#109/03*010	1고리짝을	1쓸
1쓸	#109/03*011	1뒤저거렸자	1만한
1만한	#109/03*012	1쓸	1건
1건	#109/03*013	1만한	1통
1통	#109/03*014	1건	1없었구나
1없었구나	#109/03*015	1통	1무척
1무척	#109/03*016	1없었구나	1헐게
1헐게	#109/03*017	1무척	1입은
1입은	#109/03*018	1헐게	1속내복을
1속내복을	#109/03*019	1입은	1다시
1다시	#109/03*020	1속내복을	1한번
1한번	#109/03*021	1다시	1어루만지자
1어루만지자	#109/03*022	1한번	1오래간만에
1오래간만에	#109/03*023	1어루만지자	1들린
1들린	#109/03*024	1오래간만에	1우리
1우리	#109/03*025	1들린	1집
1집	#109/03*026	1우리	1문마다
1문마다	#109/03*027	1집	1몹시도

1몹시도	#109/03*028	1문마다	1조심스러운데
1조심스러운데	#109/03*029	1몹시도	
1이윽고	#109/04*001	—	1통행금지
1통행금지	#109/04*002	1이윽고	1시간이
1시간이	#109/04*003	1통행금지	1지나면
1지나면	#109/04*004	1시간이	1창의
1창의	#109/04*005	1지나면	1어미는
1어미는	#109/04*006	1창의	1이
1이	#109/04*007	1어미는	1내복
1내복	#109/04*008	1이	1꾸레미를
1꾸레미를	#109/04*009	1내복	1안고
1안고	#109/04*010	1꾸레미를	1나서야
1나서야	#109/04*011	1안고	1한다
1한다	#109/04*012	1나서야	1바람을
1바람을	#109/04*013	1한다	1뚫고
1뚫고	#109/04*014	1바람을	1조국을
1조국을	#109/04*015	1뚫고	1대신하여
1대신하여	#109/04*016	1조국을	1네가
1네가	#109/04*017	1대신하여	1있는
1있는	#109/04*018	1네가	1서대문
1서대문	#109/04*019	1있는	1밖으로
1밖으로	#109/04*020	1서대문	1나가야
1나가야	#109/04*021	1밖으로	1한다
1한다	#109/04*022	1나가야	—
1알록조개에	#110/01*001	—	1입마추며
1입마추며	#110/01*002	1알록조개에	1자란다
1자란다	#110/01*003	1입마추며	1눈이
1눈이	#110/01*004	1자란다	1바다처럼
1바다처럼	#110/01*005	1눈이	1푸를
1푸를	#110/01*006	1바다처럼	1뿐더러
1뿐더러	#110/01*007	1푸를	1까므스레한
1까므스레한	#110/01*008	1뿐더러	1네
1네	#110/01*009	1까므스레한	1얼굴
1얼굴	#110/01*010	1네	1가시내야

1북간도	#110/02*026	1미더운	1술막
1술막	#110/02*027	1북간도	—
1온갓	#110/03*001	—	1방자의
1방자의	#110/03*002	1온갓	1말을
1말을	#110/03*003	1방자의	1품고
1품고	#110/03*004	1말을	1왔다
1왔다	#110/03*005	1품고	1눈보라를
1눈보라를	#110/03*006	1왔다	1뚫고
1뚫고	#110/03*007	1눈보라를	1왔다
1왔다	#110/03*008	1뚫고	1가시내야
1가시내야	#110/03*009	1왔다	1너의
1너의	#110/03*010	1가시내야	1가슴
1가슴	#110/03*011	1너의	1그늘진
1그늘진	#110/03*012	1가슴	1숲
1숲	#110/03*013	1그늘진	1속을
1속을	#110/03*014	1숲	1기여간
1기여간	#110/03*015	1속을	1설음
1설음	#110/03*016	1기여간	1많은
1많은	#110/03*017	1설음	1오솔길을
1오솔길을	#110/03*018	1많은	1나두
1나두	#110/03*019	1오솔길을	1함께
1함께	#110/03*020	1나두	1더듬자
1더듬자	#110/03*021	1함께	1술을
1술을	#110/03*022	1더듬자	1부어
1부어	#110/03*023	1술을	1남실남실
1남실남실	#110/03*024	1부어	1술을
1술을	#110/03*025	1남실남실	1따르어
1따르어	#110/03*026	1술을	1가난한
1가난한	#110/03*027	1따르어	1이야기에
1이야기에	#110/03*028	1가난한	1고이
1고이	#110/03*029	1이야기에	1잠거라
1잠거라	#110/03*030	1고이	—
1네가	#110/04*001	—	1두만강을
1두만강을	#110/04*002	1네가	1건너왔다는

1파도	#110/05*003	1부서지는	1소리에나
1소리에나	#110/05*004	1파도	1취한
1취한	#110/05*005	1소리에나	1듯
1듯	#110/05*006	1취한	1싸늘한
1싸늘한	#110/05*007	1듯	1웃음이
1웃음이	#110/05*008	1싸늘한	1소리
1소리	#110/05*009	1웃음이	1없이
1없이	#110/05*010	1소리	1새기는
1새기는	#110/05*011	1없이	1보조개
1보조개	#110/05*012	1새기는	1가시내야
1가시내야	#110/05*013	1보조개	1울듯
1울듯	#110/05*014	1가시내야	1울듯
1울듯	#110/05*015	1울듯	1울지
1울지	#110/05*016	1울듯	1않는
1않는	#110/05*017	1울지	1전라도
1전라도	#110/05*018	1않는	1가시내야
1가시내야	#110/05*019	1전라도	1두어
1두어	#110/05*020	1가시내야	1마디
1마디	#110/05*021	1두어	1너의
1너의	#110/05*022	1마디	1사투리로
1사투리로	#110/05*023	1너의	1때아닌
1때아닌	#110/05*024	1사투리로	1봄을
1봄을	#110/05*025	1때아닌	1불러
1불러	#110/05*026	1봄을	1줄게
1줄게	#110/05*027	1불러	1손때
1수집은	#110/05*028	1손때	1분홍
1손때	#110/05*028	1줄게	1수집은
1분홍	#110/05*030	1수집은	1댕기
1댕기	#110/05*031	1분홍	1휘휘
1휘휘	#110/05*032	1댕기	1날리며
1날리며	#110/05*033	1휘휘	1잠간
1잠간	#110/05*034	1날리며	1너의
1너의	#110/05*035	1잠간	1나라로
1나라로	#110/05*036	1너의	1돌아

1돌아	#110/05*037	1나라로	1가거라
1가거라	#110/05*038	1돌아	—
1이윽고	#110/06*001	—	1얼음길이
1얼음길이	#110/06*002	1이윽고	1밝으면
1밝으면	#110/06*003	1얼음길이	1나는
1나는	#110/06*004	1밝으면	1눈보라
1눈보라	#110/06*005	1나는	1휘감아
1휘감아	#110/06*006	1눈보라	1치는
1치는	#110/06*007	1휘감아	1벌판에
1벌판에	#110/06*008	1치는	1나설게다
1나설게다	#110/06*009	1벌판에	1노래도
1노래도	#110/06*010	1나설게다	1없이
1없이	#110/06*011	1노래도	1사라질게다
1사라질게다	#110/06*012	1없이	1자국도
1자국도	#110/06*013	1사라질게다	1없이
1없이	#110/06*014	1자국도	1사라질게다
1사라질게다	#110/06*015	1없이	—
1떠가는	#111/01*001	—	1구름장을
1구름장을	#111/01*002	1떠가는	1애타게
1애타게	#111/01*003	1구름장을	1쳐다보며
1쳐다보며	#111/01*004	1애타게	1균렬한
1균렬한	#111/01*005	1쳐다보며	1땅을
1땅을	#111/01*006	1균렬한	1치며
1치며	#111/01*007	1땅을	1가슴을
1가슴을	#111/01*008	1치며	1치며
1치며	#111/01*009	1가슴을	1하늘이
1하늘이	#111/01*010	1치며	1무심타고
1무심타고	#111/01*011	1하늘이	1통곡하는
1통곡하는	#111/01*012	1무심타고	1소리가
1소리가	#111/01*013	1통곡하는	1허허벌판을
1허허벌판을	#111/01*014	1소리가	1덮어도
1덮어도	#111/01*015	1허허벌판을	1눈물만으론
1눈물만으론	#111/01*016	1덮어도	1시드는
1시드는	#111/01*017	1눈물만으론	1벼포기를

1벼포기를	#111/01*018	1시드는	1일으킬
1일으킬	#111/01*019	1벼포기를	1수
1수	#111/01*020	1일으킬	1없었단다
1없었단다	#111/01*021	1수	―
1꿈결에야	#111/02*001	―	1따로야
1따로야	#111/02*002	1꿈결에야	1숨쉴
1숨쉴	#111/02*003	1따로야	1수
1수	#111/02*004	1숨쉴	1없는
1없는	#111/02*005	1수	1사랑하는
1사랑하는	#111/02*006	1없는	1농토의
1농토의	#111/02*007	1사랑하는	1어느
1어느	#111/02*008	1농토의	1한
1한	#111/02*009	1어느	1홈타기에선들
1홈타기에선들	#111/02*010	1한	콸콸
1콸콸	#111/02*011	1홈타기에선들	1새물이
1새물이	#111/02*012	1콸콸	1솟아
1솟아	#111/02*013	1새물이	1흐를
1흐를	#111/02*014	1솟아	1기적을
1기적을	#111/02*015	1흐를	1갈망했건만
1갈망했건만	#111/02*016	1기적을	1풀지
1풀지	#111/02*017	1갈망했건만	1못한
1못한	#111/02*018	1풀지	1소원을
1소원을	#111/02*019	1못한	1땅
1땅	#111/02*020	1소원을	1깊이
1깊이	#111/02*021	1땅	1새겨
1새겨	#111/02*022	1깊이	1대를
1대를	#111/02*023	1새겨	1이어
1이어	#111/02*024	1대를	1물려
1물려	#111/02*025	1이어	1준
1준	#111/02*026	1물려	1이
1이	#111/02*027	1준	1고장
1고장	#111/02*028	1이	1조상들
1조상들	#111/02*029	1고장	―
1물이여	#111/03*001	―	1어디를

1번씩	#111/05*009	1두	1가고
1가고	#111/05*010	1번씩	1또
1또	#111/05*011	1가고	1와도
1와도	#111/05*012	1또	1이삭이
1이삭이	#111/05*013	1와도	1패일
1패일	#111/05*014	1이삭이	1날은
1날은	#111/05*015	1패일	1하늘이
1하늘이	#111/05*016	1날은	1좌우하던
1좌우하던	#111/05*017	1하늘이	1건갈이
1건갈이	#111/05*018	1좌우하던	1농사는
1농사는	#111/05*019	1건갈이	1전설
1전설	#111/05*020	1농사는	1속의
1속의	#111/05*021	1전설	1이야기
1이야기	#111/05*022	1속의	1전설
1전설	#111/05*023	1이야기	1속의
1속의	#111/05*024	1전설	1이야기로
1이야기로	#111/05*025	1속의	1이제
1이제	#111/05*026	1이야기로	1되었다
1되었다	#111/05*027	1이제	—
1물이여	#111/06*001	—	1굳었던
1굳었던	#111/06*002	1물이여	1땅을
1땅을	#111/06*003	1굳었던	1푹푹
1푹푹	#111/06*004	1땅을	1축이며
1축이며	#111/06*005	1푹푹	1네가
1네가	#111/06*006	1축이며	1흘러
1흘러	#111/06*007	1네가	1가는
1가는	#111/06*008	1흘러	1벌판
1벌판	#111/06*009	1가는	1한
1한	#111/06*010	1벌판	1귀에
1귀에	#111/06*011	1한	1너무나
1너무나	#111/06*012	1귀에	1작은
1작은	#111/06*013	1너무나	1나의
1나의	#111/06*014	1작은	1입술을
1입술을	#111/06*015	1나의	1맞추면서

1눈감은	#112/02*011	1소녀야	1양볼에
1양볼에	#112/02*012	1눈감은	1울정이
1울정이	#112/02*013	1양볼에	1돋힌다
1돋힌다	#112/02*014	1울정이	1그럴
1그럴	#112/02*015	1돋힌다	1때마다
1때마다	#112/02*016	1그럴	1네
1네	#112/02*017	1때마다	1머리에
1머리에	#112/02*018	1네	1떠돌
1떠돌	#112/02*019	1머리에	1비극의
1비극의	#112/02*020	1떠돌	1군상을
1군상을	#112/02*021	1비극의	1알고
1알고	#112/02*022	1군상을	1싶다
1싶다	#112/02*023	1알고	—
1지금	#112/03*001	—	1오가는
1오가는	#112/03*002	1지금	1네
1네	#112/03*003	1오가는	1마음이
1마음이	#112/03*004	1네	1촉류에
1촉류에	#112/03*005	1마음이	1흡사리는
1흡사리는	#112/03*006	1촉류에	1강가를
1강가를	#112/03*007	1흡사리는	1헤매는가
1헤매는가	#112/03*008	1강가를	1비
1비	#112/03*009	1헤매는가	1새는
1새는	#112/03*010	1비	1토막에
1토막에	#112/03*011	1새는	1누더기를
1누더기를	#112/03*012	1토막에	1쓰고
1쓰고	#112/03*013	1누더기를	1앉었나
1앉었나	#112/03*014	1쓰고	1쫑크레
1쫑크레	#112/03*015	1앉었나	1앉었나
1앉었나	#112/03*016	1쫑크레	—
1감았던	#112/04*001	—	1두
1두	#112/04*002	1감았던	1눈을
1눈을	#112/04*003	1두	1떠
1떠	#112/04*004	1눈을	1입술로
1입술로	#112/04*005	1떠	1가져가는

1어느	#112/05*020	1너는	1흉작촌이
1흉작촌이	#112/05*021	1어느	1보낸
1보낸	#112/05*022	1흉작촌이	1어린
1어린	#112/05*023	1보낸	1희생자냐
1희생자냐	#112/05*024	1어린	−
1깊어	#112/06*001	−	1가는
1가는	#112/06*002	1깊어	1대륙의
1대륙의	#112/06*003	1가는	1밤
1밤	#112/06*004	1대륙의	1미구에
1미구에	#112/06*005	1밤	1먼동은
1먼동은	#112/06*006	1미구에	1트려니
1트려니	#112/06*007	1먼동은	1햇살이
1햇살이	#112/06*008	1트려니	1피려니
1피려니	#112/06*009	1햇살이	1성가스런
1성가스런	#112/06*010	1피려니	1향수를
1향수를	#112/06*011	1성가스런	1버리자
1버리자	#112/06*012	1향수를	1제비
1제비	#112/06*013	1버리자	1같은
1같은	#112/06*014	1제비	1소녀야
1소녀야	#112/06*015	1같은	1소녀야
1소녀야	#112/06*016	1소녀야	−
1열	#113/01*001	−	1손가락
1손가락	#113/01*002	1열	1마디마디
1마디마디	#113/01*003	1손가락	1굵다란
1굵다란	#113/01*004	1마디마디	1손이여
1손이여	#113/01*005	1굵다란	1반
1반	#113/01*006	1손이여	1남아
1남아	#113/01*007	1반	1센
1센	#113/01*008	1남아	1머리의
1머리의	#113/01*009	1센	1아름다움이여
1아름다움이여	#113/01*010	1머리의	
1우리야	113/02*001	−	1아들
1아들	113/02*002	1우리야	1또래
1또래	113/02*003	1아들	1청년

1새우가	#113/04*001	–	1물고기냐
1물고기냐	#113/04*002	1새우가	1탄부가
1탄부가	#113/04*003	1물고기냐	1인간이냐고
1인간이냐고	#113/04*004	1탄부가	1마소처럼
1마소처럼	#113/04*005	1인간이냐고	1천대
1천대	#113/04*006	1마소처럼	1받던
1받던	#113/04*007	1천대	1왜정
1왜정	#113/04*008	1받던	1때
1때	#113/04*009	1왜정	1세상을
1세상을	#113/04*010	1때	1어찌
1어찌	#113/04*011	1세상을	1잊으랴만
1잊으랴만	#113/04*012	1어찌	1그래도
1그래도	#113/04*013	1잊으랴만	1잊으신
1잊으신	#113/04*014	1그래도	1듯
1듯	#113/04*015	1잊으신	1좌상님은
1좌상님은	#113/04*016	1듯	1또
1또	#113/04*017	1좌상님은	1한
1한	#113/04*018	1또	1잔
1잔	#113/04*019	1한	1즐겁게
1즐겁게	#113/04*020	1잔	1드시네
1드시네	#113/04*021	1즐겁게	–
1창문	#113/05*001	–	1앞엔
1앞엔	#113/05*002	1창문	1국화랑
1국화랑	#113/05*003	1앞엔	1코스모스가
1코스모스가	#113/05*004	1국화랑	1한창
1한창	#113/05*005	1코스모스가	1울바자엔
1울바자엔	#113/05*006	1한창	1동이
1동이	#113/05*007	1울바자엔	1만한
1만한	#113/05*008	1동이	1호박이
1호박이	#113/05*009	1만한	1주렁주렁
1주렁주렁	#113/05*010	1호박이	–
1땅	#113/06*001	–	1속으로
1속으로	#113/06*002	1땅	1천길이랴
1천길이랴	#113/06*003	1속으로	1가슴속

1가슴속	#113/06*004	1천길이랴	1구천
1구천	#113/06*005	1가슴속	1길
1길	#113/06*006	1구천	1고난의
1고난의	#113/06*007	1길	1세월
1세월	#113/06*008	1고난의	1넘어
1넘어	#113/06*009	1세월	1층층
1층층	#113/06*010	1넘어	1지하에
1지하에	#113/06*011	1층층	1빛을
1빛을	#113/06*012	1지하에	1뿌린
1뿌린	#113/06*013	1빛을	1위력은
1위력은	#113/06*014	1뿌린	1인민의
1인민의	#113/06*015	1위력은	1나라
1나라	#113/06*016	1인민의	−
1조국의	#113/07*001	−	1번영
1번영	#113/07*002	1조국의	1위해
1위해	#113/07*003	1번영	1잔을
1잔을	#113/07*004	1위해	1들자고
1들자고	#113/07*005	1잔을	1서글서글
1서글서글	#113/07*006	1들자고	1웃음
1웃음	#113/07*007	1서글서글	1짓는
1짓는	#113/07*008	1웃음	1좌상님
1좌상님	#113/07*009	1짓는	1따라
1따라	#113/07*010	1좌상님	1우리
1우리	#113/07*011	1따라	1모두
1모두	#113/07*012	1우리	1한뜻으로
1한뜻으로	#113/07*013	1모두	1향해
1향해	#113/07*014	1한뜻으로	1서는
1서는	#113/07*015	1향해	1곳
1곳	#113/07*016	1서는	1조석으로
1조석으로	#113/07*017	1곳	1드나드는
1드나드는	#113/07*018	1조석으로	1저
1저	#113/07*019	1드나드는	1갱구는
1갱구는	#113/07*020	1저	1좁아도
1좁아도	#113/07*021	1갱구는	1넓고넓은

1넓고넓은	#113/07*022	1좁아도	1행복의
1행복의	#113/07*023	1넓고넓은	1문
1문	#113/07*024	1행복의	—
1묵묵한	#113/08*001	—	1탄벽에서
1탄벽에서	#113/08*002	1묵묵한	1불ㅅ길을
1불ㅅ길을	#113/08*003	1탄벽에서	1보아
1보아	#113/08*004	1불ㅅ길을	1온
1온	#113/08*005	1보아	1지혜로운
1지혜로운	#113/08*006	1온	1눈들이
1눈들이	#113/08*007	1지혜로운	1지켜
1지켜	#113/08*008	1눈들이	1섰거니
1섰거니	#113/08*009	1지켜	1표표히
1표표히	#113/08*010	1섰거니	1가는
1가는	#113/08*011	1표표히	1구름
1구름	#113/08*012	1가는	1그도
1그도	#113/08*013	1구름	1곱지만
1곱지만	#113/08*014	1그도	1우리네
1우리네	#113/08*015	1곱지만	1푸른
1푸른	#113/08*016	1우리네	1하늘
1하늘	#113/08*017	1푸른	1더욱
1더욱	#113/08*018	1하늘	1곱구나
1곱구나	#113/08*019	1더욱	—
1별과	#114/01*001	—	1별들
1별들	#114/01*002	1별과	1사이를
1사이를	#114/01*003	1별들	1해와
1해와	#114/01*004	1사이를	1달
1달	#114/01*005	1해와	1사이
1사이	#114/01*006	1달	1찬란한
1찬란한	#114/01*007	1사이	1허공을
1허공을	#114/01*008	1찬란한	1오래도록
1오래도록	#114/01*009	1허공을	1헤매다가
1헤매다가	#114/01*010	1오래도록	1끝끝내
1끝끝내	#114/01*011	1헤매다가	1한번은
1한번은	#114/01*012	1끝끝내	1만나야

1이르지	#114/04*002	1아무도	1못한
1못한	#114/04*003	1이르지	1바닷가
1바닷가	#114/04*004	1못한	1같은
1같은	#114/04*005	1바닷가	1데서
1데서	#114/04*006	1같은	1아무도
1아무도	#114/04*007	1데서	1살지
1살지	#114/04*008	1아무도	1않은
1않은	#114/04*009	1살지	1풀
1풀	#114/04*010	1않은	1우거진
1우거진	#114/04*011	1풀	1벌판
1벌판	#114/04*012	1우거진	1같은
1같은	#114/04*013	1벌판	1데서
1데서	#114/04*014	1같은	1말하자면
1말하자면	#114/04*015	1데서	1헤아릴
1헤아릴	#114/04*016	1말하자면	1수
1수	#114/04*017	1헤아릴	1없는
1없는	#114/04*018	1수	1옛적
1옛적	#114/04*019	1없는	1같은
1같은	#114/04*020	1옛적	1데서
1데서	#114/04*021	1같은	1빛을
1빛을	#114/04*022	1데서	1거느린
1거느린	#114/04*023	1빛을	1당신
1당신	#114/04*024	1거느린	－
1밤마다	#115/01*001	－	1꿈이
1꿈이	#115/01*002	1밤마다	1많아서
1많아서	#115/01*003	1꿈이	1나는
1나는	#115/01*004	1많아서	1겁이
1겁이	#115/01*005	1나는	1많아서
1많아서	#115/01*006	1겁이	1어깨가
1어깨가	#115/01*007	1많아서	1처지는
1처지는	#115/01*008	1어깨가	1것일가
1것일가	#115/01*009	1처지는	－
1벗도	#115/02*001	－	1없을
1없을	#115/02*002	1벗도	1땐

1점	#116/01*006	1한	1흘러
1흘러	#116/01*007	1점	1가는
1가는	#116/01*008	1흘러	1게
1게	#116/01*009	1가는	1아니다
1아니다	#116/01*010	1게	1짓밟히는
1짓밟히는	#116/01*011	1아니다	1서울
1서울	#116/01*012	1짓밟히는	1거리
1거리	#116/01*013	1서울	1막다른
1막다른	#116/01*014	1거리	1골목마다
1골목마다	#116/01*015	1막다른	1창백한
1창백한	#116/01*016	1골목마다	1이마에
1이마에	#116/01*017	1창백한	1팔을
1팔을	#116/01*018	1이마에	1없는
1없는	#116/01*019	1팔을	1어진
1어진	#116/01*020	1없는	1사람들
1사람들	#116/01*021	1어진	―
1숨막혀라	#116/02*001	―	1숨막혀라
1숨막혀라	#116/02*002	1숨막혀라	1어디서
1어디서	#116/02*003	1숨막혀라	1누가
1누가	#116/02*004	1어디서	1울
1울	#116/02*005	1누가	1수
1수	#116/02*006	1울	1있느냐
1있느냐	#116/02*007	1수	―
1눈보라여	#116/03*001	―	1비바람이여
1비바람이여	#116/03*002	1눈보라여	1성낸
1성낸	#116/03*003	1비바람이여	1물결이여
1물결이여	#116/03*004	1성낸	1이제
1이제	#116/03*005	1물결이여	1마구
1마구	#116/03*006	1이제	1휩쓸어
1휩쓸어	#116/03*007	1마구	1오는가
1오는가	#116/03*008	1휩쓸어	1불ㅅ길이여
1불ㅅ길이여	#116/03*009	1오는가	1노한
1노한	#116/03*010	1불ㅅ길이여	1청춘들과
1청춘들과	#116/03*011	1노한	1함께

1차방은	#117/01*007	1모여드는	1거리의
1거리의	#117/01*008	1차방은	1항구
1항구	#117/01*009	1거리의	–
1남다른	#117/02*001	–	1하소를
1하소를	#117/02*002	1남다른	1미연에
1미연에	#117/02*003	1하소를	1감추려는
1감추려는	#117/02*004	1미연에	1녀인의
1녀인의	#117/02*005	1감추려는	1웃음
1웃음	#117/02*006	1녀인의	1끔찍히
1끔찍히	#117/02*007	1웃음	1믿엄직하고
1믿엄직하고	#117/02*008	1끔찍히	1으스러히
1으스러히	#117/02*009	1믿엄직하고	1잠든
1잠든	#117/02*010	1으스러히	1등불은
1등불은	#117/02*011	1잠든	1미구의
1미구의	#117/02*012	1등불은	1세기를
1세기를	#117/02*013	1미구의	1설계하는
1설계하는	#117/02*014	1세기를	1책사
1책사	#117/02*015	1설계하는	–
1주머니를	#117/03*001	–	1턴
1턴	#117/03*002	1주머니를	1커피
1커피	#117/03*003	1턴	1한
1한	#117/03*004	1커피	1잔에
1잔에	#117/03*005	1한	1고달픈
1고달픈	#117/03*006	1잔에	1사고를
1사고를	#117/03*007	1고달픈	1지지하는
1지지하는	#117/03*008	1사고를	1나
1나	#117/03*009	1지지하는	1너
1너	#117/03*010	1나	1휴식에
1휴식에	#117/03*011	1너	1주린
1주린	#117/03*012	1휴식에	1동지여
1동지여	#117/03*013	1주린	1오라
1오라	#117/03*014	1동지여	1유연히
1유연히	#117/03*015	1오라	1조화된
1조화된	#117/03*016	1유연히	1분위기

1분위기	#117/03*017	1조화된	1속에서
1속에서	#117/03*018	1분위기	1기약없는
1기약없는	#117/03*019	1속에서	1려정을
1려정을	#117/03*020	1기약없는	1잠깐
1잠깐	#117/03*021	1려정을	1반성해
1반성해	#117/03*022	1잠깐	1보자꾸나
1보자꾸나	#117/03*023	1반성해	—
1풀쪽을	#118/01*001	—	1수목을
1수목을	#118/01*002	1풀쪽을	1땅을
1땅을	#118/01*003	1수목을	1바윗덩이를
1바윗덩이를	#118/01*004	1땅을	1무르녹이는
1무르녹이는	#118/01*005	1바윗덩이를	1열기가
1열기가	#118/01*006	1무르녹이는	1쏟아져도
1쏟아져도	#118/01*007	1열기가	1오즉
1오즉	#118/01*008	1쏟아져도	1네만
1네만	#118/01*009	1오즉	1냉정한
1냉정한	#118/01*010	1네만	1듯
1듯	#118/01*011	1냉정한	1차게
1차게	#118/01*012	1듯	1흐르는
1흐르는	#118/01*013	1차게	1강아
1강아	#118/01*014	1흐르는	1천치의
1천치의	#118/01*015	1강아	1강아
1강아	#118/01*016	1천치의	1국제철교를
1국제철교를	#118/02*017	1강아	1넘나드는
1넘나드는	#118/02*018	1국제철교를	1무장열차가
1무장열차가	#118/02*019	1넘나드는	1너의
1너의	#118/02*020	1무장열차가	1흐름을
1흐름을	#118/02*021	1너의	1타고
1타고	#118/02*022	1흐름을	1하늘을
1하늘을	#118/02*023	1타고	1깰
1깰	#118/02*024	1하늘을	1듯
1듯	#118/02*025	1깰	1고동이
1고동이	#118/02*026	1듯	1높을
1높을	#118/02*027	1고동이	1때

1때	#118/02*028	1높을	1언덕에
1언덕에	#118/02*029	1때	1자리잡은
1자리잡은	#118/02*030	1언덕에	1포대가
1포대가	#118/02*031	1자리잡은	1호령을
1호령을	#118/02*032	1포대가	1내려
1내려	#118/02*033	1호령을	1너의
1너의	#118/02*034	1내려	1흐름에
1흐름에	#118/02*035	1너의	1선지피를
1선지피를	#118/02*036	1흐름에	1훌릴
1훌릴	#118/02*037	1선지피를	1때
1때	#118/02*038	1훌릴	1너는
1너는	#118/02*039	1때	1초조에
1초조에	#118/02*040	1너는	1너는
1너는	#118/02*041	1초조에	1공포에
1공포에	#118/02*042	1너는	1너는
1너는	#118/02*043	1공포에	1부질없는
1부질없는	#118/02*044	1너는	1전율밖에
1전율밖에	#118/02*045	1부질없는	1가져
1가져	#118/02*046	1전율밖에	1본
1본	#118/02*047	1가져	1다른
1다른	#118/02*048	1본	1동작이
1동작이	#118/02*049	1다른	1없고
1없고	#118/02*050	1동작이	1너의
1너의	#118/02*051	1없고	1꿈은
1꿈은	#118/02*052	1너의	1꿈을
1꿈을	#118/02*053	1꿈은	1이어
1이어	#118/02*054	1꿈을	1흐른다
1흐른다	#118/02*055	1이어	—
1네가	#118/03*001	—	1흘러온
1흘러온	#118/03*002	1네가	1흘러온
1흘러온	#118/03*003	1흘러온	1산협에
1산협에	#118/03*004	1흘러온	1무슨
1무슨	#118/03*005	1산협에	1자랑이
1자랑이	#118/03*006	1무슨	1있었드냐

1향려를	#118/04*018	1사투리의	1아는가
1아는가	#118/04*019	1향려를	1더욱
1더욱	#118/04*020	1아는가	1돌아오는
1돌아오는	#118/04*021	1더욱	1실망을
1실망을	#118/04*022	1돌아오는	1묘표를
1묘표를	#118/04*023	1실망을	1걸머진
1걸머진	#118/04*024	1묘표를	1듯한
1듯한	#118/04*025	1걸머진	1이
1이	#118/04*026	1듯한	1실망을
1실망을	#118/04*027	1이	1아느냐
1아느냐	#118/04*028	1실망을	—
1강안에	#118/05*001	—	1무수한
1무수한	#118/05*002	1강안에	1해골이
1해골이	#118/05*003	1무수한	1뒹굴어도
1뒹굴어도	#118/05*004	1해골이	1해마다
1해마다	#118/05*005	1뒹굴어도	1계절마다
1계절마다	#118/05*006	1해마다	1더해도
1더해도	#118/05*007	1계절마다	1오즉
1오즉	#118/05*008	1더해도	1너의
1너의	#118/05*009	1오즉	1꿈만
1꿈만	#118/05*010	1너의	1아름다운
1아름다운	#118/05*011	1꿈만	1듯
1듯	#118/05*012	1아름다운	1고집하는
1고집하는	#118/05*013	1듯	1강아
1강아	#118/05*014	1고집하는	1천치의
1천치의	#118/05*015	1강아	1강아
1강아	#118/05*016	1천치의	—
1꽃밭	#119/01*001	—	1한결
1한결	#119/01*001	1꽃밭	1사이
1더	#119/01*002	1사이	1사이
1사이	#119/01*002	1한결	1더
1사이	#119/01*003	1더	1거창한
1거창한	#119/01*003	1사이	1이슬에
1이슬에	#119/01*004	1거창한	1새벽이

1초	#119/02*012	1한	1한
1한	#119/02*013	1초	1초를
1초를	#119/02*014	1한	1몸으로
1몸으로	#119/02*015	1초를	1쪼아
1쪼아	#119/02*016	1몸으로	1불꽃을
1불꽃을	#119/02*017	1쪼아	1날리리라
1날리리라	#119/02*018	1불꽃을	—
1사시	#119/03*001	—	1푸른
1푸른	#119/03*002	1사시	1소나무가
1소나무가	#119/03*003	1푸른	1울창한
1울창한	#119/03*004	1소나무가	1산과
1산과	#119/03*005	1울창한	1산
1산	#119/03*006	1산과	1사이
1사이	#119/03*007	1산	1맑은
1맑은	#119/03*008	1사이	1대기
1대기	#119/03*009	1맑은	1속을
1속을	#119/03*010	1대기	1청년들이
1청년들이	#119/03*011	1속을	1떼지어
1떼지어	#119/03*012	1청년들이	1간다
1간다	#119/03*013	1떼지어	1말끝마다
1말끝마다	#119/03*014	1간다	1웃음
1웃음	#119/03*015	1말끝마다	1섞인
1섞인	#119/03*016	1웃음	1즐거운
1즐거운	#119/03*017	1섞인	1이야기
1이야기	#119/03*018	1즐거운	1처음
1처음	#119/03*019	1이야기	1맞는
1맞는	#119/03*020	1처음	1탄부절의
1탄부절의	#119/03*021	1맞는	1기쁨을
1기쁨을	#119/03*022	1탄부절의	1주고
1주고	#119/03*023	1기쁨을	1받으며
1받으며	#119/03*024	1주고	1청년
1청년	#119/03*025	1받으며	1동격대가
1동격대가	#119/03*026	1청년	1갱내로
1갱내로	#119/03*027	1동격대가	1갱내로

1땅	#119/05*013	1깊은	1속
1속	#119/05*014	1땅	1저주로운
1저주로운	#119/05*015	1속	1침묵이
1침묵이	#119/05*016	1저주로운	1엎디였던
1엎디였던	#119/05*017	1침묵이	1구석구석까지
1구석구석까지	#119/05*018	1엎디였던	1밤이
1밤이	#119/05*019	1구석구석까지	1없는
1없는	#119/05*020	1밤이	1영광으로
1영광으로	#119/05*021	1없는	1차게
1차게	#119/05*022	1영광으로	1하였다
1하였다	#119/05*023	1차게	—
1보라	#119/06*001	—	1여기는
1여기는	#119/06*002	1보라	1씩씩한
1씩씩한	#119/06*003	1여기는	1젊은이들이
1젊은이들이	#119/06*004	1씩씩한	1청춘의
1청춘의	#119/06*005	1젊은이들이	1한길을
1한길을	#119/06*006	1청춘의	1다투어
1다투어	#119/06*007	1한길을	1택한
1택한	#119/06*008	1다투어	1곳
1곳	#119/06*009	1택한	—
1기름이	#119/07*001	—	1흐를
1흐를	#119/07*002	1기름이	1듯한
1듯한	#119/07*003	1흐를	1석탄을
1석탄을	#119/07*004	1듯한	1가득
1가득	#119/07*005	1석탄을	1싣고
1싣고	#119/07*006	1가득	1무쇠
1무쇠	#119/07*007	1싣고	1탄차가
1탄차가	#119/07*008	1무쇠	1줄지어
1줄지어	#119/07*009	1탄차가	1올라
1올라	#119/07*010	1줄지어	1오는
1오는	#119/07*011	1올라	1쟁구에
1쟁구에	#119/07*012	1오는	1전체
1전체	#119/07*013	1쟁구에	1인민이
1인민이	#119/07*014	1전체	1보내는

1비탈길에서	#120/02*011	1오는	1원쑤에게
1원쑤에게	#120/02*012	1비탈길에서	1사로잡힌
1사로잡힌	#120/02*013	1원쑤에게	1처녀
1처녀	#120/02*014	1사로잡힌	1분란이
1분란이	#120/02*015	1처녀	1분란이는
1분란이는	#120/02*016	1분란이	1로동당원
1로동당원	#120/02*017	1분란이는	1꽃나이
1꽃나이	#120/02*018	1로동당원	1스무
1스무	#120/02*019	1꽃나이	1살
1살	#120/02*020	1스무	−
1봄이면	#120/03*001	−	1봄마다
1봄마다	#120/03*002	1봄이면	1진달래
1진달래	#120/03*003	1봄마다	1함빡
1함빡	#120/03*004	1진달래	1피는
1피는	#120/03*005	1함빡	1뒷산
1뒷산	#120/03*006	1피는	1아래
1아래	#120/03*007	1뒷산	1형제바우
1형제바우	#120/03*008	1아래	1앞에서
1앞에서	#120/03*009	1형제바우	1사랑하는
1사랑하는	#120/03*010	1앞에서	1향토를
1향토를	#120/03*011	1사랑하는	1지켜
1지켜	#120/03*012	1향토를	1동지를
1동지를	#120/03*013	1지켜	1지켜
1지켜	#120/03*014	1동지를	1분란이는
1분란이는	#120/03*015	1지켜	1가슴에
1가슴에	#120/03*016	1분란이는	1총탄을
1총탄을	#120/03*017	1가슴에	1받았단다
1받았단다	#120/03*018	1총탄을	−
1풀벌레	#120/04*001	−	1소리
1소리	#120/04*002	1풀벌레	1가득찬
1가득찬	#120/04*003	1소리	1토굴집에서
1토굴집에서	#120/04*004	1가득찬	1령감님은
1령감님은	#120/04*005	1토굴집에서	1밤
1밤	#120/04*006	1령감님은	1늦도록

1나어린	#121/01*016	1빼앗긴	1패배자
1패배자	#121/01*017	1나어린	−
1천사당의	#121/02*001	−	1종소래
1종소래	#121/02*002	1천사당의	1한
1한	#121/02*003	1종소래	1줄기
1줄기	#121/02*004	1한	1애수를
1애수를	#121/02*005	1줄기	1테ㅇ
1테ㅇ	#121/02*006	1애수를	1빈
1빈	#121/02*007	1테ㅇ	1내
1내	#121/02*008	1빈	1가슴에
1가슴에	#121/02*009	1내	1꼭
1꼭	#121/02*010	1가슴에	1찔러
1찔러	#121/02*011	1꼭	1놓고
1놓고	#121/02*012	1찔러	1보이얀
1보이얀	#121/02*013	1놓고	1고개를
1고개를	#121/02*014	1보이얀	1추웁게
1추웁게	#121/02*015	1고개를	1넘는다
1넘는다	#121/02*016	1추웁게	1내가
1내가	#121/02*017	1넘는다	1미래에
1미래에	#121/02*018	1내가	1넘어야
1넘어야	#121/02*019	1미래에	1될
1될	#121/02*020	1넘어야	−
1나는	#121/03*001	−	1두손을
1두손을	#121/03*002	1나는	1합쳐
1합쳐	#121/03*003	1두손을	1쥐고
1쥐고	#121/03*004	1합쳐	1발광한
1발광한	#121/03*005	1쥐고	1천문학자처럼
1천문학자처럼	#121/03*006	1발광한	밤하늘을
1밤하늘을	#121/03*007	1천문학자처럼	1오래오래
1오래오래	#121/03*008	1밤하늘을	1치어다
1치어다	#121/03*009	1오래오래	1본다
1본다	#121/03*010	1치어다	−
1파란	#121/04*001	−	1별들의
1별들의	#121/04*002	1파란	1아름다운

1이	#121/06*010	1싫어라	1세상
1세상	#121/06*011	1이	1누구의
1누구의	#121/06*012	1세상	1눈에도
1눈에도	#121/06*013	1누구의	1보이잖는
1보이잖는	#121/06*014	1눈에도	1곳까지
1곳까지	#121/06*015	1보이잖는	—
1포성은	#122/01*001	—	1자꾸
1자꾸	#122/01*002	1포성은	1가까워지는데
1가까워지는데	#122/01*003	1자꾸	오늘밤도
1오늘밤도	#122/01*004	1가까워지는데	1남쪽
1남쪽	#122/01*005	1오늘밤도	1하늘은
1하늘은	#122/01*006	1남쪽	1군데군데
1군데군데	#122/01*007	1하늘은	1붉게
1붉게	#122/01*008	1군데군데	1타는데
1타는데	#122/01*009	1붉게	—
1안해는	#122/02*001	—	1바위에
1바위에	#122/02*002	1안해는	1기대여
1기대여	#122/02*003	1바위에	1잠이
1잠이	#122/02*004	1기대여	1들었다
1들었다	#122/02*005	1잠이	1두
1두	#122/02*006	1들었다	1손에
1손에	#122/02*007	1두	1혹혹
1혹혹	#122/02*008	1손에	1입김을
1입김을	#122/02*009	1혹혹	1불어
1불어	#122/02*010	1입김을	1귓방울
1귓방울	#122/02*011	1불어	1눅이던
1눅이던	#122/02*012	1귓방울	1어린것들도
1어린것들도	#122/02*013	1눅이던	1어미의
1어미의	#122/02*014	1어린것들도	1무릎에
1무릎에	#122/02*015	1어미의	1엎디여
1엎디여	#122/02*016	1무릎에	1잠이
1잠이	#122/02*017	1엎디여	1들었다
1들었다	#122/02*018	1잠이	—
1차마	#122/03*001	—	1잊지

1엄마를	#122/04*012	1저녁마다	1기다리던
1기다리던	#122/04*013	1엄마를	1담배
1담배	#122/04*014	1기다리던	1공장
1공장	#122/04*015	1담배	1옆골목이
1옆골목이	#122/04*016	1공장	1스쳐
1스쳐	#122/04*017	1옆골목이	1흐르는가
1흐르는가	#122/04*018	1스쳐	—
1부르튼	#122/05*001	—	1발꿈치를
1발꿈치를	#122/05*002	1부르튼	1모두어
1모두어	#122/05*003	1발꿈치를	1무거운
1무거운	#122/05*004	1모두어	1자국자국
1자국자국	#122/05*005	1무거운	1절름거리며
1절름거리며	#122/05*006	1자국자국	1아따금씩
1아따금씩	#122/05*007	1절름거리며	1너희들이
1너희들이	#122/05*008	1아따금씩	1소리
1소리	#122/05*009	1너희들이	1맞춰
1맞춰	#122/05*010	1소리	1부르는
1부르는	#122/05*011	1맞춰	1김일성
1김일성	#122/05*012	1부르는	1장군의
1장군의	#122/05*013	1김일성	1노래
1노래	#122/05*014	1장군의	1꿈결에도
1꿈결에도	#122/05*015	1노래	1그
1그	#122/05*016	1꿈결에도	1노래
1노래	#122/05*017	1그	1귀에
1귀에	#122/05*018	1노래	1쟁쟁
1쟁쟁	#122/05*019	1귀에	1들리는가
1들리는가	#122/05*020	1쟁쟁	—
1굽이굽이	#122/06*001	—	1험한
1험한	#122/06*002	1굽이굽이	1벼랑
1벼랑	#122/06*003	1험한	1안고
1안고	#122/06*004	1벼랑	1도는
1도는	#122/06*005	1안고	1대동강
1대동강	#122/06*006	1도는	1푸른
1푸른	#122/06*007	1대동강	1물줄기를

1밤에도	#122/07*019	1캄캄한	1울던
1울던	#122/07*020	1밤에도	1울음
1울음	#122/07*021	1울던	1그치고
1그치고	#122/07*022	1울음	1타박타박
1타박타박	#122/07*023	1그치고	1따라
1따라	#122/07*024	1타박타박	1서던
1서던	#122/07*025	1따라	1어린것들
1어린것들	#122/07*026	1서던	1가슴속
1가슴속	#122/07*027	1어린것들	1별빛보다
1별빛보다	#122/07*028	1가슴속	1그리웠을
1그리웠을	#122/07*029	1별빛보다	1김일성
1김일성	#122/07*030	1그리웠을	1장군
1장군	#122/07*031	1김일성	—
1그러나	#122/08*001	—	1하늘이
1하늘이	#122/08*002	1그러나	1무너지는가
1무너지는가	#122/08*003	1하늘이	1들려
1들려	#122/08*004	1무너지는가	1오는
1오는	#122/08*005	1들려	1소식마다
1소식마다	#122/08*006	1오는	1앞은
1앞은	#122/08*007	1소식마다	1흐리여
1흐리여	#122/08*008	1앞은	—
1이미	#122/09*001	—	1우리는
1우리는	#122/09*002	1이미	1하루면
1하루면	#122/09*003	1우리는	1당도할
1당도할	#122/09*004	1하루면	1꿈에
1꿈에	#122/09*005	1당도할	1그리던
1그리던	#122/09*006	1꿈에	1평양으로
1평양으로	#122/09*007	1그리던	1가서는
1가서는	#122/09*008	1평양으로	1안
1안	#122/09*009	1가서는	1된다
1된다	#122/09*010	1안	1무거운
1무거운	#122/09*011	1된다	1발길을
1발길을	#122/09*012	1무거운	1돌려
1돌려	#122/09*013	1발길을	1다만

1뚫고	#122/11*006	1포위를	1산에서
1산에서	#122/11*007	1뚫고	1산을
1산을	#122/11*008	1산에서	1타
1타	#122/11*009	1산을	1여기까지
1여기까지	#122/11*010	1타	1왔다
1왔다	#122/11*011	1여기까지	1우리는
1우리는	#122/11*012	1왔다	1또
1또	#122/11*013	1우리는	1앞을
1앞을	#122/11*014	1또	1가로막는
1가로막는	#122/11*015	1앞을	1포위
1포위	#122/11*016	1가로막는	1속에
1속에	#122/11*017	1포위	1놓여
1놓여	#122/11*018	1속에	1있다
1있다	#122/11*019	1놓여	—
1첩첩한	#122/12*001	—	1랑림산맥
1랑림산맥	#122/12*002	1첩첩한	1일
1일	#122/12*003	1랑림산맥	1촌도
1촌도	#122/12*004	1일	1멀어
1멀어	#122/12*005	1촌도	1길조차
1길조차	#122/12*006	1멀어	1나지
1나지	#122/12*007	1길조차	1않은
1않은	#122/12*008	1나지	1험한
1험한	#122/12*009	1않은	1산허리에
1산허리에	#122/12*010	1험한	1어둠이
1어둠이	#122/12*011	1산허리에	1내릴
1내릴	#122/12*012	1어둠이	1때
1때	#122/12*013	1내릴	1해질녘이면
1해질녘이면	#122/12*014	1때	1신을
1신을	#122/12*015	1해질녘이면	1벗고
1벗고	#122/12*016	1신을	1들어
1들어	#122/12*017	1벗고	1설
1설	#122/12*018	1들어	1집이
1집이	#122/12*019	1설	1그리운
1그리운	#122/12*020	1집이	1아이들은

1종이	#122/14*002	1흰	1새빨간
1새빨간	#122/14*003	1종이	1잉크로
1잉크로	#122/14*004	1새빨간	1어린
1어린	#122/14*005	1잉크로	1녀학생은
1녀학생은	#122/14*006	1어린	1정성을
1정성을	#122/14*007	1녀학생은	1다하여
1다하여	#122/14*008	1정성을	1같은
1같은	#122/14*009	1다하여	1글자를
1글자를	#122/14*010	1같은	1또박또박
1또박또박	#122/14*011	1글자를	1온종일
1온종일	#122/14*012	1또박또박	1썼다
1썼다	#122/14*013	1온종일	−
1조선	#122/15*001	−	1민주주의
1민주주의	#122/15*002	1조선	1인민
1인민	#122/15*003	1민주주의	1공화국
1공화국	#122/15*004	1인민	1만세
1만세	#122/15*005	1공화국	−
1골목이	#122/16*001	−	1어둑어둑
1어둑어둑	#122/16*002	1골목이	1저물어
1저물어	#122/16*003	1어둑어둑	1벽보
1벽보	#122/16*004	1저물어	1꾸러미를
1꾸러미를	#122/16*005	1벽보	1끼고
1끼고	#122/16*006	1꾸러미를	1나설
1나설	#122/16*007	1끼고	1때
1때	#122/16*008	1나설	1온종일
1온종일	#122/16*009	1때	1망을
1망을	#122/16*010	1온종일	1봐
1봐	#122/16*011	1망을	1준
1준	#122/16*012	1봐	1할머니는
1할머니는	#122/16*013	1준	1귀여운
1귀여운	#122/16*014	1할머니는	1손녀의
1손녀의	#122/16*015	1귀여운	1귀에
1귀에	#122/16*016	1손녀의	1나직이
1나직이	#122/16*017	1귀에	1속삭였다

1리승만의	#122/18*011	1역도	1초상을
1초상을	#122/18*012	1리승만의	1신짝으로
1신짝으로	#122/18*013	1초상을	1갈긴
1갈긴	#122/18*014	1신짝으로	1어린
1어린	#122/18*015	1갈긴	1녀학생은
1녀학생은	#122/18*016	1어린	1피에
1피에	#122/18*017	1녀학생은	1젖어
1젖어	#122/18*018	1피에	1들것에
1들것에	#122/18*019	1젖어	1얹히어
1얹히어	#122/18*020	1들것에	1감방으로
1감방으로	#122/18*021	1얹히어	1돌아
1돌아	#122/18*022	1감방으로	1갔다
1갔다	#122/18*023	1돌아	—
1어둡고	#122/19*001	—	1캄캄하던
1캄캄하던	#122/19*002	1어둡고	1남부
1남부	#122/19*003	1캄캄하던	1조선
1조선	#122/19*004	1남부	1우리의
1우리의	#122/19*005	1조선	1전구
1전구	#122/19*006	1우리의	1서울
1서울	#122/19*007	1전구	—
1피에	#122/20*001	—	1물어
1물어	#122/20*002	1피에	1순결한
1순결한	#122/20*003	1물어	1동무들이
1동무들이	#122/20*004	1순결한	1원쑤들의
1원쑤들의	#122/20*005	1동무들이	1뒤통수를
1뒤통수를	#122/20*006	1원쑤들의	1뜨겁게
1뜨겁게	#122/20*007	1뒤통수를	1하고
1하고	#122/20*008	1뜨겁게	1자유를
1자유를	#122/20*009	1하고	1갈망하는
1갈망하는	#122/20*010	1자유를	1형제들
1형제들	#122/20*011	1갈망하는	1가슴에
1가슴에	#122/20*012	1형제들	1항쟁의
1항쟁의	#122/20*013	1가슴에	1불꽃을
1불꽃을	#122/20*014	1항쟁의	1뿌린

1뿌린	#122/20*015	1불꽃을	1투쟁
1투쟁	#122/20*016	1뿌린	1보고와
1보고와	#122/20*017	1투쟁	1새로운
1새로운	#122/20*018	1보고와	1과업들을
1과업들을	#122/20*019	1새로운	1잇발에
1잇발에	#122/20*020	1과업들을	1물고
1물고	#122/20*021	1잇발에	1숨어서만
1숨어서만	#122/20*022	1물고	1드나드는
1드나드는	#122/20*023	1숨어서만	1아지트에서
1아지트에서	#122/20*024	1드나드는	1손에
1손에	#122/20*025	1아지트에	1손을 서
1손을	#122/20*026	1손에	1잡거나
1잡거나	#122/20*027	1손을	—
1살이	#122/21*001	—	1타고
1타고	#122/21*002	1살이	1열
1열	#122/21*003	1타고	1손톱
1손톱	#122/21*004	1열	1물러나는
1물러나는	#122/21*005	1손톱	1고문실이나
1고문실이나	#122/21*006	1물러나는	1감옥
1감옥	#122/21*007	1고문실이나	1벌방에서
1벌방에서	#122/21*008	1감옥	1소속이야
1소속이야	#122/21*009	1벌방에서	1어디건
1어디건	#122/21*010	1소속이야	1이름이야
1이름이야	#122/21*011	1어디건	1누구이건
1누구이건	#122/21*012	1이름이야	1이미
1이미	#122/21*013	1누구이건	1몸을
1몸을	#122/21*014	1이미	1바친
1바친	#122/21*015	1몸을	1전우들끼리
1전우들끼리	#122/21*016	1바친	1서로
1서로	#122/21*017	1전우들끼리	1시선만
1시선만	#122/21*018	1서로	1마주쳐도
1마주쳐도	#122/21*019	1시선만	—
1새로이	#122/22*001	—	1솟는
1솟는	#122/22*002	1새로이	1용기와

1용기와	#122/22*003	1솟는	1새로이
1새로이	#122/22*004	1용기와	1느껴지는
1느껴지는	#122/22*005	1새로이	1보람으로
1보람으로	#122/22*006	1느껴지는	1하여
1하여	#122/22*007	1보람으로	1어깨와
1어깨와	#122/22*008	1하여	1어깨에
1어깨에	#122/22*009	1어깨와	1더운
1더운	#122/22*010	1어깨에	1피
1피	#122/22*011	1더운	1굽이쳤다
1굽이쳤다	#122/22*012	1피	1우리에겐
1우리에겐	#122/22*013	1굽이쳤다	1생명보다
1생명보다	#122/22*014	1우리에겐	1귀중한
1귀중한	#122/22*015	1생명보다	1조국이
1조국이	#122/22*016	1귀중한	1있기에
1있기에	#122/22*017	1조국이	1영광스런
1영광스런	#122/22*018	1있기에	1인민
1인민	#122/22*019	1영광스런	1공화국이
1공화국이	#122/22*020	1인민	1있기에
1있기에	#122/22*021	1공화국이	1평양이
1평양이	#122/22*022	1있기에	1있기에
1있기에	#122/22*023	1평양이	—
1놈들의	#122/23*001	—	1어떠한
1어떠한	#122/23*002	1놈들의	1박해에도
1박해에도	#122/23*003	1어떠한	1끊길
1끊길	#122/23*004	1박해에도	1수
1수	#122/23*005	1끊길	1없는
1없는	#122/23*006	1수	1선을
1선을	#122/23*007	1없는	1타고
1타고	#122/23*008	1선을	1심장에서
1심장에서	#122/23*009	1타고	1심장에로
1심장에로	#122/23*010	1심장에서	1전하여지는
1전하여지는	#122/23*011	1심장에로	1암호를
1암호를	#122/23*012	1전하여지는	1타고
1타고	#122/23*013	1암호를	1온

1눈보라	#122/25*006	1벽돌담을	1소리쳐
1소리쳐	#122/25*007	1눈보라	1때리는
1때리는	#122/25*008	1소리쳐	1한나절
1한나절	#122/25*009	1때리는	1뜨거운
1뜨거운	#122/25*010	1한나절	1눈초리로
1눈초리로	#122/25*011	1뜨거운	1조국의
1조국의	#122/25*012	1눈초리로	1승리를
1승리를	#122/25*013	1조국의	1믿고
1믿고	#122/25*014	1승리를	1믿으며
1믿으며	#122/25*015	1믿고	1마자막
1마자막	#122/25*016	1믿으며	1가는
1가는	#122/25*017	1마자막	1길
1길	#122/25*018	1가는	1형장으로
1형장으로	#122/25*019	1길	1웃으면서
1웃으면서	#122/25*020	1형장으로	1나간
1나간	#122/25*021	1웃으면서	1동무
1동무	#122/25*022	1나간	−
1나이	#122/26*001	−	1서른에
1서른에	#122/26*002	1나이	1이르지
1이르지	#122/26*003	1서른에	1못했으나
1못했으나	#122/26*004	1이르지	1바위처럼
1바위처럼	#122/26*005	1못했으나	1무겁던
1무겁던	#122/26*006	1바위처럼	1경상도
1경상도	#122/26*007	1무겁던	1사나이
1사나이	#122/26*008	1경상도	1철도
1철도	#122/26*009	1사나이	1로동자
1로동자	#122/26*010	1철도	1정
1정	#122/26*011	1로동자	1동무가
1동무가	#122/26*012	1정	1순결한
1순결한	#122/26*013	1동무가	1마음을
1마음을	#122/26*014	1순결한	1획마다에
1획마다에	#122/26*015	1마음을	1아로새겨
1아로새겨	#122/26*016	1획마다에	1남겨
1남겨	#122/26*017	1아로새겨	1놓은

1마음	#122/28*023	1우리는	1깊이
1깊이	#122/28*024	1마음	1맹세하였다
1맹세하였다	#122/28*025	1깊이	1동무야
1동무야	#122/28*026	1맹세하였다	1원쑤를
1원쑤를	#122/28*027	1동무야	1갚아
1갚아	#122/28*028	1원쑤를	—
1주마	#122/28*029	1갚아	1나무가지
1나무가지	#122/29*001	—	1휘여
1휘여	#122/29*002	1나무가지	1잡고
1잡고	#122/29*003	1휘여	1바위에서
1바위에서	#122/29*004	1잡고	1바위에로
1바위에로	#122/29*005	1바위에서	1넘어
1넘어	#122/29*006	1바위에로	1서는
1서는	#122/29*007	1넘어	1험준한
1험준한	#122/29*008	1서는	1산길도
1산길도	#122/29*009	1험준한	1생각하면
1생각하면	#122/29*010	1산길도	1고마워라
1고마워라	#122/29*011	1생각하면	1높은
1높은	#122/29*012	1고마워라	1산
1산	#122/29*013	1높은	1깊은
1깊은	#122/29*014	1산	1곬
1곬	#122/29*015	1깊은	1어느
1어느	#122/29*016	1곬	1하나가
1하나가	#122/29*017	1어느	1싸우는
1싸우는	#122/29*018	1하나가	1우리의
1우리의	#122/29*019	1싸우는	1편이
1편이	#122/29*020	1우리의	1아니랴
1아니랴	#122/29*021	1편이	—
1가자	#122/30*001	—	1달이
1달이	#122/30*002	1가자	1지기
1지기	#122/30*003	1달이	1전에
1전에	#122/30*004	1지기	1이
1이	#122/30*005	1전에	1령을
1령을	#122/30*006	1이	1내려

1둘러	#122/31*013	1모닥불에	1앉아
1앉아	#122/31*014	1둘러	1당과
1당과	#122/31*015	1앉아	1조국
1조국	#122/31*016	1당과	1앞에
1앞에	#122/31*017	1조국	1맹세하고
1맹세하고	#122/31*018	1앞에	1불굴의
1불굴의	#122/31*019	1맹세하고	1결의를
1결의를	#122/31*020	1불굴의	1같이
1같이	#122/31*021	1결의를	1한
1한	#122/31*022	1같이	1여기
1여기	#122/31*023	1한	1미더운
1미더운	#122/31*024	1여기	1전우들이
1전우들이	#122/31*025	1미더운	1있다
1있다	#122/31*026	1전우들이	—
1우리는	#122/32*001	—	1반드시
1반드시	#122/32*002	1우리는	1우리의
1우리의	#122/32*003	1반드시	1부모
1부모	#122/32*004	1우리의	1형제를
1형제를	#122/32*005	1부모	1헤치려고
1헤치려고	#122/32*006	1형제를	1놈들이
1놈들이	#122/32*007	1헤치려고	1메고
1메고	#122/32*008	1놈들이	1온
1온	#122/32*009	1메고	1놈들의
1놈들의	#122/32*010	1온	1총으로
1총으로	#122/32*011	1놈들의	1쏘리라
1쏘리라	#122/32*012	1총으로	1놈들의
1놈들의	#122/32*013	1쏘리라	1가슴팍을
1가슴팍을	#122/32*014	1놈들의	1놈들의
1놈들의	#122/32*015	1가슴팍을	1뒤통수를
1뒤통수를	#122/32*016	1놈들의	—
1여기	#122/33*001	—	1비록
1비록	#122/33*002	1여기	1어린것들이
1어린것들이	#122/33*003	1비록	1무거운
1무거운	#122/33*004	1어린것들이	1짐처럼

1어찌	#122/34*012	1뻿찌가	1이
1이	#122/34*013	1어찌	1아이들
1아이들	#122/34*014	1이	1손에
1손에	#122/34*015	1아이들	1무거울
1무거울	#122/34*016	1손에	1수
1수	#122/34*017	1무거울	1있으랴
1있으랴	#122/34*018	1수	—
1오늘	#122/35*001	—	1길조차
1길조차	#122/35*002	1오늘	1나지
1나지	#122/35*003	1길조차	1않은
1않은	#122/35*004	1나지	1이
1이	#122/35*005	1않은	1령을
1령을	#122/35*006	1이	1우리의
1우리의	#122/35*007	1령을	1적은
1적은	#122/35*008	1우리의	1대렬이
1대렬이	#122/35*009	1적은	1헤치고
1헤치고	#122/35*010	1대렬이	1내리나
1내리나	#122/35*011	1헤치고	1깊은
1깊은	#122/35*012	1내리나	1골짝
1골짝	#122/35*013	1깊은	1골짝
1골짝	#122/35*014	1골짝	1줄
1줄	#122/35*015	1골짝	1닿는
1닿는	#122/35*016	1줄	1곳곳에서
1곳곳에서	#122/35*017	1닿는	1숫한
1숫한	#122/35*018	1곳곳에서	1전우들을
1전우들을	#122/35*019	1숫한	1반드시
1반드시	#122/35*020	1전우들을	1만나리라
1만나리라	#122/35*021	1반드시	—
1그리고	#122/36*001	—	1오리라
1오리라	#122/36*002	1그리고	1높이
1높이	#122/36*003	1오리라	1솟으라선
1솟으라선	#122/36*004	1높이	1죽음의
1죽음의	#122/36*005	1솟으라선	1철문을
1철문을	#122/36*006	1죽음의	1노한

1한	#122/37*014	1길이	1가닥씩
1가닥씩	#122/37*015	1한	1비탈을
1비탈을	#122/37*016	1가닥씩	1끼고
1끼고	#122/37*017	1비탈을	1열릴
1열릴	#122/37*018	1끼고	1우리의
1우리의	#122/37*019	1열릴	1전구
1전구	#122/37*020	1우리의	—
1자유의	#122/38*001	—	1땅이
1땅이	#122/38*002	1자유의	1한
1한	#122/38*003	1땅이	1치씩
1치씩	#122/38*004	1한	1넓혀지는
1넓혀지는	#122/38*005	1치씩	1어려운
1어려운	#122/38*006	1넓혀지는	1고비고비
1고비고비	#122/38*007	1어려운	1그
1그	#122/38*008	1고비고비	1언제나
1언제나	#122/38*009	1그	1조국의
1조국의	#122/38*010	1언제나	1깃발은
1깃발은	#122/38*011	1조국의	1우리와
1우리와	#122/38*012	1깃발은	1함께
1함께	#122/38*013	1우리와	1있으리
1있으리	#122/38*014	1함께	—
1기우는	#122/39*001	—	1달빛
1달빛	#122/39*002	1기우는	1뺨에
1뺨에	#122/39*003	1달빛	1시리나
1시리나	#122/39*004	1뺨에	1아이
1아이	#122/39*005	1시리나	1어른
1어른	#122/39*006	1아이	1다
1다	#122/39*007	1어른	1같이
1같이	#122/39*008	1다	1김일성
1김일성	#122/39*009	1같이	1장군의
1장군의	#122/39*010	1김일성	1노래를
1노래를	#122/39*011	1장군의	1부르며
1부르며	#122/39*012	1노래를	1밤내
1밤내	#122/39*013	1부르며	1내리는

1내리는	#122/39*014	1밤내	1이
1이	#122/39*015	1내리는	1길에사
1길에사	#122/39*016	1이	1어찌
1어찌	#122/39*017	1길에사	1우리와
1우리와	#122/39*018	1어찌	1더불어
1더불어	#122/39*019	1우리와	1슬픔이
1슬픔이	#122/39*020	1더불어	1있으랴
1있으랴	#122/39*021	1슬픔이	—
1포성은	#122/40*001	—	1자꾸
1자꾸	#122/40*002	1포성은	1가까워지는데
1가까워지는데	#122/40*003	1자꾸	1오늘밤도
1오늘밤도	#122/40*004	1가까워지는데	1남쪽
1남쪽	#122/40*005	1오늘밤도	1하늘은
1하늘은	#122/40*006	1남쪽	1군데군데
1군데군데	#122/40*007	1하늘은	1붉게
1붉게	#122/40*008	1군데군데	1타는데
1타는데	#122/40*009	1붉게	—
1우리는	#122/41*001	—	1간다
1간다	#122/41*002	1우리는	1이윽고
1이윽고	#122/41*003	1간다	1눈보라를
1눈보라를	#122/41*004	1이윽고	1헤치며
1헤치며	#122/41*005	1눈보라를	1원쑤를
1원쑤를	#122/41*006	1헤치며	1소탕하며
1소탕하며	#122/41*007	1원쑤를	1그리운
1그리운	#122/41*008	1소탕하며	1평양으로
1평양으로	#122/41*009	1그리운	1평양으로
1평양으로	#122/41*010	1평양으로	1나갈
1나갈	#122/41*011	1평양으로	1싸움의
1싸움의	#122/41*012	1나갈	1길을
1길을	#122/41*013	1싸움의	1바쁘게
1바쁘게	#122/41*014	1길을	1간다
1간다	#122/41*015	1바쁘게	—
1계절조처럼	#123/01*001	—	1포로로오
1포로로오	#123/01*002	1계절조처럼	1날아온

1날아온	#123/01*003	1포로로오	1옛
1옛	#123/01*004	1날아온	1생각을
1생각을	#123/01*005	1옛	1보듬고
1보듬고	#123/01*006	1생각을	1오솔길을
1오솔길을	#123/01*007	1보듬고	1지나
1지나	#123/01*008	1오솔길을	1포도원으로
1포도원으로	#123/01*009	1지나	1살금살금
1살금살금	#123/01*010	1포도원으로	1걸어와
1걸어와	#123/01*011	1살금살금	—
1촛대	#123/02*001	—	1든
1든	#123/02*002	1촛대	1손에
1손에	#123/02*003	1든	1올감기는
1올감기는	#123/02*004	1손에	1싼뜻한
1싼뜻한	#123/02*005	1올감기는	1감촉
1감촉	#123/02*006	1싼뜻한	—
1대이기만	#123/03*001	—	1했으면
1했으면	#123/03*002	1대이기만	1톡
1톡	#123/03*003	1했으면	1터질
1터질	#123/03*004	1톡	1듯
1듯	#123/03*005	1터질	1익은
1익은	#123/03*006	1듯	1포도알에
1포도알에	#123/03*007	1익은	1물든
1물든	#123/03*008	1포도알에	1환상이
1환상이	#123/03*009	1물든	1너울너울
1너울너울	#123/03*010	1환상이	1물결친다
1물결친다	#123/03*011	1너울너울	1공허로운
1공허로운	#123/03*012	1물결친다	1이
1이	#123/03*013	1공허로운	1마음을
1마음을	#123/03*014	1이	1어쩌나
1어쩌나	#123/03*015	1마음을	—
1한	#123/04*001	—	1줄
1줄	#123/04*002	1한	1촉광
1촉광	#123/04*003	1줄	1올마저
1올마저	#123/04*004	1촉광	1어둠에

1안은	#124/01*013	1미련을	1채
1채	#124/01*014	1안은	1쓰러진다
1쓰러진다	#124/01*015	1채	1대지에
1대지에	#124/01*016	1쓰러진다	1꺼꾸러지는
1꺼꾸러지는	#124/01*017	1대지에	1대리석
1대리석	#124/01*018	1꺼꾸러지는	1기둥
1기둥	#124/01*019	1대리석	1보이잖는
1보이잖는	#124/01*020	1기둥	1무수한
1무수한	#124/01*021	1보이잖는	1화석으로
1화석으로	#124/01*022	1무수한	1장식된
1장식된	#124/01*023	1화석으로	1도시의
1도시의	#124/01*024	1장식된	1넋이
1넋이	#124/01*025	1도시의	1폭발한다
1폭발한다	#124/01*026	1넋이	—
1기만과	#124/02*001	—	1질투와
1질투와	#124/02*002	1기만과	1음모의
1음모의	#124/02*003	1질투와	1잔해를
1잔해를	#124/02*004	1음모의	1끌안고
1끌안고	#124/02*005	1잔해를	1통곡하는게
1통곡하는게	#124/02*006	1끌안고	1누구야
1누구야	#124/02*007	1통곡하는게	1지하로
1지하로	#124/02*008	1누구야	1지하로
1지하로	#124/02*009	1지하로	1피난하는
1피난하는	#124/02*010	1지하로	1선량한
1선량한	#124/02*011	1피난하는	1시민들아
1시민들아	#124/02*012	1선량한	1눈을
1눈을	#124/02*013	1시민들아	1감고
1감고	#124/02*014	1눈을	1귀를
1귀를	#124/02*015	1감고	1막은
1막은	#124/02*016	1귀를	1등신이
1등신이	#124/02*017	1막은	1있느냐
1있느냐	#124/02*018	1등신이	1숨통울
1숨통울	#124/02*019	1있느냐	1잃어버린
1잃어버린	#124/02*020	1숨통울	1등신이

1것은	#125/02*009	1않는	1나의
1나의	#125/02*010	1것은	1슬픔
1슬픔	#125/02*011	1나의	1몰폴
1몰폴	#125/02*012	1슬픔	1새이
1새이	#125/02*013	1몰폴	1새일
1새일	#125/02*014	1새이	1헤여
1헤여	#125/02*015	1새일	1가는
1가는	#125/02*016	1헤여	1휘황한
1휘황한	#125/02*017	1가는	1꿈에도
1꿈에도	#125/02*018	1휘황한	1나는
1나는	#125/02*019	1꿈에도	1두려운
1두려운	#125/02*020	1나는	1아이
1아이	#125/02*021	1두려운	1몸소
1몸소	#125/02*022	1아이	1귀뿌리를
1귀뿌리를	#125/02*023	1몸소	1돌린다
1돌린다	#125/02*024	1귀뿌리를	—
1잠시	#125/03*001	—	1담배연길
1담배연길	#125/03*002	1잠시	1잊어버린
1잊어버린	#125/03*003	1담배연길	1푸른
1푸른	#125/03*004	1잊어버린	1한나절
1한나절	#125/03*005	1푸른	—
1거세인	#125/04*001	—	1파도
1파도	#125/04*002	1거세인	1물머리마다
1물머리마다	#125/04*003	1파도	1물머리
1물머리	#125/04*004	1물머리마다	1뒤에
1뒤에	#125/04*005	1물머리	1아라사도
1아라사도	#125/04*006	1뒤에	1아버지도
1아버지도	#125/04*007	1아라사도	1보일
1보일	#125/04*008	1아버지도	1듯이
1듯이	#125/04*009	1보일	1숨어
1숨어	#125/04*010	1듯이	1나를
1나를	#125/04*011	1숨어	1부른다
1부른다	#125/04*012	1나를	1울구퍼도
1울구퍼도	#125/04*013	1부른다	1우지

1한마디	#126/02*007	1딸에게	1남겨
1남겨	#126/02*008	1한마디	1두는
1두는	#126/02*009	1남겨	1말도
1말도	#126/02*010	1두는	1없었다
1없었다	#126/02*011	1말도	1초라한
1초라한	#126/02*012	1없었다	1목침을
1목침을	#126/02*013	1초라한	1반듯이
1반듯이	#126/02*014	1목침을	1벤
1벤	#126/02*015	1반듯이	1채
1채	#126/02*016	1벤	—
1흔들어도	#126/03*001	—	1흔들어도
1흔들어도	#126/03*002	1흔들어도	1뜨시잖는
1뜨시잖는	#126/03*003	1흔들어도	1두
1두	#126/03*004	1뜨시잖는	1눈에
1눈에	#126/03*005	1두	1피지
1피지	#126/03*006	1눈에	1못한
1못한	#126/03*007	1피지	1꿈의
1꿈의	#126/03*008	1못한	1꽃봉오리
1꽃봉오리	#126/03*009	1꿈의	1갈앉았던가
1갈앉았던가	#126/03*010	1꽃봉오리	1얼음장에
1얼음장에	#126/03*011	1갈앉았던가	1누우신
1누우신	#126/03*012	1얼음장에	1듯
1듯	#126/03*013	1누우신	1손발은
1손발은	#126/03*014	1듯	1식어
1식어	#126/03*015	1손발은	1갈
1갈	#126/03*016	1식어	1뿐
1뿐	#126/03*017	1갈	—
1때	#126/04*001	—	1늦은
1늦은	#126/04*002	1때	1의원이
1의원이	#126/04*003	1늦은	1아무
1아무	#126/04*004	1의원이	1말
1말	#126/04*005	1아무	1없이
1없이	#126/04*006	1말	1돌아
1돌아	#126/04*007	1없이	1간

1뿌리	#127/01*004	1분노하라	1깊은
1깊은	#127/01*005	1뿌리	1바위도
1바위도	#127/01*006	1깊은	1일어
1일어	#127/01*007	1바위도	1서라
1서라	#127/01*008	1일어	1티없이
1티없이	#127/01*009	1서라	1맑은
1맑은	#127/01*010	1티없이	1어린것들
1어린것들	#127/01*011	1맑은	1눈에까지
1눈에까지	#127/01*012	1어린것들	1흙을
1흙을	#127/01*013	1눈에까지	1떠
1떠	#127/01*014	1흙을	1넣은
1넣은	#127/01*015	1떠	1미국
1미국	#127/01*016	1넣은	1야만들을
1야만들을	#127/01*017	1미국	1향해
1향해	#127/01*018	1야만들을	—
1놈들의	#127/02*001	—	1기총에
1기총에	#127/02*002	1놈들의	1뚫린
1뚫린	#127/02*003	1기총에	1그·
1그	#127/02*004	1뚫린	1어느
1어느	#127/02*005	1그	1하나가
1하나가	#127/02*006	1어느	1나의
1나의	#127/02*007	1하나가	1가슴이
1가슴이	#127/02*008	1나의	1아니랴
1아니랴	#127/02*009	1가슴이	—
1꽃가시	#127/03*001	—	1풋가시에
1풋가시에	#127/03*002	1꽃가시	1닿아도
1닿아도	#127/03*003	1풋가시에	1핏방울
1핏방울	#127/03*004	1닿아도	1아프게
1아프게	#127/03*005	1핏방울	1솟는
1솟는	#127/03*006	1아프게	1작은
1작은	#127/03*007	1솟는	1주먹으로
1주먹으로	#127/03*008	1작은	1숨지는
1숨지는	#127/03*009	1주먹으로	1허리를
1허리를	#127/03*010	1숨지는	1부둥켜안고

1묻혀	#127/05*005	1눈에	1이름
1이름	#127/05*006	1묻혀	1없는
1없는	#127/05*007	1이름	1풀
1풀	#127/05*008	1없는	1포기까지도
1포기까지도	#127/05*009	1풀	1독을
1독을	#127/05*010	1포기까지도	1뿜으라
1뿜으라	#127/05*011	1독을	1미국
1미국	#127/05*012	1뿜으라	1야만들을
1야만들을	#127/05*013	1미국	1향해
1향해	#127/05*014	1야만들을	1일제히
1일제히	#127/05*015	1향해	1독을
1독을	#127/05*016	1일제히	1뿜으라
1뿜으라	#127/05*017	1독을	−
1무엇을	#128/01*001	−	1실었느냐
1실었느냐	#128/01*002	1무엇을	1화물열차의
1화물열차의	#128/01*003	1실었느냐	1검은
1검은	#128/01*004	1화물열차의	1문들은
1문들은	#128/01*005	1검은	1탄탄히
1탄탄히	#128/01*006	1문들은	1잠겨졌다
1잠겨졌다	#128/01*007	1탄탄히	1바람
1바람	#128/01*008	1잠겨졌다	1속을
1속을	#128/01*009	1바람	1달리는
1달리는	#128/01*010	1속을	1화물렬차의
1화물렬차의	#128/01*011	1달리는	1지붕
1지붕	#128/01*012	1화물렬차의	1우에
1우에	#128/01*013	1지붕	1우리
1우리	#128/01*014	1우에	1제각기
1제각기	#128/01*015	1우리	1드러누워
1드러누워	#128/01*016	1제각기	1한결같이
1한결같이	#128/01*017	1드러누워	1처다보는
1처다보는	#128/01*018	1한결같이	1하나씩의
1하나씩의	#128/01*019	1처다보는	1별
1별	#128/01*020	1하나씩의	−
1두만강	#128/02*001	−	1저쪽에서

1저쪽에서	#128/02*002	1두만강	1온다는
1온다는	#128/02*003	1저쪽에서	1사람들과
1사람들과	#128/02*004	1온다는	1쟈무스에서
1쟈무스에서	#128/02*005	1사람들과	1온다는
1온다는	#128/02*006	1쟈무스에서	1사람들과
1사람들과	#128/02*007	1온다는	1험한
1험한	#128/02*008	1사람들과	1땅에서
1땅에서	#128/02*009	1험한	1험한
1험한	#128/02*010	1땅에서	1변
1변	#128/02*011	1험한	1치르고
1치르고	#128/02*012	1변	1눈보라
1눈보라	#128/02*013	1치르고	1치기
1치기	#128/02*014	1눈보라	1전에
1전에	#128/02*015	1치기	1고향으로
1고향으로	#128/02*016	1전에	1돌아간다는
1돌아간다는	#128/02*017	1고향으로	1남도
1남도	#128/02*018	1돌아간다는	1사람들과
1사람들과	#128/02*019	1남도	1북어쪼가리
1북어쪼가리	#128/02*020	1사람들과	1초담배
1초담배	#128/02*021	1북어쪼가리	1밀가루떡이랑
1밀가루떡이랑	#128/02*022	1초담배	1나눠서
1나눠서	#128/02*023	1밀가루떡이랑	1요기하며
1요기하며	#128/02*024	1나눠서	1내사
1내사	#128/02*025	1요기하며	1서울이
1서울이	#128/02*026	1내사	1그리워
1그리워	#128/02*027	1서울이	1고향과는
1고향과는	#128/02*028	1그리워	1딴
1딴	#128/02*029	1고향과는	1방향으로
1방향으로	#128/02*030	1딴	1흔들려
1흔들려	#128/02*031	1방향으로	1간다
1간다	#128/02*032	1흔들려	1푸르른
1푸르른	#128/03*033	1간다	1바다와
1바다와	#128/03*034	1푸르른	1거리
1거리	#128/03*035	1바다와	1거리를

1거리를	#128/03*036	1거리	1설움
1설움	#128/03*037	1거리를	1많은
1많은	#128/03*038	1설움	1이민열차의
1이민열차의	#128/03*039	1많은	1흐린
1흐린	#128/03*040	1이민열차의	1창으로
1창으로	#128/03*041	1흐린	1그저
1그저	#128/03*042	1창으로	1서러이
1서러이	#128/03*043	1그저	1내다보던
1내다보던	#128/03*044	1서러이	1골짝
1골짝	#128/03*045	1내다보던	1골짝을
1골짝을	#128/03*046	1골짝	1갈
1갈	#128/03*047	1골짝을	1때와
1때와	#128/03*048	1갈	1마찬가지로
1마찬가지로	#128/03*049	1때와	1헐벗은
1헐벗은	#128/03*050	1마찬가지로	1채
1채	#128/03*051	1헐벗은	1돌아오는
1돌아오는	#128/03*052	1채	1이
1이	#128/03*053	1돌아오는	1사람들과
1사람들과	#128/03*054	1이	1마찬가지로
1마찬가지로	#128/03*055	1사람들과	1헐벗은
1헐벗은	#128/03*056	1마찬가지로	1나요
1나요	#128/03*057	1헐벗은	1나라에
1나라에	#128/03*058	1나요	1기쁜
1기쁜	#128/03*059	1나라에	1일
1일	#128/03*060	1기쁜	1많아
1많아	#128/03*061	1일	1울지를
1울지를	#128/03*062	1많아	1못하는
1못하는	#128/03*063	1울지를	1함경도
1함경도	#128/03*064	1못하는	1사내
1사내	#128/03*065	1함경도	—
1총을	#128/04*001	—	1안고
1안고	#128/04*002	1총을	1뽈가의
1뽈가의	#128/04*003	1안고	1노래를
1노래를	#128/04*004	1뽈가의	1부르던

1검은	#129/01*016	1떠나가는	1기선과
1기선과	#129/01*017	1검은	1몰려서
1몰려서	#129/01*018	1기선과	1우짖는
1우짖는	#129/01*019	1몰려서	1갈매기의
1갈매기의	#129/01*020	1우짖는	1떼
1떼	#129/01*021	1갈매기의	–
1구름	#129/02*001	–	1아래
1아래	#129/02*002	1구름	1뭉쳐선
1뭉쳐선	#129/02*003	1아래	1흩어지는
1흩어지는	#129/02*004	1뭉쳐선	1먹구름
1먹구름	#129/02*005	1흩어지는	1아래
1아래	#129/02*006	1먹구름	1그대들과
1그대들과	#129/02*007	1아래	1나의
1나의	#129/02*008	1그대들과	1어깨에도
1어깨에도	#129/02*009	1나의	1하늘은
1하늘은	#129/02*010	1어깨에도	1골고루
1골고루	#129/02*011	1하늘은	1머물러
1머물러	#129/02*012	1골고루	1얼마나
1얼마나	#129/02*013	1머물러	1멋이였습니까
1멋이였습니까	#129/02*014	1얼마나	–
1꽃이랑	#129/03*001	–	1꺾어
1꺾어	#129/03*002	1꽃이랑	1가슴을
1가슴을	#129/03*003	1꺾어	1치레하고
1치레하고	#129/03*004	1가슴을	1우리
1우리	#129/03*005	1치레하고	1휘파람이나
1휘파람이나	#129/03*006	1우리	1간간히
1간간히	#129/03*007	1휘파람이나	1불어
1불어	#129/03*008	1간간히	1보자요
1보자요	#129/03*009	1불어	1훨훨
1훨훨	#129/03*010	1보자요	1옷깃을
1옷깃을	#129/03*011	1훨훨	1날리며
1날리며	#129/03*012	1옷깃을	1머리칼을
1머리칼을	#129/03*013	1날리며	1날리며
1날리며	#129/03*014	1머리칼을	1서로

1그러한	#129/05*007	1싹트는	1밤이면
1밤이면	#129/05*008	1그러한	1무슨
1무슨	#129/05*009	1밤이면	1짐승처럼
1짐승처럼	#129/05*010	1무슨	1우는
1우는	#129/05*011	1짐승처럼	1뱃고동을
1뱃고동을	#129/05*012	1우는	1들으며
1들으며	#129/05*013	1뱃고동을	1바다로
1바다로	#129/05*014	1들으며	1보이지
1보이지	#129/05*015	1바다로	1않는
1않는	#129/05*016	1보이지	1바다로
1바다로	#129/05*017	1않는	1휘정휘정
1휘정휘정	#129/05*018	1바다로	1내려
1내려	#129/05*019	1휘정휘정	1가는
1가는	#129/05*020	1내려	1것이요
1것이요	#129/05*021	1가는	1백모래
1백모래	#131/01*020	1것이요	1십리
1십리	#131/01*021	1백모래	1벌을
1벌을	#131/01*022	1십리	1삽분삽분
1삽분삽분	#131/01*023	1벌을	1걸어간
1걸어간	#131/01*024	1삽분삽분	1발자옥
1발자옥	#131/01*025	1걸어간	1발자옥의
1발자옥의	#131/01*026	1발자옥	1임자를
1임자를	#131/01*027	1발자옥의	1기대려
1기대려	#131/01*028	1임자를	1해당화의
1해당화의	#131/01*029	1기대려	1순정은
1순정은	#131/01*030	1해당화의	1해마다
1해마다	#131/01*031	1순정은	1붉어진다
1붉어진다	#131/01*032	1해마다	—
1으리으리	#132/01*001	—	1솟으라선
1솟으라선	#132/01*002	1으리으리	1절벽을
1절벽을	#132/01*003	1솟으라선	1뚫고
1뚫고	#132/01*004	1절벽을	1네가
1네가	#132/01*005	1뚫고	1흘러
1흘러	#132/01*006	1네가	1갈

1하직하는	#132/02*018	1봉우리들에	1인사를
1인사를	#132/02*019	1하직하는	1뜨겁게
1뜨겁게	#132/02*020	1인사를	1보내자
1보내자	#132/02*021	1뜨겁게	—
1흘러	#132/03*001	—	1들라
1들라	#132/03*002	1흘러	1대동강아
1대동강아	#132/03*003	1들라	1연풍저수지
1연풍저수지	#132/03*004	1대동강아	1화려한
1화려한	#132/03*005	1연풍저수지	1궁전으로
1궁전으로	#132/03*006	1화려한	1통한
1통한	#132/03*007	1궁전으로	1십리
1십리	#132/03*008	1통한	1굴에
1굴에	#132/03*009	1십리	1길고
1길고	#132/03*010	1굴에	1긴
1긴	#132/03*011	1길고	1대리석
1대리석	#132/03*012	1긴	1랑하에
1랑하에	#132/03*013	1대리석	1춤울
1춤울	#132/03*014	1랑하에	1추며
1추며	#132/03*015	1춤울	1흘러
1흘러	#132/03*016	1추며	1들어라
1들어라	#132/03*017	1흘러	—
1우렁우렁	#132/04*001	—	1산악이
1산악이	#132/04*002	1우렁우렁	1진동한다
1진동한다	#132/04*003	1산악이	1깍지끼고
1깍지끼고	#132/04*004	1진동한다	1땅을
1땅을	#132/04*005	1깍지끼고	1구르며
1구르며	#132/04*006	1땅을	1빙빙
1빙빙	#132/04*007	1구르며	1도는
1도는	#132/04*008	1빙빙	1동무들아
1동무들아	#132/04*009	1도는	1동무들아
1동무들아	#132/04*010	1동무들아	1잠가만
1잠가만	#132/04*011	1동무들아	1노래를
1노래를	#132/04*012	1잠가만	1멈추고
1멈추고	#132/04*013	1노래를	1귀를

1새날을	#132/06*009	1소리	1호흡하며
1호흡하며	#132/06*010	1새날을	1전변하는
1전변하는	#132/06*011	1호흡하며	1소리다
1소리다	#132/06*012	1전변하는	―
1애비도	#133/01*001	―	1종
1종	#133/01*002	1애비도	1할애비도
1할애비도	#133/01*003	1종	1종
1종	#133/01*004	1할애비도	1한뉘
1한뉘	#133/01*005	1종	1허리
1허리	#133/01*006	1한뉘	1굽히고
1굽히고	#133/01*007	1허리	1드나들던
1드나들던	#133/01*008	1굽히고	1토막
1토막	#133/01*009	1드나들던	1기울어진
1기울어진	#133/01*010	1토막	1흙벽에
1흙벽에	#133/01*011	1기울어진	1쭝그리고
1쭝그리고	#133/01*012	1흙벽에	1기대앉은
1기대앉은	#133/01*013	1쭝그리고	1저
1저	#133/01*014	1기대앉은	1아이는
1아이는	#133/01*015	1저	1발가숭이
1발가숭이	#133/01*016	1아이는	1발가숭이
1발가숭이	#133/01*017	1발가숭이	1아이의
1아이의	#133/01*018	1발가숭이	1살결은
1살결은	#133/01*019	1아이의	1흙인
1흙인	#133/01*020	1살결은	1듯
1듯	#133/01*021	1흙인	1검붉다
1검붉다	#133/01*022	1듯	―
1넝쿨	#133/02*001	―	1우거진
1우거진	#133/02*002	1넝쿨	1어느
1어느	#133/02*003	1우거진	1골짜구니를
1골짜구니를	#133/02*004	1어느	1맑고
1맑고	#133/02*005	1골짜구니를	1찬
1찬	#133/02*006	1맑고	1새암물
1새암물	#133/02*007	1찬	1돌
1돌	#133/02*008	1새암물	1돌

1수레바퀴가	#133/03*015	1놓은	1아니라
1아니라	#133/03*016	1수레바퀴가	1흙이다
1흙이다	#133/03*017	1아니라	1검붉은
1검붉은	#133/03*018	1흙이다	1흙이다
1흙이다	#133/03*019	1검붉은	－
1머리는	#134/01*001	－	1비록
1비록	#134/01*002	1머리는	1백설로
1백설로	#134/01*003	1비록	1희나
1희나	#134/01*004	1백설로	1평화를
1평화를	#134/01*005	1희나	1쟁취하는
1쟁취하는	#134/01*006	1평화를	1벅찬
1벅찬	#134/01*007	1쟁취하는	1전선을
1전선을	#134/01*008	1벅찬	1위하여
1위하여	#134/01*009	1전선을	1다할
1다할	#134/01*010	1위하여	1바
1바	#134/01*011	1다할	1없는
1없는	#134/01*012	1바	1청춘을
1청춘을	#134/01*013	1없는	1안고
1안고	#134/01*014	1청춘을	1온
1온	#134/01*015	1안고	1전우여
1전우여	#134/01*016	1온	1지미뜨리
1지미뜨리	#134/01*017	1전우여	1뽈리야노브
1뽈리야노브	#134/01*018	1지미뜨리	－
1이제	#134/02*001	－	1그대
1그대	#134/02*002	1이제	1고향으로
1고향으로	#134/02*003	1그대	1돌아
1돌아	#134/02*004	1고향으로	1가면
1가면	#134/02*005	1돌아	1미국
1미국	#134/02*006	1가면	1놈들
1놈들	#134/02*007	1미국	1총탄에
1총탄에	#134/02*008	1놈들	1처참히도
1처참히도	#134/02*009	1총탄에	1쓰러진
1쓰러진	#134/02*010	1처참히도	1수많은
1수많은	#134/02*011	1쓰러진	1조선

1풍년을	#134/03*022	1같은	1이룩했다고
1이룩했다고	#134/03*023	1풍년을	−
1이제	#134/04*001	−	1그대
1그대	#134/04*002	1이제	1고향으로
1고향으로	#134/04*003	1그대	1돌아
1돌아	#134/04*004	1고향으로	1가면
1가면	#134/04*005	1돌아	1따뜻한
1따뜻한	#134/04*006	1가면	1엄마
1엄마	#134/04*007	1따뜻한	1품을
1품을	#134/04*008	1엄마	1영영
1영영	#134/04*009	1품을	1빼앗기고
1빼앗기고	#134/04*010	1영영	1살던
1살던	#134/04*011	1빼앗기고	1집과
1집과	#134/04*012	1살던	1학교와
1학교와	#134/04*013	1집과	1동무마저
1동무마저	#134/04*014	1학교와	1잃은
1잃은	#134/04*015	1동무마저	1수많은
1수많은	#134/04*016	1잃은	1조선
1조선	#134/04*017	1수많은	1아이들에
1아이들에	#134/04*018	1조선	1대하여
1대하여	#134/04*019	1아이들에	1마음
1마음	#134/04*020	1대하여	1착한
1착한	#134/04*021	1마음	1볼가리야
1볼가리야	#134/04*022	1착한	1어린이들게
1어린이들게	#134/04*023	1볼가리야	1이야기하지
1이야기하지	#134/04*024	1어린이들게	1말라
1말라	#134/04*025	1이야기하지	1그들의
1그들의	#134/04*026	1말라	1슬픔이
1슬픔이	#134/04*027	1그들의	1너무
1너무	#134/04*028	1슬픔이	1크려니
1크려니	#134/04*029	1너무	−
1다만	#134/05*001	−	1전하라
1전하라	#134/05*002	1다만	1키가
1키가	#134/05*003	1전하라	1다섯

1전하라	#134/07*002	1다만	1우리가
1우리가	#134/07*003	1전하라	1승리하는
1승리하는	#134/07*004	1우리가	1날
1날	#134/07*005	1승리하는	1갑절
1갑절	#134/07*006	1날	1아름답게
1아름답게	#134/07*007	1갑절	1갑절
1갑절	#134/07*008	1아름답게	1튼튼하게
1튼튼하게	#134/07*009	1갑절	1건설될
1건설될	#134/07*010	1튼튼하게	1조선의
1조선의	#134/07*011	1건설될	1도시와
1도시와	#134/07*012	1조선의	1농촌들을
1농촌들을	#134/07*013	1도시와	1우리의
1우리의	#134/07*014	1농촌들을	1가슴마다에
1가슴마다에	#134/07*015	1우리의	1이미
1이미	#134/07*016	1가슴마다에	1일어
1일어	#134/07*017	1이미	1선
1선	#134/07*018	1일어	1새
1새	#134/07*019	1선	1조선의
1조선의	#134/07*020	1새	1웅장한
1웅장한	#134/07*021	1조선의	1모습을
1모습을	#134/07*022	1웅장한	−
1머리는	#134/08*001	−	1비록
1비록	#134/08*002	1머리는	1백설로
1백설로	#134/08*003	1비록	1희나
1희나	#134/08*004	1백설로	1평화를
1평화를	#134/08*005	1희나	1쟁취하는
1쟁취하는	#134/08*006	1평화를	1벅찬
1벅찬	#134/08*007	1쟁취하는	1전선을
1전선을	#134/08*008	1벅찬	1위하여
1위하여	#134/08*009	1전선을	1우리와
1우리와	#134/08*010	1위하여	1함께
1함께	#134/08*011	1우리와	1젊은
1젊은	#134/08*012	1함께	1피
1피	#134/08*013	1젊은	1끓는

저자 소개

김 철 준

경력 : 연변대학 아시아아프리카언어문학학과 박사학위 취득
　　　연변대학 조선-한국학학원 부교수

저서 :『광복 후 조선어논저목록지침서』(역락출판사, 2001)
　　　『화어류초의 어휘연구』(역락출판사, 2004)
　　　『언어학개론』(연변대학출판사, 2005)
　　　『조선어 운률적 특징에 대한 실험음성학적 연구』(민족출판사, 2007)
　　　『조선어문법』(연변대학출판사, 2008)

임 형 재

경력 : 중국해방군외국어대학 동방언어학
　　　한국외국어대학교 언어학과/중국어과 강사
　　　한국외국어대학교 한국어문화교육원 교수부장
　　　국제한국어교육학회/한국언어문화교육학회 이사

저서 :『광복 후 조선어논저목록지침서』(역락출판사, 2001)
　　　『한국어등급사전(초/중/고급)』3권(중국외연사, 2007)
　　　『중국인을 위한 한국어-중국어사전』(한국외국어대학교 출판사, 2009)

이용악 詩의 시어 통계와 분석

인　쇄　2009년 9월 15일
발　행　2009년 9월 30일
지은이　김철준 임형재
펴낸이　이대현
편　집　이소희
펴낸곳　도서출판 역락
　　　　서울 서초구 반포4동 577-25 문창빌딩 2층
　　　　전화 02-3409-2058(영업부), 2060(편집부) I FAX 02-3409-2059
　　　　이메일 youkrack@hanmail.net
　　　　등록 1999년 4월 19일 제303-2002-000014호

ISBN　978-89-5556-724-3 93710
정　가　24,000원

* 잘못된 책은 교환해 드립니다.